실무 예제로 끝내는
R 데이터 분석

데이터 분석가에게 꼭 필요한
5가지 실무 예제로 데이터 분석 프로세스 이해하기

실무 예제로 끝내는
R 데이터 분석

정준영 지음

데이터 분석가에게 꼭 필요한
5가지 실무 예제로 데이터 분석 프로세스 이해하기

- YouTube 댓글 분석
- 광고 효과 분석
- KOSPI 지수 예측
- 뉴스 키워드 분석
- 카페 매출 분석

들어가며

시중에 R 기초를 설명하는 책들은 많이 있습니다. 본 도서는 기초를 설명하기보다 어느 정도 R 언어를 경험한 독자분들을 위해 집필하였습니다. 특히, 데이터 분석을 시작하는 학생뿐만 아니라 다른 업종의 직장인도 데이터 분석을 어떻게 수행하는지 학습할 수 있도록 '실습' 위주의 내용으로 구성했습니다.

필자는 회귀분석, 시계열 데이터 분석, 다변량 자료 분석을 공부하며 통계적 모델을 만들고 발표하는 과정에서 데이터 분석에 흥미가 생겼습니다. 학부에서는 SAS와 SPSS와 같은 유료 툴을 사용하였으나 졸업 후에는 유료 툴을 사용하는 데 제한이 있었고, 2014년 오픈소스인 R을 처음 접한 이후 R을 이용한 데이터 분석에 본격적으로 입문했습니다. 이후 데이터 분석팀의 일원으로 다양한 분석 시스템 개발 프로젝트를 수행하였고 현재는 알티데이터랩에서 실내 공기질 진단 솔루션 기술을 연구하고 있습니다.

데이터란 다양한 상황에서 남겨진 흔적과 같습니다. 데이터 분석을 통해 그 흔적을 추적하여 당시 어떤 상황이었는지 판단하기도 하며, 추측한 상황이 닥칠 경우에 어떠한 조치를 취해야 하는지 미리 의사결정을 해 두는 역할을 하기도 합니다. 이처럼 데이터 분석가는 데이터 속에 숨겨진 '보물'을 찾기 위해 다양한 기법을 익히고 데이터 분석 과정을 수행합니다.

이 책에는 데이터 분석가에게 꼭 필요한 5가지 실무 예제와 필자가 지난 7년간 데이터 분석 프로젝트를 수행하며 사용했던 기술과 노하우가 담겨 있습니다. R을 배웠으나 프로젝트를 당장 수행하기에 막막함을 느끼고 프로젝트 과정을 궁금해하는 분을 위해 데이터 분석 프로젝트에 대한 전반을 소개하였으며, 독자 여러분이 이를 현장에서 바로 적용할 수 있을 것으로 기대합니다.

본 도서가 나오기까지 1년이라는 시간이 지났습니다. 회사 프로젝트를 병행하며 평일 퇴근 후에도, 주말에도 집필하며 가족과 함께 보내지 못한 시간이 생각납니다. 집필하는 동안 투정 부리면 받아주신 부모님과 동생 부부에게 감사드리고, 더 좋은 책으로 거듭날 수 있도록 다양한 요청사항을 흔쾌히 받아주셨던 김수민 편집자님께 감사드립니다. 또한, 계속해서 응원해주었던 팀 동료 김태윤, 홍성관, 주연진, 곽다인과 지금의 자리에 오기까지 힘써 주신 김유신 박사님 그리고 저와 함께 했던 모든 분께 감사합니다. 마지막으로 이 책이 완성될 때까지 좋은 방향으로 다듬어 주셨던 김승욱 님 정말 감사합니다.

저자 정준영

저자 소개_ 정준영

국민대학교 비즈니스IT전문대학원에서 비즈니스IT를 전공하고 경영정보학 석사 학위를 받았다. 금융, 제조, 정유, 미디어 등의 SI 프로젝트에 참여하며 IT 생태계를 경험했다. 현재는 RTDataLab에서 AI를 이용한 차량 내 공기질 진단 솔루션을 연구하고 있으며 관련 특허도 출원했다. 솔루션 R의 활용도를 검증하기 위해 R을 이용하여 다른 언어로 구성된 프로그램을 재현해왔고, R과 태블로를 이용한 프로젝트 결과를 기록한 블로그를 운영 중이다.

- 알티데이터랩 실내 공기질 진단 솔루션 기술 연구
- 국내외 빅데이터 관련 우수 학회 및 저널 다수 등재
- 알티캐스트 데이터 사업 Smart Marketing Platform 개발
- 알티캐스트 데이터 사업 공유 주방 AI 서비스 및 모니터링 시스템 개발
- 알티캐스트 데이터 사업 텍스트 기반 반도체 Tech Sensing 시스템 개발
- 알티캐스트 혁신 사업 실시간 로그 분석 시스템 개발

블로그 https://jaydata.tistory.com/

책의 구성

이 책은 총 4개의 챕터로 구성되어 있습니다.

Chapter 01: 현장의 데이터 분석 과정 이해하기

챕터 1은 R을 이용하여 데이터 분석을 할 때 기본적으로 알아야 할 내용으로 구성하였습니다. 데이터 분석을 하려면 가장 먼저 환경부터 갖춰야 합니다. R 스튜디오와 데이터 분석 과정, 데이터로부터 귀중한 보물을 찾기 위해 사용하는 도구를 안내합니다.

Chapter 02: 데이터 분석 프로젝트(1) — 정형 데이터에서 보물 찾기

챕터 2에서는 정형 데이터 속에 감추어진 보물을 찾기 위한 다양한 분석 방법을 설명합니다. 총 3가지의 데이터를 이용해서 정형 데이터에서 보물을 찾을 것입니다. 먼저, 카페에서 발생한 매출액 데이터로 정형 데이터의 EDA를 설명합니다, 다음으로 광고 효과 데이터를 이용한 통계적 가설 검정을 설명합니다. 마지막으로 주가 데이터를 수집하여 시계열 데이터를 이해하고 예측하는 과정을 안내합니다. 이를 통해 내가 주장하는 논리에 맞게 데이터 분석 결과를 제공하는 방법을 익힙니다.

Chapter 03: 데이터 분석 프로젝트(2) — 비정형 데이터에서 보물 찾기

챕터 3에서는 비정형 데이터 속에 감추어진 보물을 찾기 위한 다양한 분석 방법을 설명합니다. 다양한 OPEN API를 이해하고 비정형 텍스트 데이터를 이용한 대표적인 분석 방법을 설명하는 데에 초점을 맞추었습니다. 기업에서 제공하는 OPEN API를 이용하여 비정형 텍스트 데이터를 수집하고 텍스트를 분석하는 과정을 설명합니다. 이때, 대표적인 포털 사이트 NAVER와 영상 플랫폼 YouTube의 API를 예제로 이용합니다.

Chapter 04: 데이터 분석 기획부터 시각화까지

마지막 챕터에서는 앞에서 다룬 모든 내용을 종합하여 실전 프로젝트를 진행합니다. 최근 들어 현장에서 데이터 시각화를 통해 인사이트를 얻기 위한 대시보드 구축이 활발히 진행되고 있는데, 이를 단계별로 설명하였습니다. 이 과정을 통해 데이터 분석 기획부터 시각화까지 전체 수행 과정을 이해할 수 있습니다. 먼저, 공공 API를 통한 논문 데이터를 수집하고 정형 데이터와 비정형 데이터를 분석한 후 shiny 패키지를 이용하여 논문 분석 시스템을 구성합니다.

예제 다운로드

- 소스코드 & 설치 가이드 다운로드: https://github.com/bjpublic/R_data
- 설치 가이드 다운로드: https://jaydata.tistory.com/102

본서에서는 설치 방법을 다루지 않습니다. R과 R 스튜디오 설치에 대한 내용은 깃허브와 저자의 블로그에서 확인할 수 있습니다. 또한, 책에서 사용된 데이터와 소스 코드는 github에서 다운로드 가능합니다.

데이터를 다룰 때는 항상 개인정보와 저작권 문제가 발생할 수밖에 없기 때문에 비식별 처리와 오픈된 데이터만을 사용하는 것을 권장합니다. 다양한 예제 가운데 기업에서 제공하는 오픈 API를 사용하는 경우가 있습니다. 이때 기업의 정책에 따라 API의 규격이 변경되거나 수집 가능한 데이터의 범위가 변경될 수 있는데, 이 경우에도 예제 수행이 가능하도록 github에 데이터를 게시해 두었습니다. 그럼에도 문제가 발생한다면 github를 통해 문의해 주시기 바랍니다.

베타 리더 추천사

데이터 분석을 공부하겠다는 마음을 먹으면 크게 두 가지를 결정하게 됩니다. 첫 번째는 언어이고, 두 번째는 분야입니다. 데이터라는 바다는 넓고 큽니다. 이제 막 배를 띄우는 초심자는 수평선 너머 높은 파도와 폭풍우를 견디며 취업이나 이직이라는 목적지까지 무사히 항해를 마쳐야 합니다. 자칫 나와 너무 맞지 않는 길로 잘못 들어서면 파도에 온몸을 적시며 방향을 전환해야 하는 큰 리스크를 안게 됩니다. 데이터 분석 언어인 'R'과 '파이썬'은 일장일단이 있기 때문에 큰 틀에서 두 언어 중 하나를 결정하면 되지만 방향 설정이 너무 어렵습니다. 비슷한 과정을 이겨낸 많은 선배들이 '일단 하나를 정하고 그 분야의 데이터 분석 역량을 높이라'고 조언하지만 초심자는 그 하나를 정하기조차 어렵습니다.

이 책은 R을 선택한 초심자에게 아주 친절하게 다가옵니다. 명령어 한 줄 한 줄 실행했을 때 느낄 수 있는 불안감을 친근한 말투로 감싸줍니다. 데이터 전처리를 통해 몸에 물을 적시어 준비운동을 하고, 정형 데이터로 EDA, 통계검정, 시계열예측을 통해 몸풀기를 시켜줍니다. 마지막으로 뉴스 키워드와 YouTube 댓글이라는 결코 쉽지만은 않은 데이터를 수집하고 분석하는 과정까지 함께함으로써 자신감을 심어줍니다.

이 책을 발판으로 조금 더 어려운 문제와 공모전에 도전하며 스스로 실력을 향상할 자신감을 키울 수 있을 것입니다.

이제현(한국에너지기술연구원)

'어떻게 데이터를 구해와서 어떻게 분석을 해야 하지?'

R을 사용할 줄 알아도 항상 부딪히는 문제입니다. 이 책에서는 주가 데이터를 활용해 ARIMA 모형을 구현해보거나 NAVER, 공공 데이터, YouTube 등의 API를

어떻게 수집하는지, 어떤 분석을 통해 인사이트를 얻을 수 있는지에 대한 예제가 많이 담겨 있어 실제 프로젝트에 접목시킬 수 있습니다. 그래서 이 책을 통해 앞의 고민을 해결할 수 있습니다. 또한, 프로그래밍을 경험해보지 않은, R을 처음 접하는 분들도 쉽게 따라 할 수 있도록 자세하게 코드를 설명합니다.

 데이터 분석의 전체적인 흐름과 API에 대한 지식을 손쉽게 배울 수 있는 기회를 주셔서 감사합니다. R을 배우고 있거나 R으로 프로젝트 진행 또는 논문을 작성하고자 하는 분들에게 이 책을 강력하게 추천합니다.

김민규(상명대학교 경영공학과 4학년)

 폭발하는 데이터 홍수 속에서 우리에게 필요한 정보를 만들어 내는 비장의 무기는 'R' 언어입니다. 이 책은 데이터를 취득하고 가공하며 의미 있는 정보를 추출하여 인상적인 그래프를 그릴 수 있는 일련의 데이터 분석 과정을 구체적인 예제를 통해 알기 쉽게 표현하고 있습니다.

 이 책은 자영업자에게는 '영업 실적 분석', 학생에게는 '논문 자료 분석', 유튜버에게는 '댓글 분석', 투자자에게는 '증권 데이터 분석'과 같은 소중한 정보 분석 방법을 구체적인 데이터와 함께 제시합니다. R과 함께 데이터 분석의 전문가가 되고자 하는 사람들에게 추천합니다.

박정규(한양대학교 공대 겸임교수)

 슈카월드 등 유명 YouTube 구독 정보 및 댓글 감성 분석, KOSPI 지수 회귀 모델링, 광고 효과 검증, 네이버 API를 활용한 뉴스 키워드 분석 등 사이드 잡 혹은 일상에 유용하게 활용할 수 있는 재미있는 예제들을 통해 R, 시각화, 시계열, 모델링, 검정, NLP 등을 쉽게 익힐 수 있습니다. 특히, AI 연구 결과가 폭주하는 요즘 개인적으로 논문을 수집 및 요약하는 일이 고된 과업이었는데 '10장 R 패키지를 활용한 논문 분석 시스템 구축하기' 덕분에 시간을 절약하는 데 큰 도움이 되었습니다.

 R과 통계의 입문에서 중급으로 넘어가는 분들께 특히 추천하고 싶습니다.

허 민(한국외국어대학교 데이터 분석가)

차례

들어가며 v
저자 소개 vii
책의 구성 viii
예제 다운로드 ix
베타 리더 추천사 x

Chapter 01 현장의 데이터 분석 과정 이해하기

01 왜 분석을 하는가? 3
   1.1 데이터 이야기 3
   1.2 문제 정의 육하원칙 5
   1.3 데이터 분석에 필요한 기술 6
   1.4 데이터 분석 적용 사례 8

02 분석 주제에 맞는 데이터 가져오기 15

2.1 데이터 수집이란? 15
2.2 데이터 전처리(Data Pre-processing)란? 17
2.3 데이터 확인하기 17
2.4 결측치 처리하기 20
    2.4.1 결측치 확인하기 20
    2.4.2 결측치 제거하기 22
    2.4.3 결측치 대체하기 24
2.5 이상치 처리하기 26
    2.5.1 논리적으로 존재할 수 없는 이상치 처리하기 27
    2.5.2 논리적으로 존재할 수 있는 이상치 처리하기 29
2.6 피처 엔지니어링(Feature Engineering) 32

03 분석 주제 구체화하기 35

3.1 탐색적 데이터 분석(Exploratory Data Analysis)이란? 35
3.2 탐색적 데이터 분석 프로세스 36

04 데이터 분석 수행하기 39

4.1 통계적 가설 검정(Statistical Hypothesis Testing) 39
4.2 기계 학습(Machine Learning) 42
4.3 시각화(Visualization) 45
4.4 결론 도출 50

Chapter 02 데이터 분석 프로젝트(1) – 정형 데이터에서 보물 찾기

05 지난 1년간 카페에는 어떤 일이 있었을까? 55
5.1 readxl 패키지를 이용하여 엑셀 데이터 불러오기 55
5.2 카페에서 가장 많이 판매한 메뉴 확인하기 63
5.3 요일별로 판매한 메뉴 확인하기 68
5.4 계절별로 판매한 메뉴 확인하기 71
5.5 R에서 시각화하기 74
    5.5.1 R 그래프, 무엇이 있는가? 74
    5.5.2 R 시각화 대표 패키지 ggplot2 75
    5.5.3 ggplot2 패키지를 이용한 시각화 예시 83
5.6 매출 현황 그래프로 분석하기 85
    5.6.1 카테고리별 판매 건수 시각화하기 85
    5.6.2 월별 판매 건수 시각화하기 86
    5.6.3 요일별 판매 건수 시각화하기 90

06 광고, 정말 효과가 있을까? 97
6.1 엑셀 데이터 불러오기 97
6.2 광고 효과 분석을 위한 목표 설정하기 105
6.3 raster 패키지를 이용하여 대한민국 지도 그리기 107
6.4 stats 패키지 기반 통계적 검정하기 115
6.5 ggplot2 패키지를 이용하여 광고 효과 없는 지역 표현하기 122

07 KOSPI 예측이 가능할까? 127

7.1 KOSPI 데이터 불러오기 127
7.2 ggplot2 패키지를 이용하여 KOSPI 지수 시각화하기 130
7.3 시계열 데이터 이해하기 138
    7.3.1 시계열 데이터 분석을 위한 예측 변수 139
    7.3.2 시계열의 구성 요소 139
    7.3.3 시도표 이해하기 140
7.4 stats 패키지로 KOSPI 지수 분해하기 143
7.5 forecast 패키지로 시계열 회귀 모형 만들기 148
    7.5.1 단순 선형 회귀 148
    7.5.2 다중 선형 회귀 149
    7.5.3 적절한 독립 변수 150
7.6 auto.arima를 이용하여 KOSPI 지수 예측하기 160
    7.6.1 정상성과 차분 161
    7.6.2 auto.arima 활용하기 165

Chapter 03 데이터 분석 프로젝트(2) – 비정형 데이터에서 보물 찾기

08 오늘의 뉴스 키워드 분석하기 ··· 173
8.1 뉴스 데이터 수집을 위한 네이버 검색 API 준비하기 ··· 173
8.2 httr 패키지를 이용하여 뉴스 데이터 수집하기 ··· 178
8.3 자연어 처리 이해하기 ··· 185
8.4 KoNLP 패키지를 이용하여 한글 자연어 처리하기 ··· 187
    8.4.1 KoNLP 패키지 설치하기 ··· 188
    8.4.2 전기자동차 관련 뉴스 수집하기 ··· 190
    8.4.3 뉴스 데이터 분석하기 ··· 192
8.5 wordcloud 패키지를 이용한 워드클라우드 ··· 198
    8.5.1 wordcloud 패키지를 이용한 시각화 ··· 199
    8.5.2 wordcloud2 패키지를 이용한 시각화 ··· 201
8.6 오늘의 뉴스 그래프로 분석하기 ··· 204

09 YouTube 댓글 키워드를 활용하여 감성 분석하기 ··· 209
9.1 YouTube 댓글 수집을 위한 YouTube API 준비하기 ··· 209
    9.1.1 구글 API 프로젝트 생성하기 ··· 210
    9.1.2 구글 OAuth 동의 화면 활성화하기 ··· 212
    9.1.3 YouTube Data API 사용 신청하기 ··· 214
9.2 YouTube 댓글 수집하기 ··· 217
    9.2.1 OAuth 권한 연동하기 ··· 218
    9.2.2 YouTube 채널 및 영상 통계 정보 수집·분석하기 ··· 222
    9.2.3 YouTube 채널 및 영상 댓글 수집하기 ··· 231
9.3 RcppMeCab 패키지를 이용하여 한글 자연어 처리하기 ··· 233
    9.3.1 RcppMeCab 패키지 설치하기 ··· 233
    9.3.2 RcppMeCab 패키지를 이용하여 형태소 분석하기 ··· 235
9.4 긍·부정 사전 구축하기 ··· 243
9.5 긍·부정 사전을 이용하여 감성 분석하기 ··· 245

Chapter 04 데이터 분석 기획부터 시각화까지

10 R 패키지를 활용한 논문 분석 시스템 구축하기 ·········· 253

10.1 분석 서비스 기획하기 ·········· 253
10.2 논문 분석 시스템 설계하기 ·········· 257
10.3 공공 데이터 API를 이용하여 학위 논문 수집하기 ·········· 258
  10.3.1 공공 데이터 API 인증키 발급하기 ·········· 259
  10.3.2 오픈 API 호출하기 ·········· 264
  10.3.3 오픈 API 호출 결과 파싱하기 ·········· 267
10.4 논문 정형 데이터 분석하기 ·········· 271
  10.4.1 자료 구분별 논문 데이터 분석하기 ·········· 271
  10.4.2 학술 출판사에 따라 논문 데이터 분석하기 ·········· 273
  10.4.3 정규 표현식을 이용한 정형 데이터 분석 ·········· 276
10.5 논문 비정형 데이터 분석하기 ·········· 285
  10.5.1 논문 제목 분석하기 ·········· 285
  10.5.2 논문 초록 분석하기 ·········· 290
10.6 tm 패키지를 이용하여 Term Document Matrix 생성하기 ·········· 294
  10.6.1 Bag-of-words ·········· 295
  10.6.2 문서 단어 행렬(Document-Term Matrix) ·········· 298
  10.6.3 TF-IDF(Term Frequency-Inverse Document Frequency) ·········· 300
10.7 LDA Topic modeling을 이용하여 논문 주제 도출하기 ·········· 304
10.8 shiny 패키지를 이용하여 논문 분석 시스템 웹 화면 구축하기 ·········· 307
  10.8.1 shiny란 ·········· 308
  10.8.2 논문 분석 시스템 구축하기 ·········· 313

찾아보기 ·········· 322

Chapter
01

데이터를 읽고 쓰는 능력을 일컫는 데이터 리터러시(Data Literacy)는 4차 산업 사회에 살고 있는 현대인에게는 반드시 필요한 역량으로 자리 잡았습니다. 첫 번째 챕터에서는 본격적으로 데이터를 분석하기에 앞서 현장에서는 데이터를 어떻게 읽고 사용하고 있는지 이해합니다.

현장의 데이터 분석 과정 이해하기

1장 | 왜 분석을 하는가?
2장 | 분석 주제에 맞는 데이터 가져오기
3장 | 분석 주제 구체화하기
4장 | 데이터 분석 수행하기

01

왜 분석을 하는가?

오래전부터 데이터 분석 작업은 비용만 소진하는 코스트 센터(Cost Center)로 여겨졌습니다. 이러한 인식은 과거에 비하면 개선되었으나 아직까지도 데이터 분석 시스템을 도입하기 어려워하는 것은 사실입니다. 데이터 분석 시스템이 단순 코스트 센터로 끝나지 않기 위해서는 데이터 분석에 대한 목적과 목표가 분명해야 합니다. 1장에서는 데이터 분석을 하기에 앞서 데이터 분석의 필요성에 대해 이해합니다.

1.1 데이터 이야기

1970년대까지만 하더라도 정부기관이나 대기업 같은 대규모 조직에서만 컴퓨터를 사용했습니다. 당시에는 비즈니스와 산업에 관련된 정보 등의 데이터를 조직 내부에 축적하였습니다. 1980년대에는 IBM과 애플, 그리고 마이크로소프트가 개인용 컴퓨터 개발을 시도하였으며 기존에 없던 새로운 형태의 컴퓨터 시장을 열게 됩니다. 이로써 개인이 데이터를 축적할 수 있는 환경을 갖추게 됩니다. 2000년대에는 개인용 컴퓨터(Personal Computer)의 확산과 함께 월드와이드웹(WWW)의 발전으로 LinkedIn, Facebook, 싸이월드(Cyworld) 등의 소셜 네트워크 서비스(Social Network Service; SNS)가 등장하기 시작했습니다.

각 서비스별로 제공하는 기능에 차이가 있기에 정의를 내리긴 어려우나 각각의 서비스라는 특정한 온라인 공간에서 유기적인 관계를 구축합니다. SNS 내에서는 개인의 신상과 관련된 정보를 작성하고, 이러한 정보를 바탕으로 관심사가 유사한 사람들과 서로 정보를 공유하면서 관계를 형성해 나갑니다. 이 과정에서 텍스트, 이미지, 영상 등과 같은 다양한 형태로 구성된 정보들이 폭발적으로 생성됩니다.

리서치 그룹 SaaS Scout에 따르면 2023년 데이터 시장은 약 103조 달러의 가치가 있을 것이라고 말합니다. 하루에 약 2.5퀸틸리언(Quintillion byte)의 데이터가 발생할 것으로 추정하고 있는데, 이는 250경 바이트와 같습니다. 이 규모에 대해서는 짐작하기도 어려울 뿐만 아니라 흔히 우리가 주변에서 다룰 수 있는 규모의 데이터가 아닙니다.

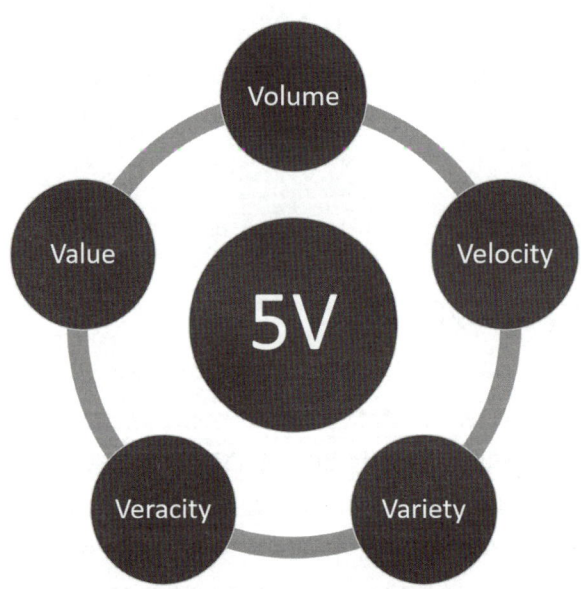

[그림 1-1] 빅데이터 5V 정의

데이터의 규모가 커짐에 따라 미국의 시장조사 및 컨설팅 회사인 가트너(Gartner)는 대용량 데이터(Volume), 빠른 속도(Velocity), 다양성(Variety)을 관점으로 빅데이터를 정의하였습니다. 최근에는 빅데이터에 대한 정의를 가트너가 정의한 3V에, 데이터 신뢰성(Veracity)과 가치 창출(Value)의 관점을 더해서 설명하고 있습니다.

과거 컴퓨터가 개발되기 전, 자연이 주도하는 아날로그 환경에서도 사람들은 다양한 형태로 기록을 했기에 데이터는 존재하였습니다. 다만 컴퓨터의 등장은 아날로그 환경에서 디지털 환경으로 전환하는 중요한 계기가 되었으며 디지털의 확산으로 규모를 가늠할 수 없을 정도의 데이터가 생산되면서 빅데이터(Big Data) 환경이 도래하였습니다.

빠른 속도로 쌓여가는 빅데이터를 전문적으로 연구하는 사람들을 빅데이터 분석가(Big Data Analyst)라고 합니다. 그리고 빅데이터 분석가가 방대한 데이터로부터 의미 있는 결과를 도출하기 위한 학문을 데이터 과학(Data Science)이라 부릅니다. 이들은 데이터 과학에서 발생하는 문제를 해결하는 과정에서 어떠한 목적을 가져야 하는지, 그리고 왜 데이터 분석을 하는지 목표를 분명하게 제시해야 합니다.

1.2 문제 정의 육하원칙

데이터 분석가는 우리 주변에서 다양한 형태로 발생하고 있는 데이터와 관련된 문제를 해결하기 위해 노력하고 있습니다. 가설을 바탕으로 문제를 해결하는 통계적 분석 방법도 있고 기계 학습(Machine Learning)이나 딥러닝(Deep Learning)을 이용한 분류 또는 예측 문제도 있습니다. 이러한 문제들을 해결하기 위해서 가장 먼저 어떤 문제인지 정확하게 정의해야 합니다.

뉴스 기사나 공식적인 문서의 글은 육하원칙에 따라 작성합니다. 원칙을 지켜서 작성한 문서는 구체적이면서 정확합니다. 데이터 분석에서 문제를 정의하는 방법도 동일합니다. 먼저 누가(who), 언제(when), 어디에서(where)를 데이터 분석에 대입해봅시다. 데이터 분석을 수행할 사람이 '누구'이며, 수행하는 기간이 '언제'이고, 어떤 곳에서 데이터 분석을 수행할지가 '어디에서'입니다.

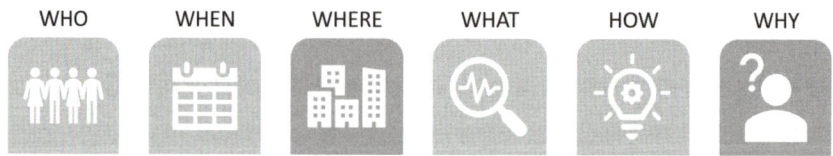

[그림 1-2] 데이터 분석 문제 정의 육하원칙

안타깝게도 실제 현장에서 일하시는 분들 중 대부분은 이 세 가지에 대해 결정할 권한이 없는 경우가 많을 겁니다. 반면 무엇을(what), 어떻게(how), 왜(why)의 경우를 대입해보면 어떤 데이터로 분석을 할지 결정하는 것이 '무엇'에 해당하고, 어떤 알고리즘/통계분석을 활용할 것인지 결정하는 것이 '어떻게'에 해당될 것입니다. 마지막으로 '왜'는 이렇게 분석하면 어떤 결과가 나오며, 이 결과가 팀 혹은 회사에 어떤 영향을 미칠 것인지에 해당합니다.

따라서 데이터 분석을 하기 위한 문제 정의 과정에서는 왜 데이터 분석을 하는지 목표를 설정하는 것이 가장 중요하며, 목표가 흔들리지 않도록 무엇을 활용하여 어떻게 분석을 할 것인지 결정해야 합니다. 만약 목표가 흔들린다면 여러분의 데이터 분석 결과도 흔들리겠죠?

1.3 데이터 분석에 필요한 기술

과거 데이터 분석가들은 시스템을 구현하는 것이 아닌 데이터 분석 자체에 중점을 두고 도메인 지식과 통계학을 활용해왔습니다. 반면, 흔히 알려진 소프트웨어 개발자들은 컴퓨터 공학과 도메인 지식을 바탕으로 특정 분야에서 소프트웨어 개발을 수행해왔습니다.

한동안 컴퓨터 공학과 통계학을 기반으로 오래전부터 기계 학습에 대한 연구가 진행되었습니다. 1980년대까지만 해도 컴퓨터가 스스로 학습하고 지능을 강화할 수 있다는 주장이 꾸준히 등장했으나, 컴퓨터 성능의 한계로 발목을 잡혔던 적이 있습니다. 이제는 기술의 발전으로 대용량 데이터를 단시간에 처리할 수 있는 컴퓨팅 성능을 활용할 수 있게 되었습니다.

인간은 지금까지, 인공지능과 인간과의 대결을 여러 차례 진행해왔습니다. 그 시작은 IBM의 딥 블루(Deep Blue)입니다. 딥 블루는 1997년 세계 체스 챔피언 가리 카스파로프(Garry Kasparov)를 이기는 성과를 거두었습니다. 이후, 딥 블루를 기반으로 개발된 새로운 인공지능 왓슨(Watson)이 2011년 미국의 퀴즈쇼 '제피디!(Jeopardy!)'에서 퀴즈 우승자 두 사람을 압도하였습니다.

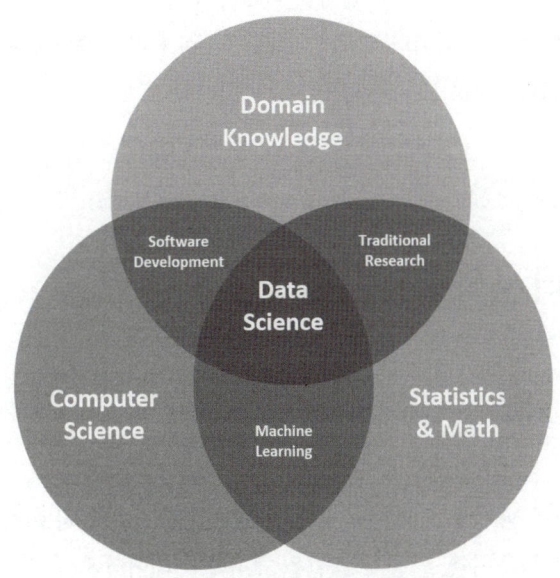

[그림 1-3] 데이터 분석가 요구 기술 다이어그램

딥 블루와 왓슨의 승리보다 시사하는 바가 큰 알파고(AlphaGo)와의 바둑대결에 대해 이야기하겠습니다. 2016년 3월, 구글의 인공지능인 알파고와 이세돌 9단이

세기의 바둑 대결을 펼쳤지요. 바둑은 체스보다 더 많은 경우의 수가 있으며 해당 케이스를 학습하는 데 상당한 시간이 소요될 것이기 때문에 당연히 인간의 승리를 예상했습니다. 그러나 예측은 보기 좋게 벗어났죠. 하드웨어의 비약적인 발전과 알고리즘의 강화에 초점을 맞추어 인공지능이 인간을 또 다시 이기는 모습을 보게 되었습니다.

이렇듯 기술의 발전은 우리 사회와 일상을 변화시켰으며 이는 데이터 분석가들에게도 영향을 끼치게 됩니다.

기업에서는 데이터 분석가에 대한 니즈가 늘어나고 있습니다. 특히 데이터 활용도가 낮은 기업에서 데이터 분석가들에게 다양한 기술, 기본적인 회사의 비즈니스를 이해하고 기업의 목표에 맞는 분석 과제를 수행할 수 있는 능력을 요구합니다.

다시 말하면 통계학과 수학에 대한 이해를 바탕으로 해석과 근거를 마련하는 것이 당연시되었고, 데이터 분석과 그 결과를 이해하기 쉽도록 표현하기 위한 프로그래밍 기술도 필요합니다. 데이터 분석가에게는 이 두 가지 기술과 함께 데이터 분석을 하기 위한 도메인 지식도 기본적으로 요구됩니다.

1.4 데이터 분석 적용 사례

● 통계 분석 리포트 및 시각화

데이터의 구조를 파악하고, 데이터에 어떤 정보가 담겨 있는지 이해하기 위해 탐색적 데이터 분석을 수행을 통해 가설을 제시하고 데이터에서 근거를 찾기 위한 일련의 과정을 수행합니다. 이 과정에서 데이터 시각화 기능을 활용하여 데이터를 직관적으로 파악할 수 있으며, 필요에 따라 분석 리포트를 작성할 때 독자의 이해를 돕기 위해 사용합니다.

최근 아날로그 방식을 사용하는 기업에서도 디지털 전환(Digital Transformation)을 추진하면서 기존에 수집이 어려웠던 자료들을 디지털화(Digitalization)하여 데이터 분석에 활용하고 있습니다. 이 과정에서 일부 과정을 자동화하여 데이터 분석 과정을 단축시키고 결과 리포트 또는 시각화를 기반으로 의사결정 시스템을 구축합니다.

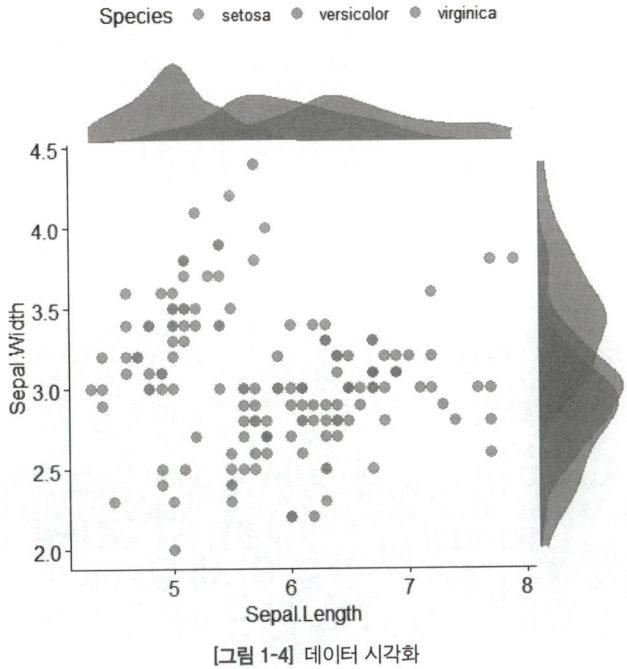

[그림 1-4] 데이터 시각화

● 텍스트 분석

회사 내부에 축적되는 정형화 데이터와는 다르게, 우리 주변에서 쉽게 수집할 수 있는 데이터는 바로 사용할 수 있는 형태의 데이터가 아닌 가공이 필요한 비정형 데이터로 구성되어 있습니다.

텍스트 데이터는 비정형 데이터의 일부이며 일상에서 가장 많이 활용하고 있는 영역이기도 합니다. 데이터를 처리하기 위해서 파싱,[1] 형태소 분석,[2] 품사 태깅,[3] 관계 추출, 의미 추출에 해당하는 자연어 처리 기법과 언어 인지, 규칙 기반 인지에 해당하는 언어 모델링을 사용합니다. 이는 통계와 기계 학습 기법을 결합하여 자동 번역기, 챗봇 등의 다양한 서비스로 제공하게 됩니다.

[그림 1-5] 뉴스 데이터 워드클라우드 시각화

---

[1] 텍스트를 토큰(Token)이라는 작은 단위로 분리하여 의미를 해석하고 의미에 따라 작업을 실행하는 것

[2] 형태소는 뜻을 가진 가장 작은 말의 단위로 구문 분석이나 의미를 분석하기 위해 가장 먼저 수행하는 과정

[3] 형태소 분석에 따라 문맥상 가장 적절한 품사를 선택하는 것

● 음성 분석

음성은 텍스트 데이터와 마찬가지로 또 다른 유형의 비정형 데이터입니다. 음파의 진폭과 진동을 분석하고 음성의 특징을 파생 변수[4]로 활용해서 언어 정보를 파악하거나 화자에 대한 정보를 파악하는 데 활용하고 있습니다.

음성을 텍스트로 변환하기도 하고 음악을 학습시켜서 인공지능 기반의 작곡을 하기도 합니다. 최근에는 음성 분석을 활용하여 IoT 제품을 제어하는 데 활용하고 있습니다.

음성 분석 기술이 더욱 발전한다면 가까운 미래에 영화 아이언맨에 등장하는 만능 비서 자비스(J.A.R.V.I.S) 출시가 가능하지 않을까 기대됩니다.

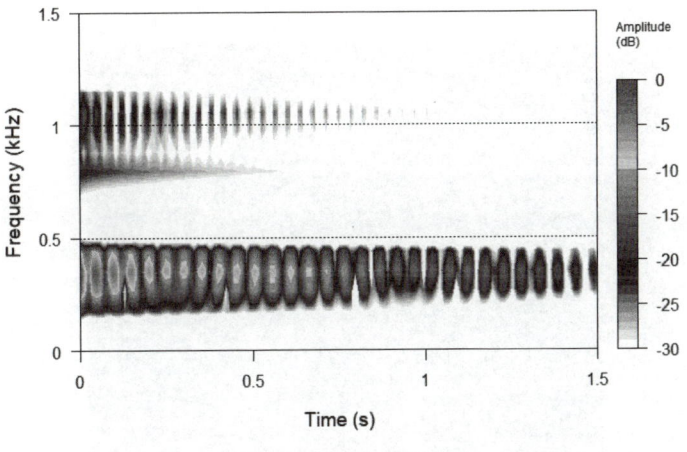

[그림 1-6] 음성 데이터 시각화

---

4) 현재 데이터셋으로부터 집계하거나 범주화하여 새로운 변수를 생성하는 것

● 이미지 분석

사진 속에 어떤 이미지가 있는지 식별하고 이미지로부터 정보를 추출하는 분석 방법으로, 머신 러닝 기법과 하드웨어의 발전과 동시에 관심이 높아지고 있습니다.

특히, 이미지 분석을 소개하기 위해 고양이와 강아지를 분류하는 예시를 가장 많이 사용합니다. 사진 속에 등장하는 개체를 태깅하고 이미지 정보를 이용해서 의료 분야와 같이 이미지 기반으로 의사결정을 하는 경우가 많은 분야의 경우 활용도가 굉장히 높습니다.

최근에는 드론이나 로봇을 활용하여 산불이 발생한 곳을 탐지하거나 화학물질로 오염된 환경과 같이 사람의 접근이 어려운 곳에 들어가 주변 환경을 촬영하고 이를 분석하는 데 활용합니다.

[그림 1-7] 이미지 분석을 이용한 사물 인식

- **영상 분석**

이미지 분석이 정지된 사진을 분석하는 것이라면 영상 분석은 연속적인 이미지를 분석하는 것입니다. 연속적인 이미지 안에서 다양한 사물을 찾습니다.

이미 중국에서는 영상에 나타난 사물 혹은 사람을 인식하고 패턴을 분석하고 있으며, 분석 결과로 도출한 정보를 CCTV에 적용하고 있습니다.

이는 사고 현장 탐지나 블랙박스를 이용한 주변 상황 인지 등 목적과 대상에 따라 다양한 활용이 가능합니다.

[그림 1-8] 블랙박스 영상 분석

※ **R & R 스튜디오 설치에 대한 내용은 아래 URL을 참고해 주세요.**
https://github.com/bjpublic/R_data
https://jaydata.tistory.com/102

분석 주제에 맞는 데이터 가져오기

문제 정의 단계를 마치면 우리는 필요한 데이터를 확보하기 위해 우리 주변부터 살펴봅니다. 사내에 존재하는 데이터베이스로부터 직접 인터페이스를 진행할 수 있습니다. 그 외에도 다양한 기관에서 제공하는 오픈 API부터 File까지 다양한 유형으로 저장된 데이터를 적절한 방식으로 수집할 수 있습니다.

2.1 데이터 수집이란?

문제를 해결하기 위해서는 가장 먼저 데이터를 수집해야 합니다. 예를 들어 우리 회사에서 서비스하고 있는 제품을 마케팅하기 위해서는 고객 정보가 필요합니다. 우리 회사 서비스를 이용하는 고객이라면 이미 등록된 정보를 활용하여 서비스 만족도를 높이거나 소비를 증진시키기 위한 다양한 프로모션이 가능합니다.

반면 신규 고객을 대상으로 하는 프로모션이라면, 우리 서비스를 이용하지 않는 고객의 정보를 수집해야만 합니다. 이때 설문조사를 통해 데이터를 수집하거나 기존의 고객이 아닌 신규 고객을 대상으로 하는 프로모션 등을 이용하여 필요한 정보를 수집하는데, 이 과정을 데이터 수집이라고 합니다.

수집 데이터는 우리 주변에 다양한 형태로 존재하고 있습니다. 예를 들면 2000년 이후의 신생아 수와 2000년 이후 사망자 수와 같이 숫자로 구성된 데이터가 있습니다. 또한, SNS에 게시된 음식을 만드는 방법이나 제품을 소개하는 글과 같이 텍스트로 구성된 데이터도 있습니다. 그리고 기계로부터 나오는 신호, 사진, 영상 등과 같은 형태의 데이터를 주변에서 쉽게 마주할 수 있습니다.

과거에는 데이터를 활용하는 데 기술적인 한계가 있었으나, 최근 IT 기술의 발전으로 훨씬 크고 복잡한 데이터를 신속하게 처리할 수 있게 되었습니다. 이에 따라 스프레드시트나 데이터베이스와 같이 구조가 정형화된 데이터에 대한 분석 외에도 텍스트, 이미지, 영상, 소리와 같은 비정형 데이터에 대한 분석까지도 진행되고 있습니다.

구분	설명	데이터 예시
정형 데이터	데이터 분석을 효과적으로 할 수 있게 처리된 데이터	관계형 데이터베이스 (RDBMS)
반정형 데이터	관계형 데이터베이스에 있는 것은 아니지만 구조화되어 분석이 용이한 데이터	XML, JSON
비정형 데이터	분석에 활용하기 위해 가공이 필요한 형태로 데이터의 대다수를 차지	Word, PDF, 텍스트, 음성, 사진, 영상 등

[표 2-1] 데이터 구분

2.2 데이터 전처리(Data Pre-processing)란?

데이터 분석을 하고자 수집한 데이터를 데이터 분석 모델을 만들기 위해 곧바로 활용하기에는 한계가 있습니다. 우리 주변에서는 정형화된 데이터를 얻기보다 비정형 데이터를 얻기가 쉽기 때문입니다. 따라서, 비정형 데이터를 정형화하기 위한 작업이 필요합니다. 더욱이 필요한 정보가 한곳에 모여 있는 것이 아니기 때문에 이리 저리 살펴보고 한곳으로 집중시켜야 합니다.

이렇게 문제 해결을 하기 위해 사용하는 분석 알고리즘에 맞는 형태로 데이터 구조를 변형시키거나 문제가 발생되는 데이터를 처리하고 새로운 변수를 만드는 과정을 데이터 전처리라고 합니다. 이 과정에서 결측치가 존재하는지 혹은 이상치가 발생했는지를 파악하며 이를 처리하는 것이 가장 중요한 포인트입니다.

데이터 분석 대회 플랫폼인 캐글(Kaggle)의 창립자 안토니 골드블룸(Anthony Goldbloom)은 데이터 분석의 80%를 데이터를 전처리하기 위해 소비하고 있으며, 나머지 20%는 전처리를 하는 데 걸리는 시간에 대해 불평하기 위해 쓰인다고 말합니다. 데이터 분석가들에게는 데이터 전처리가 그만큼 가장 고통스러우면서도 가장 오랜 시간 신경을 쓰는 단계라고 할 수 있겠습니다.

2.3 데이터 확인하기

데이터 확인하기는 분석을 위해 수집한 데이터를 이해하기 위한 단계로, 수집한 데이터에 어떤 종류의 데이터가 있는지 변수를 확인하는 과정입니다.

수집한 데이터는 다양한 형태의 변수로 구성될 수 있습니다. 변수는 숫자의 연속성에 따라 연속형 변수와 범주형 변수로 구분합니다. 연속형 변수는 연속적인 숫자의 집합을 가질 수 있는 변수를 의미하고, 범주형 변수는 연속성의 의미가 없는 변수입니다. 이를 측정하는 방식에 따라 상세하게 나누면 연속형 변수는 등간 척도와 비율 척도로, 범주형 변수는 명목 척도와 서열 척도로 구분할 수 있습니다.

범주형 변수에 속하는 명목 척도의 경우에는 성별, 직장, 소유 여부가 해당됩니다. 그 밖에도 제품 카테고리, 도시, 고객 세그먼트 등도 범주형 변수라고 할 수 있습니다. 성별을 남과 여로 나눈다면 누가 우선인지에 대한 서열이 없기에 그 자체를 구분하기 위한 값으로 사용하는 변수입니다. 직장명은 명목 척도가 되겠지만 직장을 대기업, 중견기업, 중소기업으로 분류한다면 순서라는 특성을 가지기 때문에 서열 척도가 됩니다.

반면에 서열 척도는 우선순위가 있는 변수들로 직급, 회원 등급, 상품 평점 등의 변수가 해당됩니다. 직장에는 사원, 대리, 과장, 차장, 부장이라는 직급이 존재합니다. 직급은 직장에서 개인을 분류하는 명목 척도의 의미를 가지고 있는 동시에 사원보다 대리가, 대리보다 과장이 높다는 서열의 의미를 내포하고 있습니다. 그렇다고 해서 사원보다 대리가 "두 배 더 실력이 좋다"거나 "두 배 더 많은 월급을 받는다"고 할 수는 없습니다.

연속형 변수에 속하는 등간 척도에는 대표적으로 평균 기온, 지능 지수(IQ)가 포함됩니다. 평균 기온이 20도인 도시 A와 30도인 도시 B가 있습니다. 두 도시의 평균 기온 차이는 10도라고 말합니다. 그렇다고 해서 "도시 B가 도시 A보다 1.5배 더 덥네" 혹은 "도시 A가 도시 B보다 1.5배 더 춥네"라고 하지는 않습니다. 지능 지수의 경우도 마찬가지입니다. 돌고래는 일반적으로 80~90 정도의 지능 지수를 가진다고 합니다. 인간의 지능 지수가 100으로 측정되었을 경우 돌고래보다 10% 더 지능이 좋다고 표현할 수 없는 것도 등간 척도이기 때문입니다.

등간 척도는 서열 척도가 가지고 있는 속성을 그대로 가지고 있으며 두 측정값 사이의 차이가 가지고 있는 특성을 설명할 수 있습니다. 반면에 비율 척도는 흔히 관측할 수 있는 변수들이 있습니다. 건수, 물량, 판매금액 등의 변수들이 비율 척도에 해당하며, 등간 척도가 가지고 있는 특성을 동일하게 사용할 수 있습니다. 조직 C가 올해 판매한 제품의 건수가 100개, 조직 D가 올해 판매한 제품의 건수가 200

개일 경우 "조직 D가 조직 C보다 2배 더 많이 판매했다"고 할 수 있습니다. 즉, 사칙연산이 가능하기 때문에 통계 분석에서 자주 사용하는 변수입니다.

구분	척도	속성	예시
연속형 변수 (Continuous Variable)	등간 (Interval)	● 서열척도와 같이 순서의 의미를 가지고 있으며 크기의 차이도 존재 ● 크기의 차이가 있어도 특정 값이 특정 값보다 몇 배 높다고 표현 불가	평균 기온 IQ 지수
	비율 (Ratio)	● 매출액, 거리, 무게 등 통계학에서 가장 많이 사용하는 관측값 ● 평균이나 비중 등의 사칙연산이 가능	몸무게 매출액 나이 질량
범주형 변수 (Categorical Variable)	명목 (Nominal)	● 관측값을 범주로 나누어 이를 구분하기 쉽게 기호로 표현하는 방법 ● 기호에 따른 특성이 전혀 없음	성별 색상 고객 구분 이메일 주소
	서열 (Ordinal)	● 관측값을 특정 기준에 따라 상대적으로 순서를 표현하는 방법 ● 순서의 의미는 있으나 숫자의 크기는 의미가 없음	고객 등급 순위 직급 평점

[표 2-2] 변수의 유형

이와 같이 데이터의 구조에 따라 적용 가능한 알고리즘 혹은 통계 분석 기법이 존재하며, 필요에 따라 해당 알고리즘을 적용하기 위해 새로운 변수를 생성하기도 하는데 이렇게 생성하는 변수를 파생 변수라고 합니다. 이는 데이터 전처리의 또 다른 과정이라고 볼 수 있습니다. 파생 변수를 어떻게 생성하는지에 따라 실제 데이터 분석 결과에 다양한 영향을 미칠 수 있습니다.

2.4 결측치 처리하기

데이터셋을 확인하는 과정에서 일부 칼럼에 데이터가 없는 것을 발견할 수 있는데, 이런 데이터를 결측치 혹은 결측값이라고 부릅니다. 결측치를 어떻게 활용하는지에 따라 데이터 분석 결과를 왜곡할 수 있습니다. 주변에서 쉽게 볼 수 있는 예제 데이터들은 대부분 결측치가 없으나, 현장에서는 다양한 이유로 결측치가 발생하게 됩니다. 분석을 시작하기에 앞서 수집한 데이터에 결측치가 존재하는지 파악하고 이를 처리한 후 분석을 수행해야 합니다.

2.4.1 결측치 확인하기

결측치를 제거하는 방법을 익히기 전에 결측치가 포함된 데이터를 생성합니다. R에서는 결측치를 NA(Not Available)로 표현하고 있으며 결측치가 있을 경우 연산 결과가 NA로 나타나게 됩니다. 결측치가 발생할 경우 문자형 변수는 <NA>로, 숫자형 변수는 NA로 표현됩니다.

> **직접 따라 하기** 결측치 확인하기

❶ 결측치를 확인하기 위해 결측치 NA가 포함된 샘플 데이터를 생성합니다. 샘플 데이터를 생성할 때 따옴표(" ")가 있는 NA 표현은 문자열을 의미하기에 주의해야 합니다.

```
> sample = data.frame(id = c(NA, "id002", "id003", "id004", "id005"),
+                     math = c(89, 70, NA, 97, 100))

> sample
   id    math
1 <NA>    89
2 id002   70
3 id003   NA
```

```
4 id004    97
5 id005   100
```

❷ 결측치를 확인하기 위해 is.na( ) 함수를 이용합니다. 앞에서 생성한 sample을 is.na( )에 넣고 실행시키면 해당 데이터에 결측치가 존재하는지 여부를 출력해 줍니다. 출력한 결과 id 변수에는 첫 번째 행에, math 변수에는 세 번째 행에 결측치가 존재하는 것으로 나타났습니다.

```
> is.na(sample)
       id     math
[1,] TRUE    FALSE
[2,] FALSE   FALSE
[3,] FALSE   TRUE
[4,] FALSE   FALSE
[5,] FALSE   FALSE
```

❸ Table( ) 함수를 이용하면 결측치의 개수를 파악할 수 있습니다. sample 데이터에는 10개의 데이터가 존재하며, 이 중에서 2개는 결측치이고 8개는 결측치가 아닌 것으로 나타났습니다. 필요에 따라 칼럼별로 결측치가 얼마나 되는지 파악할 수 있습니다.

```
# 전체 데이터에서 결측치 확인
> table(is.na(sample))

FALSE  TRUE
    8     2

# id 변수에서 결측치 확인
> table(is.na(sample$id))

FALSE  TRUE
    4     1
```

```
# math 변수에서 결측치 확인
> table(is.na(sample$math))

FALSE  TRUE
    4     1
```

❹ 일반적으로 함수를 사용할 때 결측치가 포함된 변수는 연산을 하기 어렵습니다. 연산 결과가 NA로 출력되기 때문에 결측치를 처리한 후 작업하는 것이 일반적입니다. 필요에 따라서 함수의 옵션에 결측치를 제거하는 옵션을 활용할 수 있습니다.

```
# 함수 기본 사용
> mean(sample)
[1] NA

> max(sample)
[1] NA

> min(saple)
[1] NA

# 함수의 결측치 제거 옵션 사용
> mean(sample$math, na.rm = TRUE)
[1] 89

> max(sample$math, na.rm = TRUE)
[1] 100

> min(sample$math, na.rm = TRUE)
[1] 70
```

2.4.2 결측치 제거하기

결측치를 처리하는 방법에는 결측치를 제거하는 방법과 특정 값으로 대체하여 활용하는 방법이 있습니다. 결측치를 처리하는 첫 번째 방법은 결측치를 제거하는 것입니다. 결측치를 제거하는 방법은 크게 2가지가 있습니다. 전체 데이터의 크기 중에 아주 일부의 경우에는 결측치가 발견된 관측 데이터를 포함한 행을 제거한 후 데이터 분석을 수행할 수 있습니다. 경우에 따라서 대다수의 관측값 중에 특정 변수에서만 관측값이 발생할 경우에는 해당 변수를 제거하고 나머지 변수를 활용하여 데이터 분석을 수행할 수 있습니다.

직접 따라 하기 | 결측치 제거하기

❶ 결측치를 확인하기 위해 결측치 NA가 포함된 샘플 데이터를 생성합니다.

```
> sample = data.frame(id = c(NA, "id002", "id003", "id004", "id005"),
+                     math = c(89, 70, NA, 97, 100))

> sample
   id    math
1 <NA>    89
2 id002   70
3 id003   NA
4 id004   97
5 id005  100
```

❷ 결측치가 발생한 특정 행의 데이터를 제거하기 위해서는 어느 행에서 발생했는지 알아야 합니다. 결측치가 어느 행에 위치하는지 확인할 때 is.na( ) 함수를 사용한다고 앞에서 설명했습니다. 결측치가 발생한 위치를 찾아서 결측치를 순차적으로 제거하겠습니다.

```
# id에서 발생한 결측치를 제거하고 객체에 할당
> sample_omit1 = sample[!is.na(sample$id),]

> sample_omit1
   id    math
2 id002   70
```

```
3  id003   NA
4  id004   97
5  id005  100
```

```
# math에서 발생한 결측치를 제거하고 객체에 할당
> sample_omit2 = sample_omit1[!is.na(sample_omit1$math),]

> sample_omit2
   id    math
2  id002   70
4  id004   97
5  id005  100
```

❸ R에서 기본적으로 제공하는 na.omit( ) 함수를 이용하면 결측치가 발생한 전체 행을 제할 수 있습니다.

```
# 기본 함수 사용하여 객체에 할당
> sample_omit3 = na.omit(sample)

> sample_omit3
   id    math
2  id002   70
4  id004   97
5  id005  100
```

2.4.3 결측치 대체하기

결측치를 처리하는 두 번째 방법은 특정 값으로 대체하는 것입니다. 이 경우 여러 가지 방식이 있을 수 있습니다. 흔히 결측치를 처리하는 데 평균이나 최솟값 혹은 최댓값 등의 숫자로 대체하는 방법을 활용하며, 경우에 따라 데이터를 예측하여 대체하는 방법을 활용할 수 있습니다. 분석가의 경험에 따라 결측치를 처리하는 방식을 알맞게 선택할 수 있습니다. 결측치를 잘못 처리할 경우 데이터 분석 결과가 부정적으로 발생하는 경우가 있습니다. 그러므로 정확한 분석 결과를 위해서는 데이터 분석가의 경험과 노하우, 그리고 해당 분야의 도메인 지식이 종합되어야 합니다.

🔍 직접 따라 하기 결측치 대체하기

❶ 결측치를 확인하기 위해 결측치 NA가 포함된 샘플 데이터를 생성합니다.

```
> sample = data.frame(id = c(NA, "id002", "id003", "id004", "id005"),
+                     math = c(89, 70, NA, 97, 100))

> sample
    id   math
1  <NA>   89
2  id002  70
3  id003  NA
4  id004  97
5  id005  100
```

❷ 결측치를 대체하는 다양한 방법 중 하나로 평균을 이용하도록 하겠습니다. sample 데이터 안에는 결측치가 존재하기 때문에 mean( ) 함수를 이용해서 수학 성적의 평균을 계산하면 NA로 나타나는 것을 알 수 있습니다. 평균을 계산하고자 mean( ) 함수에 있는 결측치 제외 기능을 사용하겠습니다.

```
# 결측치가 존재할 경우
> math_avg_no = mean(sample$math)

> math_avg_no
[1] NA

# 결측치를 제거하고 연산하는 옵션 사용
> math_avg_abn = mean(sample$math, na.rm = TRUE)

> math_avg_abn
[1] 89
```

❸ 앞에서 생성한 평균 수학 성적 89를 이용해서 결측치를 대체합니다. 결측치를 대체한 sample 데이터를 확인해보면 세 번째 행에 있던 결측치가 평균인 89로 대체되었으며, 이 상태에서 mean( ) 함수를 이용해서 수학 성적 평균을 계산하면 결측치가 존재했을 때 출력된 결과와 다르게 정상적으로 출력되는 것을 확인할 수 있습니다.

```
> sample[is.na(sample$math), 2] = math_avg_abn

> sample
  Id    math
1 <NA>  89
2 id002 70
3 id003 89
4 id004 97
5 id005 100

> mean(sample$math)
[1] 89
```

2.5 이상치 처리하기

이상치란 우리가 보유하고 있는 데이터의 중심으로부터 동떨어진 위치에서 관측되는 데이터입니다. 이런 데이터는 데이터 분석을 하기 위한 분석 모델을 왜곡할 수 있습니다. 이상치를 처리하려면 논리적으로 해당 데이터가 존재할 수 있는지 여부 혹은 통계적으로 중심에서 멀리 떨어진 이상치를 판단해야 합니다.

2.5.1 논리적으로 존재할 수 없는 이상치 처리하기

이상치를 처리하는 방법은 결측치를 처리하는 방법과 유사합니다. 이상치가 존재할 경우 제거하는 것이 가장 쉬운 방법입니다. 그렇다고 해서 무턱대고 이상치를 제거할 경우에는 문제가 발생할 수 있습니다. 작은 규모의 데이터에서 이상치를 제거할 경우에는 분석 가능한 데이터가 사라질 수 있습니다. 이러한 문제를 해결하기 위해서는 다른 값으로 대체하기도 합니다. 이때에는 데이터의 이해도에 따라 분석을 위한 모델의 성능이 좌우되기도 합니다. 경우에 따라 해당 데이터들을 분리해서 분석하는 경우도 있습니다. 기존에 해결하고자 했던 데이터 분석 문제와 별개의 또 다른 주제가 만들어질 수 있기 때문입니다.

직접 따라 하기 : 이상치 찾기

❶ 이상치를 찾으려면 데이터를 탐색하면서 논리적으로 올 수 없는 데이터가 담겨있는지 확인해야 합니다. sample 데이터를 확인해보면 sex 변수에 남성(m)과 여성(f)만 존재해야 하나 'c'가 있으며, math 변수에는 100점을 넘는 이상치가 존재합니다.

```
> sample = data.frame(id = c("id001", "id002", "id003",
+                            "id004", "id005", "id006"),
+                     sex = c("m", "f", "f", "c", "m", "f"),
+                     math = c(89, 70, 85, 97, 100, 120))
```

❷ 데이터의 양이 적다면 사람의 눈으로 확인하는 데 무리가 없으나 데이터의 사이즈가 커지면 사람이 확인하기까지 상당한 시간이 걸립니다. 이때 작업자에 의해 발생하는 오류(Human Error)가 분석에 방해될 수 있습니다. 빈도표를 작성해서 데이터를 확인해보겠습니다.

```
# 성별 빈도표
> table(sample$sex)

c f m
1 3 2

# 수학 점수 빈도표
> table(sample$math)

 70  85  89  97 100 120
  1   1   1   1   1   1
```

코드를 실행한 결과 sex에 올 수 없는 'c'가 한 번 등장하였고 math 변수에 올 수 없는 120점이 한 번 등장한 것으로 나타났습니다. 두 값은 논리적으로 올 수 없는 이상치로 분석을 진행하기에 앞서 제거해야 합니다.

직접 따라 하기: 이상치(논리적 오류) 제거하기

sex 변수에 포함될 수 없는 'c'를 제외하기 위해 해당 행을 제외하여 sample_omit에 담았습니다. math 변수는 100점을 초과할 수 없으므로 비교 연산자를 이용해서 제거하고 나머지 행을 sample_omit에 담았습니다.

```
# 성별의 이상치 제거하기
> sample_omit = sample[sample$sex != 'c',]

> sample_omit
    id    sex math
1 id001   m    89
2 id002   f    70
3 id003   f    85
5 id005   m   100
6 id006   f   120
```

```
# 수학 성적의 이상치 제거하기
> sample_omit = sample_omit[sample_omit$math <= 100,]

> sample_omit
   id    sex  math
1  id001  m    89
2  id002  f    70
3  id003  f    85
5  id005  m   100
```

2.5.2 논리적으로 존재할 수 있는 이상치 처리하기

논리적으로 존재하는 데이터임에도 불구하고 이상치가 존재할 수 있습니다. 이때 데이터는 중심에서 벗어나 한쪽으로 치우쳐 있기 때문에 분석 결과가 왜곡됩니다. 우리는 이런 데이터를 극단값이라고 부릅니다.

극단값을 찾기 위해서 데이터 분포를 한눈에 알아볼 수 있는 상자 그림(Boxplot)을 활용합니다. 상자 그림은 제1사분위수, 제2사분위수(또는 중앙값), 제3사분위수, 최솟값, 최댓값의 다섯 가지 숫자를 요약해서 만든 시각화입니다.

이 방식을 통해 데이터를 크기 순서대로 나열한 후 가운데에 위치한 데이터로부터 얼마나 멀리 떨어져 있는지 파악할 수 있습니다. 조금 더 자세히 살펴보겠습니다.

직접 따라 하기: 이상치(극단값) 제거하기

❶ 30명의 수학 성적을 입력합니다. 30명의 수학 성적을 한눈에 파악하고자 boxplot( ) 함수를 이용해서 상자 그림을 그려줍니다.

```
> score = c(71, 67, 69, 76, 63,
            67, 59, 68, 76, 66,
            70, 67, 68, 72, 71,
            73, 73, 68, 72, 67,
            62, 69, 76, 69, 68,
```

```
    30, 55, 100, 95, 90)
> boxplot(score)
```

상자 그림을 그린 결과는 [그림 2-1]과 같으며, 30명의 수학 성적 분포가 한눈에 나타나는 것을 알 수 있습니다. 학생 30명의 수학 성적을 순서대로 나열한 후 4등분으로 나누고, 하위 25%, 50%, 75%의 위치에 해당하는 값을 각각 제1사분위수(Q1), 제2사분위수(Q2), 제3사분위수(Q3)라고 합니다.

하위 75% 위치와 상위 25% 위치를 기준으로 제1사분위수과 제3사분위수 사이의 거리는 IQR(Interquartile Range), 1.5배만큼 떨어진 곳은 안울타리(Inner Fence), 3배만큼 떨어진 곳은 바깥울타리(Outer Fence)라고 합니다.

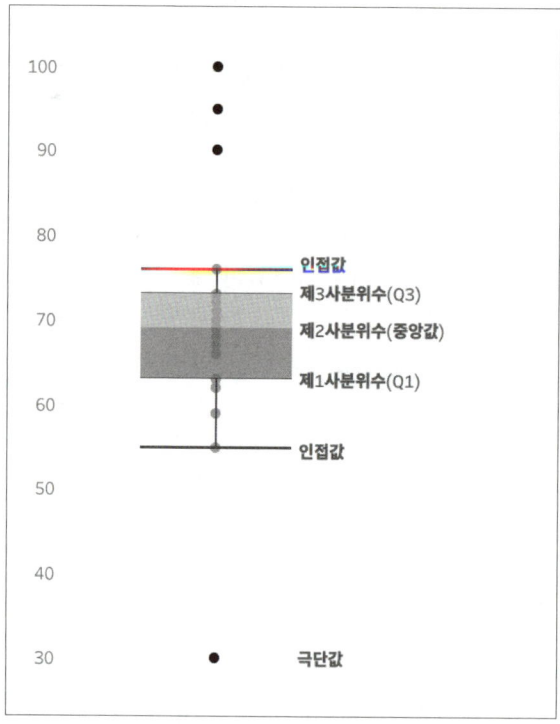

[그림 2-1] 상자 그림

안울타리와 바깥울타리 사이에 위치한 데이터를 보통이상치(Mild Outlier)라고 부르며, 바깥울타리 밖에 위치한 데이터를 극단이상치(Extreme Outlier)라고 합니다. 이때, 안울타리 안쪽에 위치한 정상 데이터 중에서 안울타리와 가장 가까운 데이터가 인접값(Adjacent Value)이며 위쪽과 아래쪽에 위치합니다.

❷ 극단값 경계를 계산하려면 먼저 quantile( ) 함수를 이용해서 제1사분위수와 제3사분위수를 계산해야 합니다.

상자 밑에 위치한 경계선 식: $Q_1 - 1.5 * (Q_3 - Q_1)$
상자 위에 위치한 경계선 식: $Q_3 + 1.5 * (Q_3 - Q_1)$

```
> Q1 = quantile(score, probs = 0.25)
> Q1
25%
67

> Q3 = quantile(score, probs = 0.75)
> Q3
75%
81.375

> IQR = Q3 - Q1
> IQR
5.75

> LC = Q1 - 1.5 * IQR
> LC
58.375

> UC = Q3 + 1.5 * IQR
> UC
81.375
```

❸ 극단값 상단 경계와 하단 경계를 계산한 값을 이용해서 극단값 상단 경계를 초과하는 데이터와 극단값 하단 경계를 미달하는 데이터를 제외한 나머지 데이터만 추출합니다.

```
> score_adj = score[score < UC & score > LC]
> score_adj
 [1] 71 67 69 76 63 67 59 68 76 66 70 67 68
[14] 72 71 73 73 68 72 67 62 69 76 69 68
```

2.6 피처 엔지니어링(Feature Engineering)

수집한 데이터 자체를 검토하는 것에 집중하는 결측치 처리와 이상치 처리와는 달리, 피처 엔지니어링(Feature Engineering)은 기존에 존재하는 변수를 활용해서 새로운 정보를 추가로 생성하는 과정을 말합니다. 즉, 이 방식을 통해 새로운 데이터를 추가로 수집하는 것이 아니라 현재 데이터를 활용한다는 점에서 주목할 필요가 있습니다.

피처 엔지니어링에는 변수의 단위를 변환하기 위한 스케일 조정 방식과 연속형 변수를 범주형 변수로, 또는 범주형 변수를 연속형 변수로 변환하는 방법이 있습니다. 이외에도 특정 변수의 존재 유무를 0과 1로 표현하는 더미 변수를 생성할 수도 있으며, 날짜 데이터의 같이 날짜 변수를 주말과 평일로 구분하거나 시간 데이터를 오전과 오후라는 새로운 변수를 추가해서 활용하는 방법들도 존재합니다. 간단한 예시로 현재 칼럼에 새로운 변수를 추가해보겠습니다.

🔍 직접 따라 하기 새로운 파생변수 생성하기

❶ 먼저 실습 파일인 score.csv파일을 불러온 후 데이터를 확인하기 위해 출력합니다. 출력 결과 변수는 id, sex, math, kor 4개의 변수로 구성되어 있으며, 총 6개의 관측값을 가지고 있습니다.

예제 파일: score.csv
다운로드 링크: https://github.com/bjpublic/R_data

```
> score = read.csv("score.csv")
> score
  id    sex  math  kor
1 id001  m    89   100
2 id002  f    70    60
3 id003  f    85    77
4 id004  c    97    60
5 id005  m   100   120
6 id006  f   120    50
```

❷ 새로운 파생변수인 합계와 평균을 추가해보도록 하겠습니다. 합과 평균을 계산할 경우에 사칙연산을 이용해서 파생변수를 생성합니다. 이때, 새롭게 생성한 파생변수를 score 데이터의 total과 avg 열에 할당합니다.

```
# 파생변수 total 생성하기
> score$total = score$math + score$kor

> score
  id    sex  math  kor  total
1 id001  m    89   100   189
2 id002  f    70    60   130
3 id003  f    85    77   162
4 id004  c    97    60   157
5 id005  m   100   120   220
6 id006  f   120    50   170

# 파생변수 avg 생성하기
> score$avg = (score$math + score$kor)/2

> score
  id    sex  math  kor  total   avg
1 id001  m    89   100   189   94.5
2 id002  f    70    60   130   65.0
3 id003  f    85    77   162   81.0
4 id004  c    97    60   157   78.5
5 id005  m   100   120   220  110.0
6 id006  f   120    50   170   85.0
```

❸ 국어 성적과 수학 성적을 이용해서 생성한 파생변수를 이용해서 80점이 넘을 경우에는 'PASS', 못 넘었을 경우에는 'FAIL'이라고 평가하는 파생변수를 생성합니다. 이때, ifelse( ) 함수를 이용하여 조건에 따라 참일 때의 결과와 거짓일 때의 결과를 입력할 수 있습니다.

```
# 파생변수 result 생성하기
> score$result = ifelse(score$avg > 80, "PASS", "FAIL")

> score
  id    sex math  kor  total   avg   result
1 id001  m   89   100   189   94.5   PASS
2 id002  f   70    60   130   65.0   FAIL
3 id003  f   85    77   162   81.0   PASS
4 id004  c   97    60   157   78.5   FAIL
5 id005  m  100   120   220  110.0   PASS
6 id006  f  120    50   170   85.0   PASS
```

❹ 이렇게 생성한 파생변수를 이용해서 'PASS'와 'FAIL'을 받은 학생 수를 살펴봅니다. 이때, table( ) 함수를 이용하여 해당 열에 포함된 값을 셀 수 있습니다.

```
# PASS와 FAIL을 받은 학생 수
> table(score$result)

FAIL PASS
   2    4

# 성별에 따라 PASS와 FAIL을 받은 학생 수
> table(score$sex, score$result)

    FAIL PASS
  c   1    0
  f   1    2
  m   0    2
```

03

분석 주제 구체화하기

우리는 문제 정의 단계에서 어떤 데이터를 활용할 것이며, 이를 활용해서 어떤 데이터 분석을 수행할 것이고 어떤 결론을 도출할 것인지를 살펴봤습니다. 이를 바탕으로 분석에 필요한 데이터를 수집하였습니다. 3장에서는 분석에 필요한 데이터를 수집한 후 탐색적 데이터 분석 과정을 수행하면서 데이터 분석 문제를 어떻게 해결할 수 있는지 이해합니다. 문제를 구체화하기 위해 수집한 데이터를 다양한 형태로 처리하는 과정은 반드시 필요합니다.

3.1 탐색적 데이터 분석(Exploratory Data Analysis)이란?

탐색적 데이터 분석은 수집한 데이터셋 본연의 의미를 파악하고 문제를 구체화하는 과정입니다. 이를 위해 데이터를 다양한 방식으로 요약하는데, 일반적으로 최댓값(Max), 최솟값(Min), 중앙값(Median), 평균값(Mean), 최빈값(Mode) 등을 사용합니다. 이처럼 다양한 통계 지표를 활용하면 수집한 데이터의 분포와 특성을 쉽게 이해할 수 있습니다. 탐색적 데이터 분석 과정을 수행하면서 수집한 데이터로부터 과거에는 발견하지 못한 중요한 단서를 발견할 수도 있습니다.

탐색적 데이터 분석을 시각화만 하는 과정으로 오해할 수 있는데, 시각화는 크게 두 가지 역할을 합니다. 먼저, 데이터의 패턴을 도출하고 다양한 가설을 세우기 위해 사용합니다. 탐색적 데이터 분석은 데이터로부터 유의미한 인사이트를 얻기 위한 가설을 세우는 과정으로 데이터 가공과 밀접하게 관계되어 있습니다. 또 다른 역할은 분석 과정에서 얻은 다양한 인사이트를 사람들이 이해하기 쉽도록 사용하는 보조 도구로 활용하는 것입니다. 탐색적 데이터 분석은 후자보다는 전자의 의미가 있다는 것을 기억해야 합니다.

데이터를 수집하고 나서 탐색적 데이터 분석을 가장 우선시해야 하는 이유는 다양한 현상과 문제들이 포함되어 있기 때문입니다. 특히 데이터 안에 요약된 현상을 정확하게 이해해야 우리가 해결하기 위한 문제를 정확하게 풀어 나갈 수 있습니다.

본격적인 분석에 들어가기에 앞서, 데이터에 대한 이해를 바탕으로 여러 가설을 확인할 수 있습니다. 또한, 탐색적 데이터 분석을 하는 과정에서 데이터를 보는 관점을 달리하여 기존의 가설을 보완하거나 새로운 가설을 수립하기도 합니다. 이러한 이해 없이 분석 모델에 넣어서 나온 결과는 충분한 근거를 마련하기도 어렵고 해석도 어렵습니다. 이렇게 완성된 데이터 분석 결과가 과연 제대로 된 결과물인지도 장담할 수 없습니다.

3.2 탐색적 데이터 분석 프로세스

데이터 분석 프로세스에는 데이터 수집부터, 분석된 결과를 현실에 존재하는 다양한 장치 또는 장비 등에 적용하여 고도화된 데이터를 새롭게 수집할 때까지 다양한 단계가 존재합니다. 전체 과정 중 탐색적 데이터 분석은 수많은 데이터 중에서 분석의 목적에 맞는 변수가 있는지, 이 변수는 어떻게 구성되어 있는지 파악하는 과정입니다.

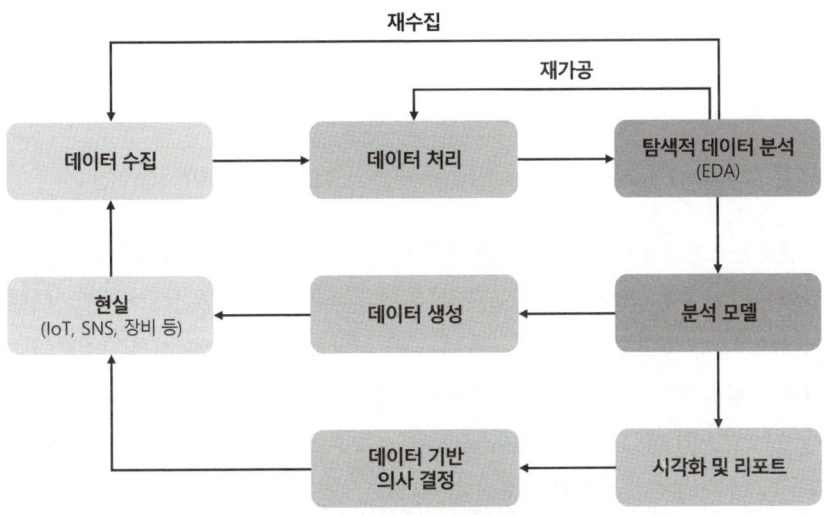

[그림 3-1] 데이터 분석 프로세스

탐색적 데이터 분석은 전체 데이터 분석 프로세스 중 한 단계이지만 이 과정에서 데이터 검토를 마친 뒤 필요한 데이터를 다시 수집하거나 재처리하여 분석 모델에 활용하게 됩니다.

이 과정에서 변수들의 특성을 파악하기 위한 작업이 필요합니다. 먼저, 한 개의 변수를 가져와서 결측치나 이상치가 존재하는지 먼저 파악합니다. 결측치와 이상치가 보일 경우 이들을 처리합니다. 다음으로 데이터의 분포를 확인하기 위해 변수를 간단하게 요약하고 상자 그림(Box Plot)또는 줄기 잎 그림(Stem-and-Leaf Plot) 등을 이용하여 데이터가 한쪽으로 치우쳐 있는지 파악합니다.

독립된 변수에 대한 이해를 마쳤다면 두 개 이상의 변수 간의 관계를 조합하여 탐색 과정을 수행합니다. 단일 변수에서는 상자 그림이나 줄기 잎 그림을 이용하여 데이터를 파악하였다면, 두 변수 이상의 관계는 산점도(Scatter Plot)를 이용하여 파악할 수 있습니다.

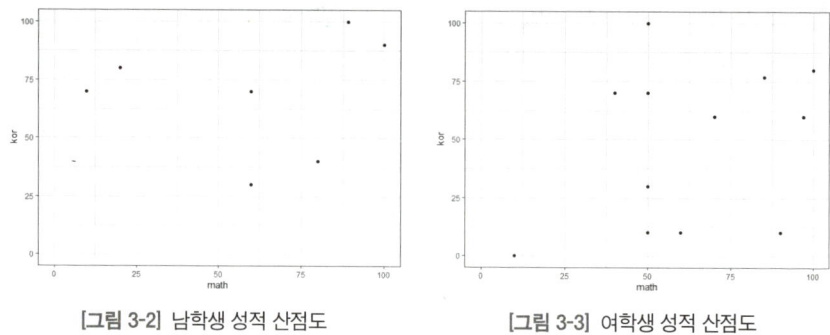

[그림 3-2] 남학생 성적 산점도　　　　[그림 3-3] 여학생 성적 산점도

산점도는 n개의 관측값을 각 차원에 따라 좌표상에 표시한 시각화입니다. [그림 3-2]와 [그림 3-3]은 X축을 수학 성적, Y축을 국어 성적으로 구성한 이차원 산점도입니다. 두 산점도를 살펴보면 여학생 성적 산점도보다 남학생 성적 산점도가 더 넓게 펼쳐져 있는 것을 볼 수 있습니다. 또한 산점도는 두 변수 간의 선형적인 증가 또는 감소의 경향을 확인할 수 있습니다. 그 외에도 어떤 군집을 가지고 있는지 등 자료에 대해 이해하는 데 도움을 줍니다.

이와 같이 데이터의 관계를 찾기 위해 탐색적 데이터 분석을 수행하는 과정에서 분석 주제를 구체화합니다. 남학생의 성적과 여학생의 성적 분포가 다르기 때문에 "남학생과 여학생 간의 평균 성적에 차이가 있을 것이다."라는 주장을 할 수 있습니다. 그러고 나서 이 두 집단의 평균 성적이 정말 차이가 있는지를 판단하기 위한 데이터 분석을 수행하게 됩니다.

04

데이터 분석 수행하기

탐색적 데이터 분석을 통해 우리가 해결할 문제를 구체화했다면 데이터 분석 단계에서는 구체화된 문제를 해결하기 위한 알고리즘을 찾아야 합니다. 통계적 가설 검정(Statistical Hypothesis)을 할 경우에는 일반적으로 가설과 변수의 형태에 따라 분석 방법이 결정됩니다. 기계 학습(Machine Learning) 문제인 예측과 분류 모형을 사용할 경우에는 다양한 알고리즘을 사용하여 비교해서 성능이 우수한 알고리즘을 활용합니다. 데이터 분석가의 역할은 데이터 분석에서 그치지 않습니다. 결과를 다양한 사람에게 쉽게 전달하기 위해서는 다양한 시각화 기법을 이해하고 이를 활용하여 전달해야만 합니다.

4.1 통계적 가설 검정(Statistical Hypothesis Testing)

데이터 분석을 할 때는 "분석 결과가 이익을 가져올 수 있는가"에 초점을 맞추어야 합니다. 우리 서비스를 이용하고 있는 고객의 성별, 연령대, 거주지와 같은 정보를 집계한다고 해서 절대 현상 파악 이상의 정보를 얻을 수 없습니다. 적어도 어떤 요인에 의해 우리 서비스를 통해 이익이 창출될 것인지, 요인을 변화시키는 것이 가능한지, 비용 대비 순이익이 남는지에 대한 정보가 필요합니다. 한 시대가 지나간 이후에는 이와 같은 질문에 대답을 하기 위해 끊임없이 질문을 던지고 데이터로부터 해답을 찾아야만 합니다.

현대 통계학이 자리를 잡고 있는 지금과는 달리, 19세기에는 잘 정리된 데이터를 제공하는 것만으로도 충분했습니다. 영국의 간호사인 플로렌스 나이팅게일(Florence Nightingale)도 크림전쟁이 발발한 1854년에 이스탄불 야전병원장으로 지낼 때 이와 같은 방식으로 참전 군인의 부상 현황을 기록하였습니다. 작성한 데이터를 살펴보면서 전투에서 사망한 군인보다 부상으로 병상에서 죽어가는 군인이 더 많은 것을 확인하였습니다. 이 데이터를 활용해서 야전 병원의 환경 개선을 요청하였고 야전 병원의 환경이 개선되자 사망자 부상병 수를 줄이는 데 큰 역할을 하였습니다.

한 시대가 지나간 이후 나이팅게일이 활용한 방식에서 사망 원인이 정말 병상과 전쟁터라는 장소 차이 때문인지, 그게 아니라면 다른 사망 원인이 있는지 고민하게 되었습니다. 단순히 데이터를 집계만 한다고 해서 이 고민을 해결할 수 있는 것은 아닙니다. 병상의 환경을 개선하여 환자를 살리는 것이 실제로 전쟁에서 도움이 되는지, 청결을 유지하면 정말로 사망자 수가 줄어들 수 있는지 원인을 파악하기는 어렵습니다.

고민하는 과정에서 "과연 전투에서 사망한 군인의 수와 병상에서 치료를 받지 못하고 사망한 군인 수에 통계적 차이가 있는가"라는 의문을 가지면서 한 번의 전투 현장에서 발생한 데이터를 가지고 판단하는 것이 아닌 수 차례 반복해서 나온 데이터를 분석하는 것이 통계적 가설 검정의 중요한 핵심입니다. 이는 우연히 나온 결과가 아니라 반복되는 임의화 비교실험을 통해 과학적으로 검증하는 것으로 로널드 피셔(Ronald Fisher)의 실험계획법에 의해 등장한 개념입니다.

임의화 비교실험을 하기 위해서는 다른 조건들을 통제하고 전투 현장과 병상이라는 조건만 다르게 하여 비교해야만 합니다. 임의화 비교실험은 20세기의 다양한 학문을 발전시키는 중요한 도구였으나, 몇 가지 제약사항이 있습니다. 먼저, 전쟁을 반복하면서 실험을 하는 것은 비윤리적입니다. 실제 임의화 비교실험은 강력한 무기처럼 사용할 수 있습니다. 다음으로는 현실적인 이유에서 임의화가 불가능한 경우입니다. 실제 실험을 하는 과정에서 비용과 시간은 한정적입니다. 무제한으로 시간과 비용을 소비할 수 있다면 데이터를 얻기에는 좋을 것입니다. 하지만 윤리적으로 허용되면서 실험에 사용 가능한 비용과 시간에 맞춰 통계적으로 분석을 진행해야 합니다.

다시 돌아와서 나이팅게일이 주장한 것과 같이, 전쟁터에서 사망한 군인이 평균보다 더 많은 이유가 병상의 환경 때문인 것이 맞는지 확인하기 위해 야전 병원의 환경을 개선한 곳과 야전 병원의 환경을 그대로 둔 곳을 비교해야 합니다. 이때, 나이팅게일의 주장에 따라 '야전 병원의 환경이 개선될 경우 야전 병원의 환경이 개선되지 않은 경우에 비해 사망자 수가 적다'고 주장하는 것이 바로 통계적 가설(Statistical Hypothesis)입니다.

야전 병원의 환경이 개선된 곳에서 사망한 환자 수가 기존의 야전 병원보다 적을 것이라는 생각이 사실인지 확인하기 위한 의문을 해결하고자 하는 주장을 귀무가설이라고 합니다. 병상의 환경을 개선하지 않더라도 사망한 환자 수에 큰 변화가 없거나 오히려 줄어든다고 하는 주장이 대립가설이 됩니다. 데이터를 근거로 귀무가설 혹은 대립가설을 선택하게 됩니다. 통계적 가설 검정을 하는 과정은 6장에서 더욱 자세하게 설명하고 있습니다.

4.2 기계 학습(Machine Learning)

인공지능(Artificial Intelligence; AI)의 관심과 연구는 1950년대부터 시작되었습니다. 1950년대 이전에는 단순 집계 방식이 아니라 통계적 방법을 정립해 왔다면, 1950년대에는 본격적으로 기계 학습 연구에 간단한 알고리즘이 활용되기 시작하였습니다. 1950년 앨런 튜링(Alan Turing)은 'Computing Machinery and Intelligence'를 통해 유전 알고리즘을 제안했습니다. 1951년에는 마빈 민스키(Marvin Minsky)와 딘 에드몬즈(Dean Edmonds)에 의한 첫 번째 신경망인 SNARC(Stochastic Neural Analog Reinforcement Calculator)를 구축하였습니다. 1957년에는 프랭크 로젠블랫(Frank Rosenblatt)이 신경세포를 모델화하여 입력층, 연합층, 출력층의 3가지로 구성된 퍼셉트론(Perceptron)을 제안했습니다. 연구 초반의 관심도는 AI 산업군을 형성할 정도로 확장되었으나, 정보를 처리하는 수준이 현격하게 떨어졌기 때문에 1970년대부터 1980년대까지는 인공지능에 관한 연구가 더디게 발전하였습니다.

1990년대를 기점으로 기술의 발전과 함께 하드웨어 성능이 개선되었으며, PC의 보급과 인터넷 인프라 확충으로 우리 주변에서 다양한 형태의 데이터가 발생하기 시작했습니다. 이 시기에 본격적으로 기계 학습을 이용한 사례가 등장합니다. 1992년에는 제럴드 테사우로(Gerald Tesauro)에 의해 개발된 TD-Gammon은 백개먼 보드게임 챔피언과 동등한 수준을 갖추었고, 1997년에는 IBM의 딥 블루(Deep Blue)가 체스 챔피언인 가리 카스파로프(Garry Kasparov)와의 대결에서 승리했습니다.

데이터 분석에 대한 관심이 점차 높아지는 가운데, 2016년 3월 이세돌 9단과의 바둑 대결에서 승리한 구글 딥마인드의 알파고(AlphaGo)는 약 16만 건의 바둑 기보를 학습하였습니다. 알파고는 5번기 공개 대국에서 모두의 예상을 깨고 4대1로 이기면서 인공지능에 대한 관심을 넓히는 역할을 하였습니다.

최근에는 기계 학습을 이용한 자연어 기반의 문자 인식과 음성 인식의 활용도가 높아지고 있으며, 이미지와 영상을 기반한 재난구조, 안전진단 등에서도 인공지능을 활용하기 위한 연구가 활발히 진행되고 있습니다. 이처럼 다양한 분야에서 인공지능을 활용하는 과정에서 성공 사례들이 나타나며 기계 학습이 주목받았고, 기계 학습 도입의 가능성을 보여주고 있습니다.

아서 사무엘(Arthur Samuel)은 기계 학습을 프로그래밍 없이 컴퓨터가 스스로 학습하는 능력을 갖추게 하는 연구 분야라고 하였습니다. 기계 학습은 이러한 인공지능을 구현하기 위한 대표적인 방법입니다.

기계 학습은 학습 방식에 따라 크게 3가지로 분류하고 있습니다. 분류나 수치를 예측하기 위한 목적으로 사용하는 지도 학습(Supervised Learning), 군집을 통해 특정 집단을 세분화하기 위한 목적으로 사용하는 비지도 학습(Unsupervised Learning), 환경을 관찰하고 보상과 벌점을 통해 최적화된 목표를 찾기 위한 목적으로 사용하는 강화 학습(Reinforcement Learning)이 이에 해당합니다.

● 지도 학습(Supervised Learning)

지도 학습은 정답지를 제공하고 학습시키는 방법으로, 분류 모형과 회귀 모형 등에 활용하고 있습니다. 주로 과거의 데이터를 기반으로 앞으로 다가오는 이벤트 혹은 이슈를 예측하는 데 활용합니다. 예를 들어 다양한 사람들이 쓴 글씨를 읽고 파악하는 과정에서 지도 학습을 사용합니다. 사용하는 데이터는 사람들이 작성한 글씨체 데이터와 해당 데이터에 실제로 어떤 내용이 작성되어 있는지에 대한 정답을 주어 학습하게 됩니다. 정답지가 존재하는 학습 데이터를 바탕으로 생성된 모델에 새로운 글씨를 노출하게 되면, 해당 글자가 무엇이라고 쓰여 있는지 결과를 제공하게 됩니다.

● 비지도 학습(Unsupervised Learning)

비지도 학습은 정답지 없이 학습시키는 방법으로, 데이터를 탐색해서 구조와 유사한 속성을 찾아 분류하는 데 활용합니다. 주로 유사한 고객을 분류하거나 유사 가

맹점을 분류하기 위한 목적으로 활용합니다. 특히, 유사한 상품을 구매한 고객들을 하나의 집단으로 분류하고 해당 제품의 재구매를 유도하기 위한 할인 프로모션을 제공하여 매출액을 올리는 목적을 가지고 있습니다. 유사 고객을 분류하는 방법으로는 클러스터 분석(Cluster Analysis)이나 연관 규칙(Association Rule)이 있습니다.

이 외에도 유사한 집단을 도출하기 위해 사용하는 데이터의 규모가 커서 사용이 어려운 점을 극복하기 위한 방법으로 차원을 축소하여 데이터를 활용합니다. 차원을 축소하기 위한 방법으로 주성분 분석(Principal Component Analysis)이나 커널 PCA 등을 사용합니다.

● 강화 학습(Reinforcement Learning)

주변 상태(State)에 따라 어떤 행동(Action)을 할지 판단을 내리는 주체인 에이전트(Agent)가 있습니다. 이 에이전트는 특정 환경(Environment)에 놓여 있습니다. 이때 에이전트가 특정 행동을 취함에 따라 상태가 변하게 됩니다. 변화하는 상태에 따라 보상(Reward)을 받을 수도, 벌(Penalty)을 줄 수도 있습니다. 이렇듯 강화 학습은 주어진 환경 내에서 보상을 최대한 많이 받도록 에이전트를 학습하는 것을 말합니다. 지도 학습과 비지도 학습에서는 입력과 출력이라는 개념을 활용하였으나 강화 학습에서는 행동과 환경, 그리고 보상이라는 개념을 활용한다는 점에서 차이점이 있습니다.

강화 학습은 결국 더 많은 보상을 받을 수 있도록 정책을 만드는 것이 핵심이며, 게임 산업에서 AI 플레이어를 만들 때 사용하거나 자동차 자율 주행 개발에 활용합니다. 과거 2016년 이세돌 9단에 승리했던 알파고가 강화 학습을 이용해서 구성된 프로그램입니다.

4.3 시각화(Visualization)

엑셀 파일에는 방대한 데이터를 넣을 수 있습니다. 그런데 이 데이터의 모든 행을 읽어가면서 어떤 의미를 가지고 있는지 파악하기란 쉽지 않습니다. 이러한 엑셀 속 데이터처럼 복잡하고 무질서한 흐름 속에 숨겨진 패턴을 찾아서 간결하고 명확하며 시각적으로 가공하여 전달하는 것이 데이터 시각화입니다. 이 데이터 시각화를 통해 빠른 시간 안에 특정 현상을 찾아낼 수 있기에 데이터 분석에서 중요하게 다루는 부분입니다.

	A	B	C	D	E	F	G	H	I
1	city1	city2	age	sex	type	open	click	conversion	sales
2	강원도	강릉시	18	man	A_GROUP	1503	6	0	NA
3	강원도	강릉시	19	man	A_GROUP	2314	44	1	NA
4	강원도	강릉시	20	man	A_GROUP	1978	11	0	NA
5	강원도	강릉시	21	man	A_GROUP	1821	18	0	0
6	강원도	강릉시	22	man	A_GROUP	2204	40	2	21180
7	강원도	강릉시	23	man	A_GROUP	2229	12	0	0
8	강원도	강릉시	24	man	A_GROUP	2208	24	1	33920
9	강원도	강릉시	25	man	A_GROUP	1843	18	0	0
10	강원도	강릉시	26	man	A_GROUP	1530	15	0	0
11	강원도	강릉시	27	man	A_GROUP	1387	25	0	0
12	강원도	강릉시	28	man	A_GROUP	1196	2	0	0
13	강원도	강릉시	29	man	A_GROUP	1136	22	0	0
14	강원도	강릉시	30	man	A_GROUP	1086	5	0	0
15	강원도	강릉시	31	man	A_GROUP	1022	5	0	0
16	강원도	강릉시	32	man	A_GROUP	1038	13	0	0
17	강원도	강릉시	33	man	A_GROUP	1047	8	0	0
18	강원도	강릉시	34	man	A_GROUP	1006	4	0	0
19	강원도	강릉시	35	man	A_GROUP	1116	14	1	23200
20	강원도	강릉시	36	man	A_GROUP	1204	18	0	0
21	강원도	강릉시	37	man	A_GROUP	1283	15	0	0
22	강원도	강릉시	38	man	A_GROUP	1411	5	0	0
23	강원도	강릉시	39	man	A_GROUP	1428	6	0	0
24	강원도	강릉시	40	man	A_GROUP	1425	24	1	46930
25	강원도	강릉시	41	man	A_GROUP	1331	2	0	0
26	강원도	강릉시	42	man	A_GROUP	1450	20	1	65110
27	강원도	강릉시	43	man	A_GROUP	1448	9	0	0

[그림 4-1] 시각화 전 샘플 데이터

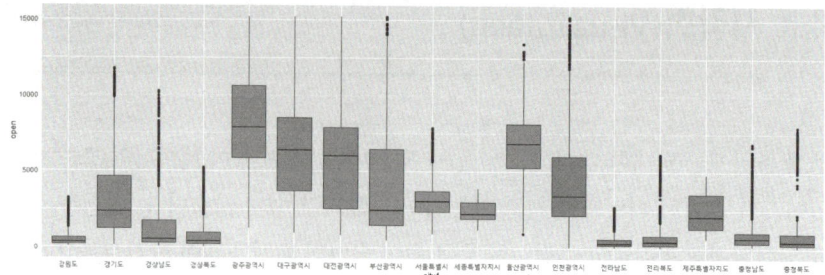

[그림 4-2] 샘플 데이터 시각화

[그림 4-1]과 같이 한눈에 보기 어려웠던 샘플 데이터는 간단한 시각화를 통해서 [그림 4-2]와 같이 어떤 차이가 있는지 손쉽게 확인할 수 있습니다. 우리는 분석하고자 하는 데이터를 이해하기 위해 가장 먼저 데이터를 살펴봅니다. 요약된 통계를 이용하여 수집한 데이터를 파악하기보다는 간단한 시각화를 통해 데이터를 파악하면 더욱 용이하며, 새로운 인사이트를 얻을 수 있습니다.

1973년 통계학자 프랜시스 앤스컴(Francis Anscombe)이 데이터 분석을 하기에 앞서 시각화의 중요성과, 이상치와 주요한 관측값의 효과를 증명하기 위해 앤스컴의 4중주(Anscombe's quartet)를 제안하였습니다. 앤스컴은 "Graphs in Statistical Analysis"에서 동일한 통계적 특성을 가지고 있는 네 가지 데이터셋을 활용하여 전혀 다른 데이터 시각화를 보여주었습니다.

Set. 1		Set. 2		Set. 3		Set. 4	
X	Y	X	Y	X	Y	X	Y
10	8.04	10	9.14	10	7.46	8	6.58
8	6.95	8	8.14	8	6.77	8	5.76
13	7.58	13	8.74	13	12.74	8	7.71
9	8.81	9	8.77	9	7.11	8	8.84
11	8.33	11	9.26	11	7.81	8	8.47
14	9.96	14	8.1	14	8.84	8	7.04
6	7.24	6	6.13	6	6.08	8	5.25
4	4.26	4	3.1	4	5.39	19	12.5
12	10.84	12	9.13	12	8.15	8	5.56
7	4.82	7	7.26	7	6.42	8	7.91
5	5.68	5	4.74	5	5.73	8	6.89

위의 네 가지 데이터셋을 자세하게 살펴보면, 네 가지 데이터셋의 X값 평균은 9이 며, 분산은 11입니다. Y값 평균은 9.5이고 분산은 약 4.125입니다. 또한, 네 가지 데이터셋의 X와 Y 간 상관계수를 구하면 0.816으로 상당히 선형 관계가 높은 것으로 나타납니다. 네 데이터셋을 이용하여 단순선형 회귀분석을 수행한 결과 동일한 회귀선을 그리며, 선형 회귀의 결정계수 역시 0.67로 동일한 결과가 나타납니다. R에서 anscombe 데이터셋을 불러와 시각화한 결과 [그림 4-3]과 같이 전혀 다른 패턴을 보여주면서 시각화의 중요성을 알려줍니다.

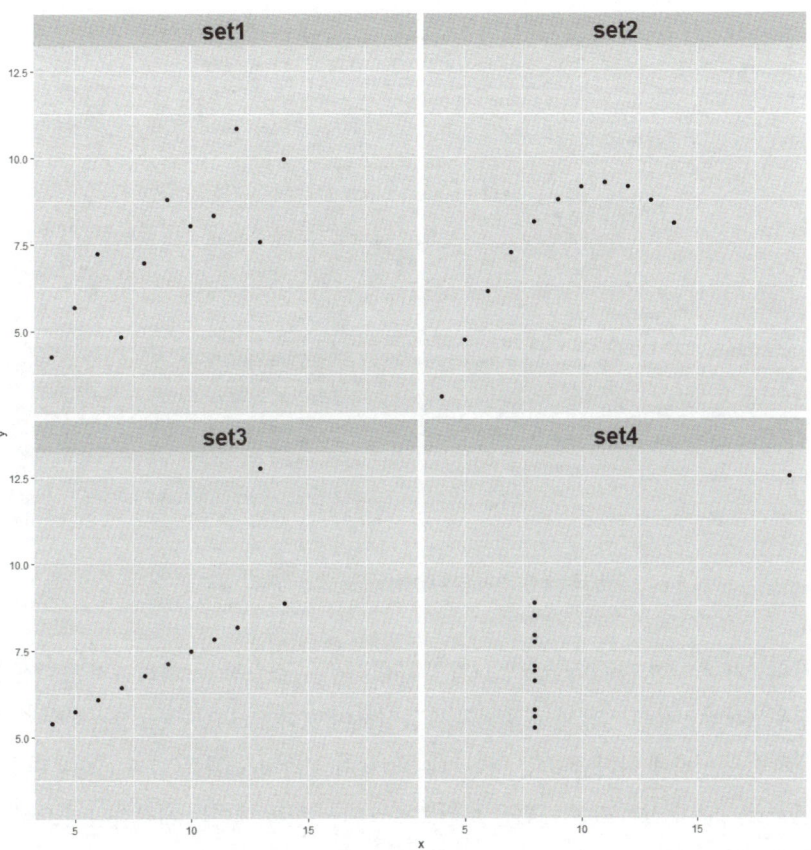

[그림 4-3] 시각화의 중요성(동일한 통계량)

최근 저널리스트이자 디자이너인 알베르토 카이로(Alberto Cairo)는 "요약 통계만을 맹신하지 말고 데이터를 시각화하라"고 주장하며 앤스컴의 네 가지 데이터셋에 영감을 받아 13가지의 데이터셋을 만들었습니다. 요약된 데이터는 굉장히 정상적으로 보이나 카이로가 제안한 데이터셋 Datasaurus[5]의 일부를 시각화 한 결과는 [그림 4-4]와 같이 공룡 그림으로 나타납니다.

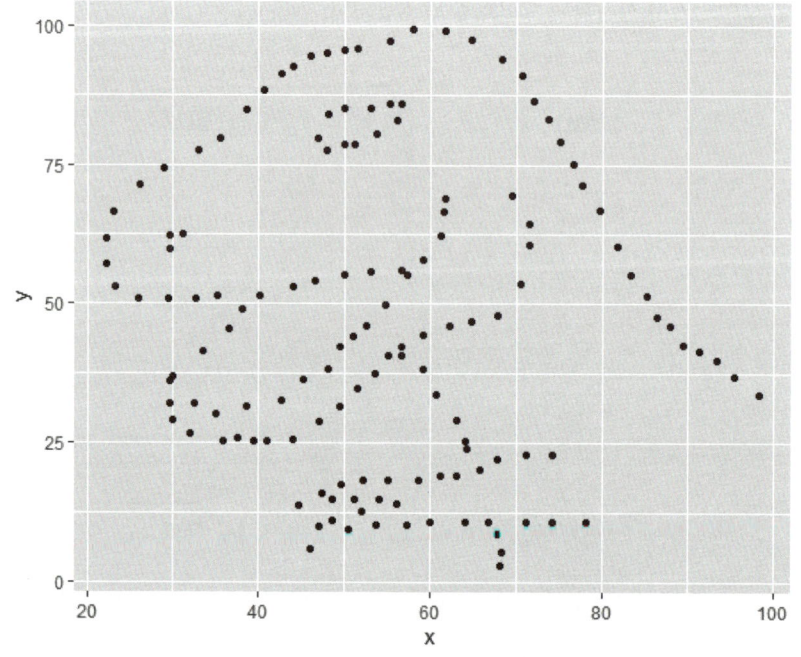

[그림 4-4] 카이로의 Datasaurus dino 시각화 결과

카이로가 제안한 Datasaurus의 13가지 데이터셋은 소수점 두 자리까지 표현했을 경우 X값과 Y값의 평균과 표준편차가 동일하며, X와 Y의 Pearson 상관계수를 측정하면 동일하게 나타납니다. 다만, 데이터셋의 시각화 결과를 함께 살펴보면 [그림 4-5]와 같이 전혀 다른 패턴을 보임으로써 다시 한번 데이터 시각화의 중요성을 강조하였습니다.

---

5) datasauRus 패키지를 설치하면 datasaurus_dozen가 카리로가 제안한 데이터셋 Datasaurus

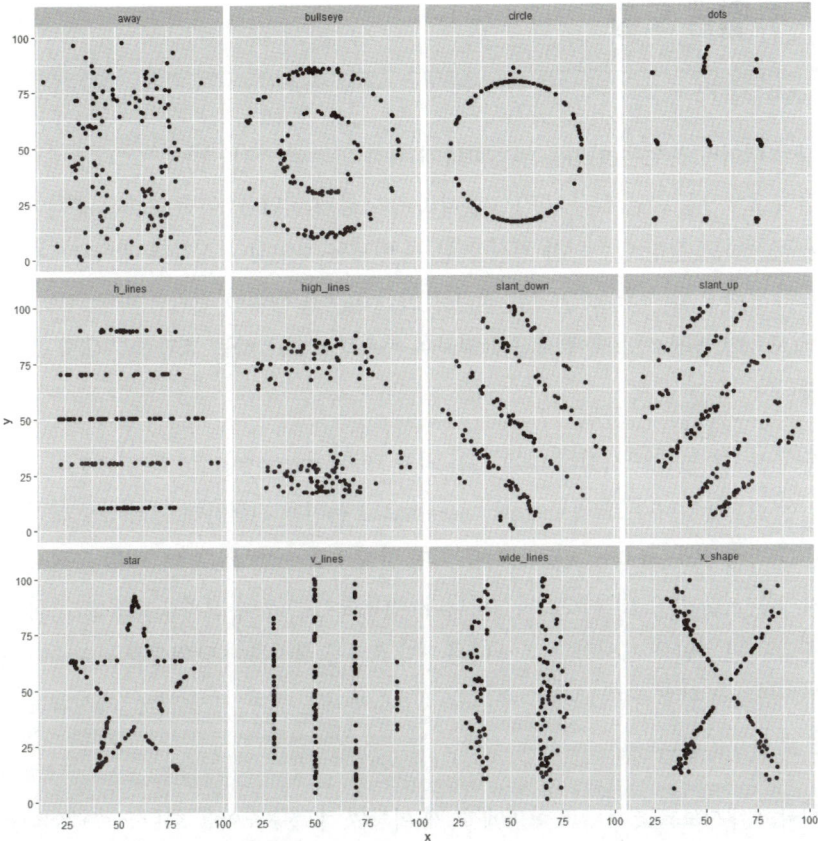

[그림 4-5] Datasaurus의 12가지 데이터셋

4.4 결론 도출

결국 데이터 분석은 이익을 극대화하기 위한 일련의 과정입니다. 그 과정에서 고객의 요구사항 혹은 상사의 지시에 따라 수행하게 됩니다. 어떤 고객은 분석 결과를 해석하고 정리하여 의사 결정을 할 수 있도록 보고서나 시각화 대시보드를 만들어 달라고 할 수도 있습니다. 그리고 어떤 고객은 해석한 결과를 바탕으로 기존에 보유한 특정 시스템에 직접 반영하여 시스템을 개선하는 효과를 기대할 수 있습니다.

분석 보고서는 요구사항에 맞게 사업 기획, 정책 제안, 아이디어 등을 보고서로 정리한 결과물입니다. 도입부에서는 일반적으로 분석을 진행하게 된 배경과 분석 내용을 작성하게 됩니다. 해당 분석을 어떤 방식으로 수행하였으며, 어떤 분석 결과가 있는지를 주요 내용으로 작성합니다. 결론에서는 분석 결과를 이용한 분석 주제의 해결 방안을 제시하고 그에 따른 기대효과를 작성하여 당위성을 높여줍니다. 마지막으로 향후 어떤 과제를 수행할 것인지에 대한 향후 과제(안)을 제시하는 것으로 마무리합니다.

시각화 대시보드는 하나의 화면에 한 개 이상의 차트를 모아둔 화면으로 데이터를 탐색하기 용이하도록 개발된 것입니다. 독립된 차트를 보는 것보다 두 가지 이상의 차트를 동시에 확인하여 종합적인 인사이트를 제공하는 목적으로 최근에 많이 사용하고 있는 데이터 플랫폼입니다. 사용자의 권한을 차등하게 부여하여 목표 실적을 모니터링할 수 있다는 점에서 많이 활용되며, 특히 거시적 관점에서 회사를 경영하기 위한 핵심성과지표(Key Performance Indicator; KPI)를 한눈에 모니터링 할 수 있는 용도로 활용하고 있습니다. 더욱이 특정 KPI의 이상 징후가 발생할 경우에는 회사 조직에 따라 상세하게 세분화하여 인사이트를 제공할 수 있다는 점에서 효용성이 높아지고 있습니다.

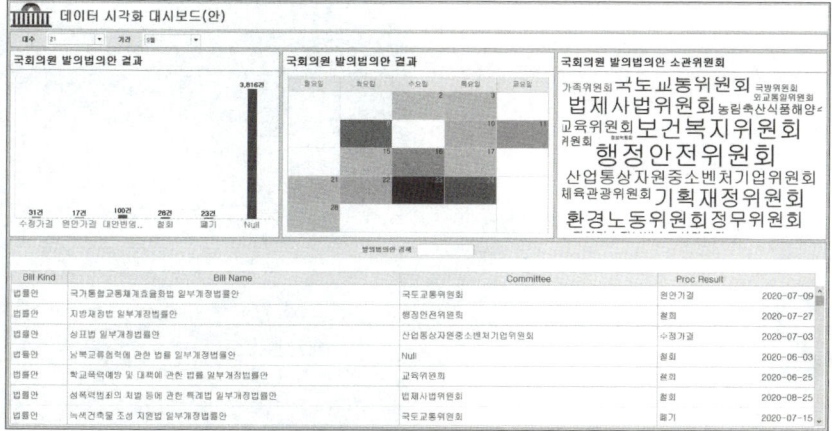

[그림 4-6] 시각화 대시보드(안) 샘플

시스템 구축 또는 반영은 데이터 분석을 수행하여 도출된 결론을 바탕으로 적용합니다. 이런 경우에는 고객의 요구사항에 맞는 기능들을 정리하고 기존 시스템에서 확장할 수 있는지 여부 등, 시스템에 대한 분석 및 설계가 필요합니다. 기존에 존재하는 추천 시스템에 새로운 알고리즘을 이용한 추천 기능을 추가하고자 고객 데이터를 분석하고 API를 활용하여 결과를 전달하거나 데이터베이스에 적재하기도 합니다.

Chapter

02

데이터 분석 프로젝트의 첫 번째 단계로, 정형 데이터에서 다양한 보물을 찾아보는 챕터입니다. 5장과 6장에서는 정형 데이터를 활용한 분석에 통계적 기법을 이용한 가설 검증을 이해하고 7장에서는 시계열 데이터를 분석하는 방법에 대해 이해합니다.

데이터 분석 프로젝트(1)
– 정형 데이터에서 보물 찾기

5장 | 지난 1년간 카페에는 어떤 일이 있었을까?
6장 | 광고, 정말 효과가 있을까?
7장 | KOSPI 예측이 가능할까?

05

지난 1년간 카페에는 어떤 일이 있었을까?

5장에서는 카페의 매출 데이터를 이용하여 데이터 분석을 수행합니다. R과 R스튜디오 설치 방법은 링크[6]를 통해 확인할 수 있습니다. 먼저 카페 매출 데이터를 불러와서 다양한 형태로 데이터를 가공하여 매출 데이터를 이해합니다. 또한 R을 대표하는 시각화 패키지인 ggplot2 패키지를 이해하고 매출 데이터를 시각적으로 표현합니다.

5.1 readxl 패키지를 이용하여 엑셀 데이터 불러오기

분석 기술을 활용해서 카페에서 발생한 매출 이력 데이터를 이용해 데이터 분석을 진행하겠습니다. 기업에서 발생하는 매출들은 대부분 전사적자원관리(Enterprise Resource Planning; ERP) 시스템에 존재하며, 이를 잘 가공하면 우리가 분석하고자 하는 데이터와 흡사하게 가공할 수 있습니다. 우리가 살펴볼 매출 이력 데이터

[6] https://github.com/bjpublic/R_data, https://jaydata.tistory.com/102

는 데이터 분석을 위해 가공을 한 상태이며 해당 데이터는 2017년 9월부터 발생한 정보입니다. 간단한 형태의 구조이기 때문에 데이터 분석을 입문하기에 훌륭한 자료입니다. 데이터에는 이 카페의 다양한 모습들이 담겨 있습니다. 매출 이력 데이터를 분석한다면 손님들이 카페를 얼마나, 어떻게 이용하는지 쉽게 알 수 있게 됩니다.

엑셀 데이터 불러오기

❶ 실습에 사용할 Cafe_Sales.xlsx 파일을 다운로드 한 뒤 실습 환경으로 옮겨줍니다. 이 파일은 2017년 9월 13일부터 2020년 11월 16일까지의 매출 이력 데이터로, 약 17만 건의 주문 정보가 있습니다.

```
예제 파일: Cafe_Sales.xlsx
다운로드 링크: https://github.com/bjpublic/R_data
```

order_id	order_date	category	item	price
C38167668	2017-09-13 10:15	Coffee	카라멜마끼아또	5000
C89217297	2017-09-13 10:20	Latte	홍차라떼	4500
C39178816	2017-09-13 10:40	Latte	초코라떼	4500
C63105816	2017-09-13 10:05	Ade/Shake	오레오	5500
C47018158	2017-09-13 11:15	Coffee	카라멜마끼아또	5000
C46078737	2017-09-13 11:25	Latte	초코라떼	4500
C32215456	2017-09-13 11:35	Smoothie/Juice	복숭아스무디	5000
C60728464	2017-09-13 11:45	Bakery	커피콩빵	3000

[표 5-1] sales_hist.xlsx 샘플 데이터

❷ 엑셀 데이터를 불러오기 위해서 readxl 패키지를 활용합니다. 해당 패키지는 install.packages( ) 함수를 사용해서 쉽게 설치할 수 있습니다. library( ) 함수를 사용해서 readxl을 실행시켜봅니다. 엑셀에 여러 시트가 있을 경우 read_xlsx( ) 함수의 sheet 옵션을 활용하여 필요한 시트를 불러올 수 있습니다.

```
# readxl 패키지 로드
> library(readxl)

# 엑셀 데이터 불러오기
> sales = read_xlsx("Cafe_Sales.xlsx", sheet = 1)
```

❸ 데이터 분석에 앞서 데이터를 불러오는 과정에서 이슈가 발생했는지 혹은 수집한 데이터에는 이상이 없는지 간단하게 확인해야 합니다. head( )와 tail( ) 함수를 이용해서 데이터의 처음과 마지막 부분을 살펴보며 행이 밀린 데이터가 있는지 파악합니다.

```
# 데이터 앞부분 탐색
> head(sales)
# A tibble: 6 x 5
  order_id  order_date          category   item         price
  <chr>     <dttm>              <chr>      <chr>        <dbl>
1 C38167668 2017-09-13 10:15:00 coffee     카라멜마끼아또  5000
2 C89217297 2017-09-13 10:20:00 Latte      홍차라떼       4500
3 C39178816 2017-09-13 10:40:00 Latte      초코라떼       4500
4 C63105816 2017-09-13 10:05:00 Ade/Shake  오레오         5500
5 C47018158 2017-09-13 11:15:00 coffee     카라멜마끼아또  5000
6 C46078737 2017-09-13 11:25:00 Latte      초코라떼       4500

# 데이터 뒷부분 탐색
> tail(sales)
# A tibble: 6 x 5
  order_id  order_date          category   item         price
  <chr>     <dttm>              <chr>      <chr>        <dbl>
1 C36211708 2020-12-25 21:45:00 Bakery     베이글         3500
2 C30729093 2020-12-25 22:30:00 Tea        매실차         4500
3 C38273843 2020-12-25 22:50:00 Ade/Shake  자몽에이드      4500
4 C28393813 2020-12-25 22:55:00 Latte      홍차라떼       4500
5 C35699793 2020-12-25 23:20:00 Tea        유자차         4500
6 C54734069 2020-12-25 23:55:00 coffee     카라멜마끼아또  5000
```

❹ 수집한 데이터가 문제없다고 판단된다면 우리 데이터에 결측치가 있는지 확인해야 합니다. is.na( ) 함수를 이용해서 간단히 확인할 수 있음을 **2.4 결측치 처리하기**에서 배웠습니다.

```
> is.na(sales$order_id)
 [1] FALSE FALSE FALSE FALSE FALSE FALSE FALSE FALSE FALSE FALSE
[11] FALSE FALSE FALSE FALSE FALSE FALSE FALSE FALSE FALSE FALSE
[21] FALSE FALSE FALSE FALSE FALSE FALSE FALSE FALSE FALSE FALSE
[31] FALSE FALSE FALSE FALSE FALSE FALSE FALSE FALSE FALSE FALSE
[41] FALSE FALSE FALSE FALSE FALSE FALSE FALSE FALSE FALSE FALSE
[ reached getOption("max.print") -- omitted 61581 entries ]
```

출력된 원소 개수가 상당히 많습니다. 이런 경우 is.na( ) 함수만을 활용해서 결측치를 판단하기에는 한계가 있습니다. 이때 table( ) 함수를 이용해서 손쉽게 파악할 수 있습니다. order_date(주문일자)의 경우 결측치가 있는 것을 확인할 수 있습니다.

```
> table(is.na(sales$order_id))

 FALSE
62581

> table(is.na(sales$order_date))

FALSE  TRUE
62410   171

> table(is.na(sales$category))

 FALSE
62581

> table(is.na(sales$item))

 FALSE
62581
```

```
> table(is.na(sales$price))

 FALSE
62581
```

order_date(주문일자)에서 발견된 결측치로는 언제 주문했는지를 알 수 없으므로 불확실한 정보가 분석 결과를 왜곡시킬 수 있기 때문에 제거하겠습니다.

```
> sales = na.omit(sales)
> sales
# A tibble: 62,410 x 5
   order_id  order_date          category       item             price
   <chr>     <dttm>              <chr>          <chr>            <dbl>
 1 C38167668 2017-09-13 10:15:00 coffee         카라멜마끼아또    5000
 2 C89217297 2017-09-13 10:20:00 Latte          홍차라떼          4500
 3 C39178816 2017-09-13 10:40:00 Latte          초코라떼          4500
 4 C63105816 2017-09-13 10:05:00 Ade/Shake      오레오            5500
 5 C47018158 2017-09-13 11:15:00 coffee         카라멜마끼아또    5000
 6 C46078737 2017-09-13 11:25:00 Latte          초코라떼          4500
 7 C32215456 2017-09-13 11:35:00 Smoothie/Juice 복숭아스무디      5000
 8 C60728464 2017-09-13 11:45:00 Bakery         커피콩빵          3000
 9 C99145980 2017-09-13 11:50:00 coffee         바닐라라떼        5000
10 C65700654 2017-09-13 12:00:00 Tea            매실차            4500
# ... with 62,400 more rows
```

❺ is.na( ) 함수를 이용하여 다시 한번 결측치가 있는지 확인합니다. is.na( ) 함수를 이용하여 결측치를 확인한 결과 결측치가 없는 것으로 나타났더라도 바로 데이터 분석에 들어가긴 어렵습니다. 수집한 데이터에 이상한 정보가 있는지 확인할 차례입니다. 먼저 논리적으로 이상이 있는 이상치를 먼저 확인하겠습니다.

```
> head(sales, n = 12)
# A tibble: 12 x 5
   order_id  order_date          category      item         price
   <chr>     <dttm>              <chr>         <chr>        <dbl>
 1 C38167668 2017-09-13 10:15:00 coffee        카라멜마끼아또   5000
 2 C89217297 2017-09-13 10:20:00 Latte         홍차라떼        4500
 3 C39178816 2017-09-13 10:40:00 Latte         초코라떼        4500
 4 C63105816 2017-09-13 10:05:00 Ade/Shake     오레오         5500
 5 C47018158 2017-09-13 11:15:00 coffee        카라멜마끼아또   5000
 6 C46078737 2017-09-13 11:25:00 Latte         초코라떼        4500
 7 C32215456 2017-09-13 11:35:00 Smoothie/Juice 복숭아스무디    5000
 8 C60728464 2017-09-13 11:45:00 Bakery        커피콩빵       3000
 9 C99145980 2017-09-13 11:50:00 coffee        바닐라라떼      5000
10 C65700654 2017-09-13 12:00:00 Tea           매실차         4500
11 C65700654 2017-09-13 12:00:00 Tea           깔라만시        4500
12 C65700654 2017-09-13 12:00:00 Tea           매실차         4500
```

head( ) 함수를 이용해서 sales 데이터의 10번째 행부터 12번째 행을 확인해보면 order_id(주문 ID) 한 개에 동일한 시간에 주문한 음료가 있는 것을 알 수 있습니다. 매출을 발생시킨 이력 데이터이며, 주문 당시 혼자 방문한 것이 아니라 여러 명의 음료를 한 번에 주문했기 때문에 같은 주문 ID에 다양한 음료가 발생한 것입니다.

```
> nrow(sales)
[1] 62581

> length(unique(sales$order_id))
[1] 35046
```

nrow( ) 함수를 이용해서 sales 데이터의 행 수를 확인해보면 총 62,581건의 데이터가 발생했습니다. 이때 발생한 건 중에서 주문한 건수를 찾으려면 중복되지 않은 주문 ID를 세는 unique( ) 함수와 length( ) 함수를 이용합니다. sales 데이터에서 주문 ID는 총 35,046건으로 상당히 많은 사람들이 카페에 방문한 것을 확인할 수 있습니다.

주문 ID 개수가 상당히 많기 때문에 확인이 쉽지 않습니다. 이때 sort( ) 함수를 이용해서 주문 ID를 오름차순과 내림차순으로 정렬해서 살펴본다면 잘못된 주문 ID를 어느 정도 확인할 수 있습니다.

```
> sort(unique(sales$order_id))

[1] "C11112422" "C11120009" "C11122616" "C11123875" "C11125712"
[6] "C11127519" "C11127544" "C11136459" "C11137510" "C11139252"




[997] "C13581639" "C13583353" "C13586920" "C13588434"
[ reached getOption("max.print") -- omitted 34046 entries ]

> sort(unique(sales$order_id), decreasing = TRUE)
[1] "C99999836" "C99999530" "C99993594" "C99993540" "C99991402"
[6] "C99990935" "C99990396" "C99989245" "C99987946" "C99983186"




[997] "C97445345" "C97445244" "C97443024" "C97442906"
[ reached getOption("max.print") -- omitted 34046 entries ]
```

❻ head( ) 함수를 이용해서 sales 데이터를 확인했을 경우, order_date(주문일자)에는 주문 ID만큼 동일하게 반복되는 것을 확인할 수 있습니다. 중복된 정보를 처리하기 위해 unique( ) 함수를 이용합니다.

```
> unique(sales$order_date)
  [1] "2017-09-13 10:15:00 UTC" "2017-09-13 10:20:00 UTC"
  [3] "2017-09-13 10:40:00 UTC" "2017-09-13 10:05:00 UTC"
  [5] "2017-09-13 11:15:00 UTC" "2017-09-13 11:25:00 UTC"
  [7] "2017-09-13 11:35:00 UTC" "2017-09-13 11:45:00 UTC"
  [9] "2017-09-13 11:50:00 UTC" "2017-09-13 12:00:00 UTC"



[997] "2017-10-01 13:45:00 UTC" "2017-10-01 13:05:00 UTC"
```

```
[999] "2017-10-01 13:50:00 UTC" "2017-10-01 14:00:00 UTC"
[ reached 'max' / getOption("max.print") -- omitted 33876 entries ]
```

order_date(주문일자)를 살펴보았을 때, 주문일자의 날짜형식은 '년-월-일 시간:분'임을 확인할 수 있습니다. 날짜 마지막에 UTC라고 표현된 것은 국제사회에서 통용하고 있는 과학적 시간의 표준시를 의미합니다.

sales 데이터에 남은 3가지 칼럼을 unique( ) 함수를 이용해서 살펴보면 category(카테고리)는 카페에서 판매하는 메뉴의 카테고리를 분류하였고 item(메뉴)에는 카페에서 판매하고 있는 메뉴 이름이 적혀 있습니다. 마지막으로 price(가격)는 카페에서 판매하고 있는 메뉴의 가격을 나타냅니다.

```
> unique(sales$category)
[1] "Smoothie/Juice" "Ade/Shake"       "coffee"          "Tea"
[5] "Bakery"         "Latte"

> unique(sales$item)
 [1] "딸기스무디"      "오레오"          "카라멜마끼아또"  "자몽차"
 [5] "생과일주스"     "매실차"          "아메리카노"      "카페라떼"
 [9] "자바칩"         "유자스무디"      "블루레몬에이드"  "베이글"
[13] "커피콩빵"       "민트초코"        "페퍼민트"        "자몽에이드"
[17] "초코라떼"       "복숭아아이스티"  "히비아이스티"    "깔라만시"
[21] "플레인 와플"    "요거트"          "카페모카"        "헤이즐넛라떼"
[25] "얼그레이"       "비엔나커피"      "복숭아스무디"    "아이스크림 와플"
[29] "그린티라떼"     "바닐라라떼"      "아포가토"        "믹스베리 와플"
[33] "캐모마일"       "카푸치노"        "홍차라떼"        "허니브레드"
[37] "유자차"

> unique(sales$price)
[1] 5000  5500  4500  6000  4000  3500  3000  11000 8000
```

5.2 카페에서 가장 많이 판매한 메뉴 확인하기

실제 카페를 운영하는 사장님의 경우 매장에서 팔린 음료의 총 판매 금액이 얼마나 되는지 궁금해합니다. 판매 건수와 판매 금액은 매출을 일으키는 모든 영역에서 회사의 가장 중요한 KPI로 사용하고 있습니다. 그렇다면 매장에서 가장 많이 팔린 메뉴와 가장 적게 팔린 메뉴가 무엇인지 알아보도록 하겠습니다.

직접 따라 하기 | 카페 메뉴 판매 건수 확인하기

❶ 카페에서 판매한 메뉴는 item 칼럼에 담겨 있습니다. 2017년 9월부터 판매한 메뉴 건수를 한눈에 확인하기 위해서 table( ) 함수를 이용합니다. 이 카페에서는 깔라만시부터 히비아이스티까지 총 37가지 종류의 메뉴를 판매한 것으로 나타납니다.

```
> table(sales$item)
```

깔라만시	딸기스무디	매실차	믹스베리 와플
822	1442	918	499
민트초코	바닐라라떼	베이글	복숭아스무디
966	4516	401	1375
복숭아아이스티	블루레몬에이드	비엔나커피	생과일주스
920	878	4629	1384
아메리카노	아이스크림 와플	아포가또	얼그레이
4540	404	911	924
오레오	요거트	유자스무디	유자차
961	889	1401	921
자몽에이드	자몽차	자바칩	초코라떼
919	969	878	1164
카라멜마끼아또	카페라떼	카페모카	카푸치노
4455	4587	4422	4636

```
       캐모마일       커피콩빵       그린티라떼       페퍼민트
          951            479           1075            944
      플레인 와플     허니브레드     헤이즐넛라떼     홍차라떼
          460            443           4263           1120
       히비아이스티
          944
```

❷ 그동안 판매한 메뉴의 종류가 다양하기에 쉽게 확인하고자 sort( ) 함수를 이용하여 가장 많은 것부터 작은 순서로 정렬해줍니다. sort( ) 함수는 기본적으로 작은 것부터 큰 순서대로 정렬합니다. 내림차순으로 정렬하기 위해서 sort( ) 함수의 옵션인 decreasing을 사용합니다. 옵션 값이 TRUE일 경우 내림차순으로 정렬되는 것을 확인할 수 있습니다.

```
# 내림차순 정렬하기
> sort(table(sales$item), decreasing = TRUE)
        카푸치노       비엔나커피         카페라떼       아메리카노
          4636            4629            4587            4540
       바닐라라떼     카라멜마끼아또       카페모카      헤이즐넛라떼
          4516            4455            4422            4263
       딸기스무디       유자스무디       생과일주스      복숭아스무디
          1442            1401            1384            1375
        초코라떼        홍차라떼        그린티라떼        자몽차
          1164            1120            1075             969
        민트초코          오레오          캐모마일         페퍼민트
           966             961             951             944
      히비아이스티        얼그레이          유자차       복숭아아이스티
           944             924             921             920
       자몽에이드         매실차          아포가또          요거트
           919             918             911             889
     블루레몬에이드         자바칩          깔라만시       믹스베리 와플
           878             878             822             499
        커피콩빵       플레인 와플      허니브레드     아이스크림 와플
           479             460             443             404
          베이글
           401
```

내림차순으로 정렬한 결과 이 카페에서 가장 많이 팔린 음료는 4,636건 팔린 '카푸치노'인 것으로 나타납니다. 그 외에 '비엔나커피', '카페라떼', '아메리카노' 순으로 많이 팔렸으며, '베이글'이 401건으로 가장 적게 팔렸습니다.

카페에서 판매한 메뉴의 건수는 table( ) 함수를 이용해서 쉽게 확인할 수 있었으나, 매출액을 확인하기 위해서는 새롭게 변수를 생성해야 합니다. 매출액을 계산하는 방법은 음료를 판매하는 금액에서 판매한 건수를 곱해주어야 합니다.

매출액 = 음료 판매가 × 음료 판매 건수

직접 따라 하기   카페 메뉴 판매 매출액 확인하기

❶ table( )과 data.frame( ) 함수를 이용해서 음료 판매 건수를 구한 데이터를 구성합니다. 새롭게 생성한 데이터를 sales_tr에 넣어주고 head( ) 함수를 이용해서 일부 데이터만 확인합니다. sales_tr의 Var1 열은 sales의 item과 같은 값이고 Freq 열은 메뉴가 판매된 건수입니다.

```
> sales_tr = data.frame(table(sales$item))
> head(sales_tr)
    Var1        Freq
1   깔라만시      824
2   딸기스무디    1450
3   매실차        922
4   믹스베리 와플  500
5   민트초코      967
6   바닐라라떼    4533
```

❷ 음료 판매가 데이터를 만들기 위해 원본 데이터와 subset.data.frame( ) 함수를 이용하여 카페에서 판매하는 음료와 판매가를 추출합니다. 음료와 판매가를 추출한 후 살펴보면 같은 음료와 같은 가격이 반복적으로 나타나는 것을 확인할 수 있습니다.

```
> sales_item = subset.data.frame(sales,
+                                select = c("item", "price"))
> head(sales_item)
# A tibble: 6 x 2
  item           price
  <chr>          <dbl>
1 카라멜마끼아또  5000
2 홍차라떼        4500
3 초코라떼        4500
4 오레오          5500
5 카라멜마끼아또  5000
6 초코라떼        4500
```

❸ unique( ) 함수를 이용해서 중복된 정보를 한 번만 나타나도록 처리해줍니다. 카페에서 판매했던 37가지 메뉴들의 가격이 요약된 것을 알 수 있습니다.

```
> sales_item = unique(sales_item)
> sales_item
# A tibble: 37 x 2
   item           price
   <chr>          <dbl>
 1 카라멜마끼아또  5000
 2 홍차라떼        4500
 3 초코라떼        4500
 4 오레오          5500
 5 복숭아스무디    5000
 6 커피콩빵        3000
 7 바닐라라떼      5000
 8 매실차          4500
 9 깔라만시        4500
10 카페라떼        4000
# ... with 27 more rows
```

❹ 매출액 계산식에 따라 sales_tr 데이터의 Freq 열과 sales_item의 price 열을 곱하면 매출액이 나와야 합니다. 매출액 계산식대로 sales_tr$Freq * sales_item$price 를 수행하면 결과가 나타납니다. 다만 sales_tr의 첫 번째 행은 깔라만시의 판매

건수이고 sales_item의 첫 번째 행은 카라멜마끼아또 판매가이기 때문에 잘못된 결과가 나타납니다.

```
#잘못된 계산
> sales_tr$Freq*sales_item$price
 [1]  4110000  6489000  4131000  2744500  4830000 13548000
 [7]  2005000  6187500  4140000  3512000 23145000  5536000
[13] 20430000  2222000  4555000  5082000  4805000  3111500
[19]  7005000  3684000  5054500  5814000  4390000  5238000
[25] 22275000 27522000 19899000 20862000  4279500  2155500
[31]  5912500  4248000  3680000  1993500 46893000  6720000
[37]  4248000
```

❺ 정상적인 계산을 위해서 두 데이터를 하나의 데이터로 병합합니다. 두 데이터를 하나의 데이터로 합치기 위해 merge( ) 함수를 사용합니다.

```
> item_list = merge(sales_tr,
+                   sales_item,
+                   by.x = "Var1",
+                   by.y = "item")

> head(item_list)
    Var1         Freq  price
1 깔라만시         822  4500
2 딸기스무디      1442  5000
3 매실차          918  4500
4 믹스베리 와플   499  8000
5 민트초코        966  5500
6 바닐라라떼     4516  5000
```

❻ 메뉴별로 판매된 금액을 item_list의 amount에 넣어보도록 하겠습니다. 각 메뉴별로 판매한 금액이 얼마나 되는지 확인할 수 있습니다. 전체 판매 금액을 확인하기 위해서 item_list의 amount 열을 모두 더하면 됩니다. 2017년 9월부터 판매한 메뉴의 총 금액은 2억 9897만 5500원으로 나타났습니다.

```
> item_list$amount = item_list$Freq*item_list$price

> head(item_list)
  Var1        Freq   price    amount
1 깔라만시      822   4500    3699000
2 딸기스무디   1442   5000    7210000
3 매실차       918   4500    4131000
4 믹스베리 와플 499   8000    3992000
5 민트초코     966   5500    5313000
6 바닐라라떼  4516   5000   22580000

> sum(item_list$amount)
[1] 298975500
```

5.3 요일별로 판매한 메뉴 확인하기

2017년 이후에 판매한 음료 수와 판매 금액을 알아보았습니다. 5.3에서는 약 3년 동안 운영 중인 카페가 어떤 요일을 정기 휴일로 정하고 있는지 혹은 무슨 요일에 사람들이 많이 방문하는지 등 요일에 따른 특성을 이해하기 위해 요일마다 판매한 음료를 확인할 예정입니다. 요일별 특성을 평일과 주말로 다시 분류할 수 있습니다. 평일과 주말로 구분하게 된다면 어떤 특성을 가지는지 확인해보도록 하겠습니다.

> 직접 따라 하기 요일별 판매한 메뉴 확인하기

❶ sales 데이터에는 요일이나 평일/주말을 구분하는 칼럼이 없기 때문에 새로운 파생 변수를 생성해주어야 합니다. weekdays( ) 함수를 이용하면 날짜형 데이터를 요일로 변환시켜줍니다. sales의 weekday 열에 요일을 할당해줍니다.

```
> sales$weekday = weekdays(sales$order_date)

> head(sales)
# A tibble: 6 x 6
  order_id  order_date          category   item          price weekday
  <chr>     <dttm>              <chr>      <chr>         <dbl> <chr>
1 C38167668 2017-09-13 10:15:00 coffee     카라멜마끼아또  5000 수요일
2 C89217297 2017-09-13 10:20:00 Latte      홍차라떼       4500 수요일
3 C39178816 2017-09-13 10:40:00 Latte      초코라떼       4500 수요일
4 C63105816 2017-09-13 10:05:00 Ade/Shake  오레오         5500 수요일
5 C47018158 2017-09-13 11:15:00 coffee     카라멜마끼아또  5000 수요일
6 C46078737 2017-09-13 11:25:00 Latte      초코라떼       4500 수요일
```

❷ 요일별로 얼마나 많은 음료가 판매되었는지 확인하고자 table( ) 함수를 이용합니다. 일요일 판매량이 가장 많고 목요일 판매량이 가장 적은 것으로 나타났습니다. 약 3년 넘도록 카페를 운영하면서 월요일에 판매한 음료가 한 잔도 없는 것을 보면 월요일이 정기 휴일이라 생각됩니다.

```
> table(sales$weekday)

금요일  목요일  수요일  일요일  토요일  화요일
 8402    6381    6237   18019   16205    7166
```

❸ 평일과 주말을 구분하기 위해 새로운 파생 변수를 만들고, 평일과 주말의 판매 특성을 확인해보도록 하겠습니다. 파생 변수는 다양한 방법을 이용하여 만들 수 있습니다. 다양한 방법 중에서 요일에 따라 평일과 주말을 구분해주는 데이터를 만들고 **5.2 카페에서 가장 많이 판매한 메뉴 확인하기**에서 사용했던 merge( ) 함수를 이용해서 간단하게 처리하는 방법으로 진행하도록 하겠습니다.

```
> date_info = data.frame(weekday = c("월요일", "화요일", "수요일", "목요일",
+                                    "금요일", "토요일", "일요일"),
+                        day = c("평일", "평일", "평일", "평일", "평일",
+                                "주말", "주말"))
```

```
> date_info
  weekday day
1 월요일   평일
2 화요일   평일
3 수요일   평일
4 목요일   평일
5 금요일   평일
6 토요일   주말
7 일요일   주말

> sales = merge(sales, date_info)
> head(sales)
  weekday order_id     order_date         category      item       price day
1 금요일  C20518833 2020-07-31 19:35:00  coffee         헤이즐넛라떼  5000 평일
2 금요일  C20870488 2017-10-20 15:35:00  Smoothie/Juice 복숭아스무디  5000 평일
3 금요일  C96237121 2019-05-03 12:25:00  Latte          홍차라떼      4500 평일
4 금요일  C27031821 2020-07-31 21:40:00  Ade/Shake      아포가또      5500 평일
5 금요일  C16444135 2017-10-20 15:20:00  Tea            캐모마일      4500 평일
6 금요일  C31989134 2018-01-26 21:30:00  coffee         카푸치노      4000 평일
```

❹ sales의 day 칼럼을 이용해서 평일과 주말에 따라 얼마나 많은 주문이 발생했는지 table( ) 함수를 이용하여 확인하도록 하겠습니다. 평일에는 28,186건의 주문이 있었으며 주말에는 34,224건 발생한 것으로 나타났습니다.

```
> table(sales$day)

 주말   평일
34224  28186
```

이 카페는 평일 4일 동안의 판매량이 주말 2일 동안의 판매량보다 높게 나타났으나 요일별로 확인한 결과 일요일에 가장 많이 판매한 것으로 나타났습니다.

5.4 계절별로 판매한 메뉴 확인하기

우리나라는 중위도지방에 위치하기 때문에 봄, 여름, 가을, 겨울이 뚜렷하여 계절에 따라 환경이 다양하게 변합니다. 카페는 사계절에 따라 어떤 특성을 가지는지 확인해 보겠습니다.

🔍 **직접 따라 하기** — 계절별 판매한 메뉴 확인하기

❶ 일반적으로 우리나라의 봄은 3~5월, 여름은 6~8월, 가을은 9~11월, 겨울은 12월부터 다음해 2월까지입니다. 이 정보를 활용해서 사계절 변수를 생성해줍니다. 사계절 변수를 생성하기에 앞서 months( ) 함수를 이용해서 sales 데이터에 month 변수를 만들어주어야 합니다.

```
> sales$month = months(sales$order_date)

> sales
# A tibble: 62,410 x 6
   order_id  order_date          category       item         price month
   <chr>     <dttm>              <chr>          <chr>        <dbl> <chr>
 1 C38167668 2017-09-13 10:15:00 coffee         카라멜마끼아또  5000  9월
 2 C89217297 2017-09-13 10:20:00 Latte          홍차라떼       4500  9월
 3 C39178816 2017-09-13 10:40:00 Latte          초코라떼       4500  9월
 4 C63105816 2017-09-13 10:05:00 Ade/Shake      오레오         5500  9월
 5 C47018158 2017-09-13 11:15:00 coffee         카라멜마끼아또  5000  9월
 6 C46078737 2017-09-13 11:25:00 Latte          초코라떼       4500  9월
 7 C32215456 2017-09-13 11:35:00 Smoothie/Juice 복숭아스무디    5000  9월
 8 C60728464 2017-09-13 11:45:00 Bakery         커피콩빵       3000  9월
 9 C99145980 2017-09-13 11:50:00 coffee         바닐라라떼     5000  9월
10 C65700654 2017-09-13 12:00:00 Tea            매실차         4500  9월
# ... with 62,400 more rows
```

❷ 데이터를 만들어서 두 데이터를 병합하는 것이 아닌, 반복문과 조건문을 이용해서 season(계절) 변수를 추가해보도록 하겠습니다. 반복문은 동일한 연산을

반복적으로 계산할 때 사용합니다. 반복문 안에 반복문을 넣어서 이중 또는 삼중으로 반복문을 실행할 수 있습니다. 다만 반복문이 많을수록 연산하는 데 시간이 굉장히 오래 걸릴 수 있습니다.

```
> for(i in 1:nrow(sales)){
+   if(sales$month[i] == "1월"){
+     sales$season[i] = "겨울"
+   }else if(sales$month[i] == "2월"){
+     sales$season[i] = "겨울"
+   }
+   else if(sales$month[i] == "3월"){
+     sales$season[i] = "봄"
+   }else if(sales$month[i] == "4월"){
+     sales$season[i] = "봄"
+   }else if(sales$month[i] == "5월"){
+     sales$season[i] = "봄"
+   }
+   else if(sales$month[i] == "6월"){
+     sales$season[i] = "여름"
+   }else if(sales$month[i] == "7월"){
+     sales$season[i] = "여름"
+   }else if(sales$month[i] == "8월"){
+     sales$season[i] = "여름"
+   }
+   else if(sales$month[i] == "9월"){
+     sales$season[i] = "가을"
+   }else if(sales$month[i] == "10월"){
+     sales$season[i] = "가을"
+   }else if(sales$month[i] == "11월"){
+     sales$season[i] = "가을"
+   }
+   else
+     sales$season[i] = "겨울"
+ }
```

조건식을 |(Vertical Bar)로 이어주면 여러 줄의 코드를 단순하게 줄일 수 있습니다. 이때, 조건식이나 다양한 방식을 활용하여 코드의 양을 줄인다고 하더라도 반드시 속도가 단축되는 것은 아닙니다. 변경한 소스의 실행 속도를 확인하기 위해 system.time( ) 함수나 microbenchmark 패키지를 사용합니다. 소스 코드 튜닝과 관련해서는 콜린 길레스피(Colin Gillespie)과 로빈 러브레이스(Robin Lovelace)의 "효율적인 R 프로그래밍"이란 책을 찾아보는 것을 추천합니다.

```
> for(i in 1:nrow(sales)){
+   if(sales$month[i]=="12월"|sales$month[i]=="1월"|sales$month[i]=="2월"){
+     sales$season[i] = "겨울"
+   }else if(sales$month[i]=="3월"|sales$month[i]=="4월"|sales$month[i]=="5월"){
+     sales$season[i] = "봄"
+   }else if(sales$month[i]=="6월"|sales$month[i]=="7월"|sales$month[i]=="8월"){
+     sales$season[i] = "여름"
+   }else
+     sales$season[i] = "가을"
+ }

> sales
# A tibble: 62,410 x 7
   order_id  order_date          category      item       price month season
   <chr>     <dttm>              <chr>         <chr>      <dbl> <chr> <chr>
 1 C38167668 2017-09-13 10:15:00 coffee        카라멜마끼아또  5000  9월   가을
 2 C89217297 2017-09-13 10:20:00 Latte         홍차라떼        4500  9월   가을
 3 C39178816 2017-09-13 10:40:00 Latte         초코라떼        4500  9월   가을
 4 C63105816 2017-09-13 10:05:00 Ade/Shake     오레오          5500  9월   가을
 5 C47018158 2017-09-13 11:15:00 coffee        카라멜마끼아또  5000  9월   가을
 6 C46078737 2017-09-13 11:25:00 Latte         초코라떼        4500  9월   가을
 7 C32215456 2017-09-13 11:35:00 Smoothie/Juice 복숭아스무디   5000  9월   가을
 8 C60728464 2017-09-13 11:45:00 Bakery        커피콩빵        3000  9월   가을
 9 C99145980 2017-09-13 11:50:00 coffee        바닐라라떼      5000  9월   가을
10 C65700654 2017-09-13 12:00:00 Tea           매실차          4500  9월   가을
# ... with 62,400 more rows
```

❸ 계절별로 판매한 음료 수를 확인하기 위해 table( ) 함수를 이용합니다. 다른 계절보다 24,354건의 주문이 발생한 가을에 가장 판매량이 높은 것으로 나타났습

니다. 반면 봄의 판매량은 10,436건으로 가장 적게 주문한 것으로 나타났으나 카페의 매출 데이터가 2017년 9월부터 2020년 12월까지 발생된 매출이기 때문에 상대적으로 가을의 주문 건수가 높습니다. 분석된 결과를 발표할 경우에는 이러한 부분을 고려하여 해석할 필요가 있습니다.

```
> table(sales$season)

  가을    겨울    봄    여름
 24354   13977  10436  13643
```

5.5 R에서 시각화하기

데이터는 그 자체만으로 의미를 파악하기가 쉽지 않습니다. 반면에 데이터를 그래프로 표현한다면 데이터에 숨겨진 패턴과 규칙을 쉽게 찾을 수 있습니다. R에서는 기본적으로 제공하는 시각화 함수 외에도 상황에 맞는 다양한 시각화 패키지들이 존재합니다.

5.5.1 R 그래프, 무엇이 있는가?

데이터 분석가들은 R에서 데이터 분석 및 시각화의 우수한 기능들을 추천하고 있습니다. 막대 그래프부터 시작해서 지도 그래프와 네트워크 그래프까지 표현할 수 있으며 시각화 영상까지도 작성할 수 있습니다.

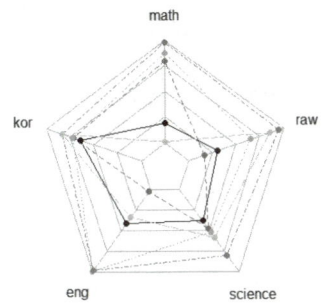

[그림 5-1] 레이더 차트(fmsb)

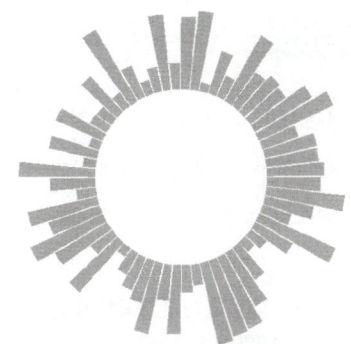

[그림 5-2] Circular barplot(ggplot2)

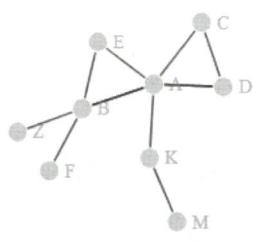

[그림 5-3] 네트워크 그래프(networkD3)

[그림 5-4] 지도(leaflet)

5.5.2 R 시각화 대표 패키지 ggplot2

ggplot2는 시각화에서 가장 많이 사용하는 패키지입니다. 릴랜드 윌킨슨(Leland Wilkinson)의 "The Grammar of Graphics"를 기반으로 구성된 문법으로, ggplot2의 문법을 익힌다면 다양한 시각화를 손쉽게 표현할 수 있습니다. 기본적으로 ggplot2는 그래프를 그리기 위한 세 개의 레이어가 계층 구조를 이루고 있습니다. 첫 번째 레이어는 데이터를 표시하는 목적을 가지고 있습니다. 이 단계만으로 충분히 그래프를 시각화할 수 있습니다. 두 번째 레이어에서는 데이터를 요약해서 점, 선, 면을 활용한 시각화를 작성하게 됩니다. 마지막 레이어에서는 부가적인 설정을 할 수 있습니다. 배경을 바꾸거나 그래프의 색상, 표현 방식 등을 자유롭게 바꾸는 단계입니다.

ggplot2 레이어 이해하기

❶ 그래프의 기본 틀을 만들기 위해서 ggplot2 패키지를 설치합니다. ggplot2 패키지를 설치한 후 패키지를 불러옵니다. ggplot2를 이용하여 막대 그래프, 선 그래프, 히스토그램, 산점도 등의 다양한 시각화 자료를 만들 수 있습니다.

```
> install.packages("ggplot2")
> library(ggplot2)
```

❷ ggplot2의 첫 번째 레이어는 ggplot( ) 함수로부터 시작됩니다. ggplot( ) 함수만을 이용해서 데이터를 넣어주면 기본적인 축이 설정됩니다. 기본 형식을 살펴보겠습니다.

$$ggplot(data, aes(x, y))$$

ggplot( ) 함수 안에 데이터를 넣고 x축에 해당하는 칼럼과 y축에 해당하는 칼럼을 aes( )에 넣어줍니다. R을 설치하면 기본적으로 제공하는 샘플데이터 iris를 이용해서 시각화를 해보도록 하겠습니다. Iris 데이터는 붓꽃의 종류에 따라 꽃받침(Sepal)과 꽃잎(Peal)을 나타낸 데이터입니다. x축에는 꽃받침 길이(Sepal.Length)를 입력하고 y축에는 꽃받침 너비(Sepal.Width)를 입력하도록 하겠습니다.

```
> head(iris)
  Sepal.Length Sepal.Width Petal.Length Petal.Width Species
1          5.1         3.5          1.4         0.2  setosa
2          4.9         3.0          1.4         0.2  setosa
3          4.7         3.2          1.3         0.2  setosa
4          4.6         3.1          1.5         0.2  setosa
5          5.0         3.6          1.4         0.2  setosa
6          5.4         3.9          1.7         0.4  setosa

> ggplot(iris, aes(x = Sepal.Length, y = Sepal.Width))
```

첫 번째 레이어를 실행한 결과는 R 스튜디오 Files 영역의 두 번째 탭인 Plots에 바로 나타납니다. x축에는 꽃받침 길이가, y축에는 꽃받침 너비인 새로운 ggplot이 생성된 것을 확인할 수 있습니다.

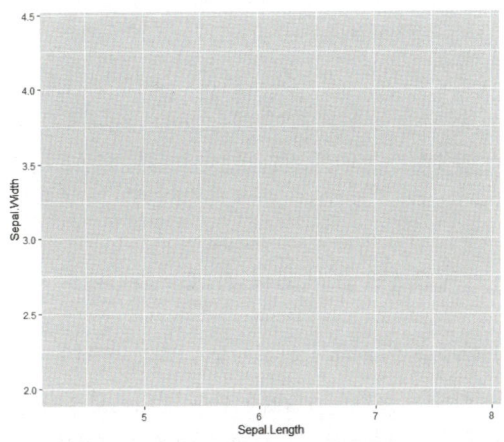

[그림 5-5] ggplot( ) 함수를 이용한 첫 번째 레이어 실행 결과

❸ 두 번째 레이어에서는 점, 선, 면 등을 이용해서 다양한 시각화를 완성시킬 수 있습니다. 이때 geom_point( ) 함수를 이용해서 x축은 꽃받침 길이, y축은 꽃받침 너비가 되는 산점도를 그려보겠습니다. 각 레이어는 '+' 기호를 사용하여 연결이 가능합니다.

```
> ggplot(iris, aes(x = Sepal.Length, y = Sepal.Width) +
+   geom_point()
```

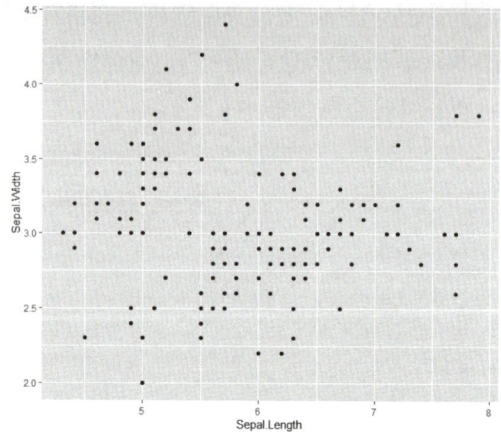

[그림 5-6] geom_point( ) 함수를 이용한 산점도

geom_point( ) 함수를 이용해서 산점도를 그려보았으며, 두 번째 레이어에서 사용할 수 있는 함수는 geom_point( ) 함수 이외에도 다양합니다. 각각의 함수를 개별로 활용해서 표현할 수도 있지만 경우에 따라 geom_point( ) 함수와 geom_line( ) 함수를 함께 사용할 수도 있습니다.

구분	함수	활용
1	geom_point()	점 표시, 산점도
2	geom_line()	선 그래프
3	geom_bar(stat = "identity")	막대 그래프
4	geom_col	막대 그래프
5	geom_tile()	타일 막대 그래프
6	geom_raster()	격자형 그래프
7	geom_text()	텍스트 표현
8	geom_area()	영역 그래프
9	geom_path()	순서 연결 그래프
10	geom_polygon()	다각형 그래프
11	geom_histogram	히스토그램

[표 5-2] ggplot 표현 방식별 함수

❹ 두 번째 레이어에서 다양한 조합을 중첩시켜 시각화할 수 있습니다. geom_

point( ) 함수와 geom_text( )를 이용해서 레이블을 표시하고자 합니다.

```
> ggplot(iris, aes(x = Sepal.Length,
+                  y = Sepal.Width,
+                  label = Species)) +
+   geom_point() +
+   geom_text(size = 3,
+             hjust = 0,
+             nudge_x = 0.05)
```

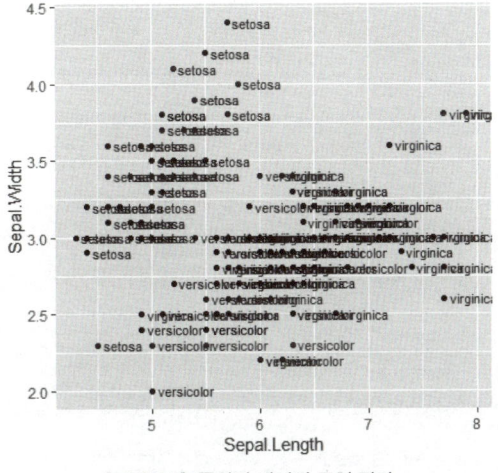

[그림 5-7] 중첩된 레이어 표현 결과

❺ [그림 5-6]에서 붓꽃의 꽃받침 너비와 길이를 표현하였는데, 세 번째 레이어를 이용해서 산점도에 정보를 추가해보도록 하겠습니다. 세 번째 레이어에서는 시각화를 다양하게 변화시키는 함수를 사용할 수 있습니다. scale_x_reverse( )와 scale_y_reverse( ) 함수를 사용하면 축이 반전됩니다. xlim( ) 함수를 이용해서 x축의 최솟값과 최댓값을 편집할 수 있으며, ylim( )을 사용하면 y축의 최솟값과 최댓값을 편집할 수 있습니다.

```
> base = ggplot(iris, aes(x = Sepal.Length, y = Sepal.Width)) +
+         geom_point()
```

```
# x축 반전
> base +scale_x_reverse()

# y축 반전
> base +scale_y_reverse()

# x축 편집(0부터 10까지)
> base + xlim(0, 10)

# y 축 편집(0부터 5까지)
> base + ylim(0, 5)
```

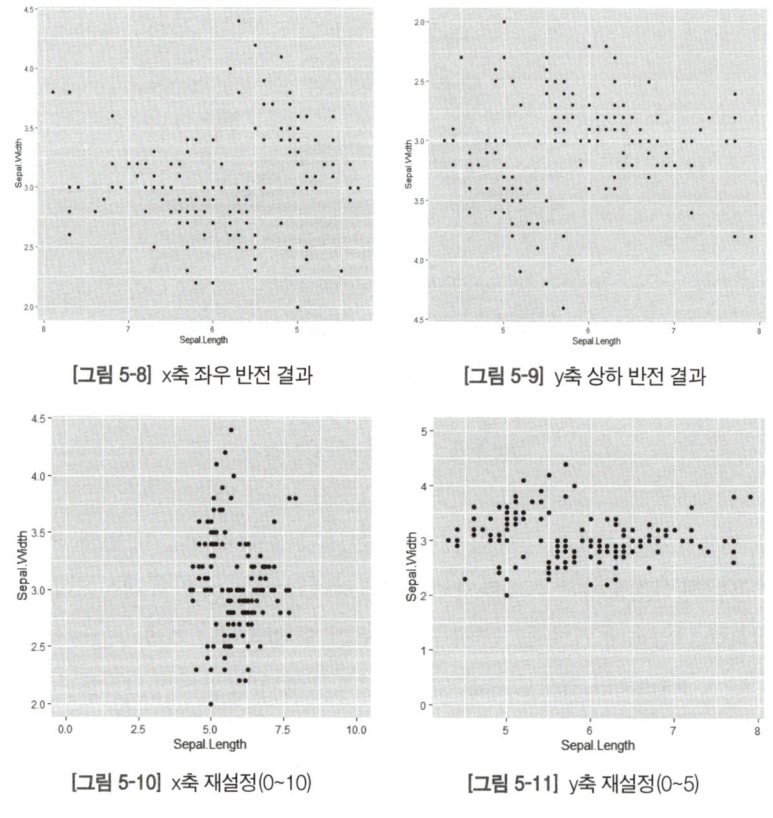

[그림 5-8] x축 좌우 반전 결과   [그림 5-9] y축 상하 반전 결과

[그림 5-10] x축 재설정(0~10)   [그림 5-11] y축 재설정(0~5)

❻ 세 번째 레이어에는 축을 편집하는 기능 외에도 테마를 설정할 수 있습니다. ggplot( ) 함수가 제공하는 기본적인 테마들이 존재하며, 사용자의 다양한 요구

사항에 따라 테마를 변형해서 시각화 결과를 출력할 수 있습니다.

```
# [그림 5-12] ggplot() 기본 테마 결과
> ggplot(iris, aes(x = Sepal.Length, y = Sepal.Width)) +
+     geom_point()

# [그림 5-13] theme_bw() 테마 적용 결과
> ggplot(iris, aes(x = Sepal.Length, y = Sepal.Width)) +
+     geom_point() +
+     theme_bw()

# [그림 5-14] 자유 편집한 테마 적용 결과1
> ggplot(iris, aes(x = Sepal.Length, y = Sepal.Width)) +
+     labs(title = "Iris Scatter Plot") +
+     geom_point() +
+     theme()

# [그림 5-15] 자유 편집한 테마 적용 결과2
> ggplot(iris, aes(x = Sepal.Length, y = Sepal.Width)) +
+     labs(title = "Iris Scatter Plot") +
+     geom_point() +
+     theme(
+       plot.title = element_text(size = rel(2)),
+       axis.line.x.bottom = element_line(color = "black"),
+       axis.line.y.left = element_line(color = "black")
+     )
```

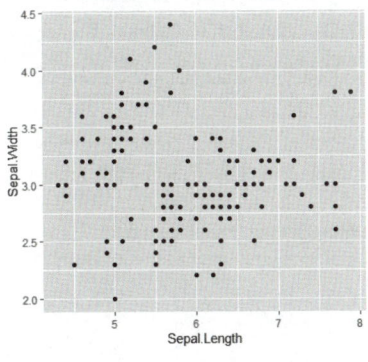
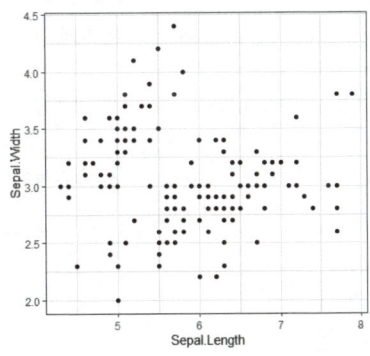

[그림 5-12] ggplot( ) 기본 테마 결과   [그림 5-13] theme_bw( ) 테마 적용 결과

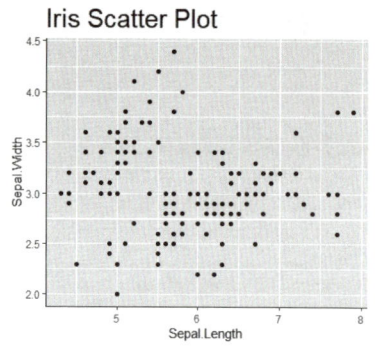
[그림 5-14] 자유 편집한 테마 적용 결과1

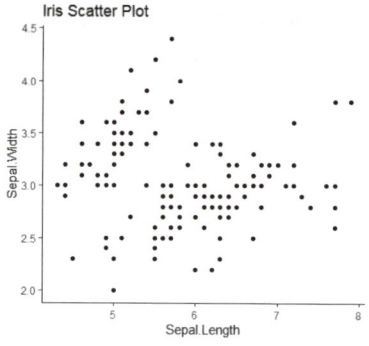
[그림 5-15] 자유 편집한 테마 적용 결과2

ggplot2 패키지에서 기본적으로 제공하는 테마들이 있습니다. 글자 크기, 폰트, 라인 굵기 등을 간단하게 조절하여 테마를 깔끔하게 정리할 수 있습니다.

구분	테마	설명
1	theme_gray	회색 배경에 흰색 격자 선이 그려진 기본 테마
2	theme_bw	흰 배경에 회색 그리드 선과 x축과 y축 양쪽에 검정색 테두리가 그려진 테마
3	theme_linedraw	흰 배경에 검정색 그리드 선과 x축과 y축 양쪽에 검정색 테두리가 그려진 테마
4	theme_light	흰 배경에 회색 그리드 선과 x축과 y축 양쪽에 회색 테두리가 그려진 테마
5	theme_dark	회색 배경에 진한 회색 그리드 선이 그려진 테마
6	theme_minimal	흰 배경에 회색 그리드 선이 그려진 테마
7	theme_classic	흰 배경에 x축 하단과 y축 왼쪽에 테두리가 그려진 고전적인 테마
8	theme_void	흰 배경에 그리드 선과 축이 없는 깔끔한 테마

[표 5-3] ggplot 테마 함수

5.5.3 ggplot2 패키지를 이용한 시각화 예시

ggplot2는 세 개의 레이어를 조합함으로써 다양한 시각화가 가능한 패키지입니다. 막대 그래프, 선 그래프 등 자주 사용하는 형태의 시각화를 익혀보겠습니다.

🔍 **직접 따라 하기**   선 그래프 그리기

❶ 선 그래프를 그리기 전에 샘플 데이터를 만들도록 하겠습니다. rnorm( ) 함수는 정규분포를 따르는 임의의 값을 출력해줍니다. rnorm( ) 함수의 옵션을 살펴보면 n은 출력 개수를 의미하며, mean은 평균을, sd는 표준편차를 의미합니다. round( ) 함수는 반올림을 할 때 사용하는 함수입니다. round( ) 함수의 옵션을 살펴보면 x는 출력하는 값, digit은 소수점 자릿수를 의미합니다.

```
> sample = data.frame(x = round(rnorm(3, 50, 10), 0),
+                     y = round(rnorm(3, 57, 3), 0),
+                     category = c("a", "b", "c"))
```

❷ sample 데이터를 가져온 후 geom_line( ) 함수를 이용해서 선 그래프로 표현해 보겠습니다. geom_line( ) 함수의 옵션 중 size와 color를 변경하면 선의 굵기와 색상을 바꿀 수 있습니다.

```
> ggplot(sample, aes(x = x, y = y)) +
+   geom_line(size = 1,
+             color = "#20639B")
```

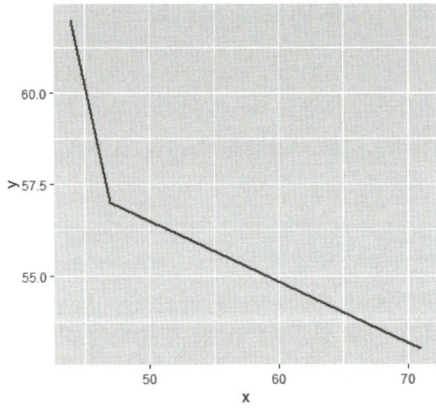

[그림 5-16] 선 그래프 시각화

❸ 선 그래프만 그릴 경우 위치가 명확하게 보이지 않을 수 있습니다. 가독성을 높이고자 레이어를 중첩하여 선 그래프에 점을 표현하겠습니다.

```
> ggplot(sample, aes(x = x, y = y)) +
+   geom_line(size = 1,
+             color = "#20639B") +
+   geom_point()
```

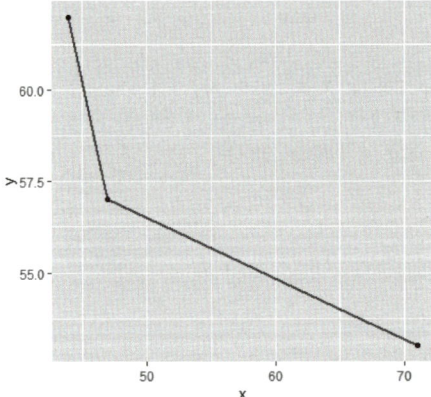

[그림 5-17] 레이어 중첩으로 선 그래프에 점 표시

5.6 매출 현황 그래프로 분석하기

5.5 R에서 시각화하기에서 익힌 ggplot2 패키지를 이용해 매출 현황을 그래프로 표현해보도록 하겠습니다. 전처리가 완료된 sales 데이터를 ggplot( ) 함수에 넣고, x축과 y축을 다양하게 선택하여 시각화하겠습니다.

5.6.1 카테고리별 판매 건수 시각화하기

카페의 매출을 증진시키기 위해 신규 메뉴를 개발하거나 판매량이 저조한 기존의 음료를 메뉴에서 제외하기도 합니다. 카페를 운영하는 동안 어떤 메뉴가 고객들에게 인기가 있는지 파악해야 합니다. 반대로 고객들에게 인기가 없는 메뉴가 어떤 종류인지도 함께 파악해봅시다.

> 🔍 직접 따라 하기   카테고리별 판매 건수 시각화하기

❶ 시각화를 수행하기 위한 ggplot2 패키지와 엑셀 데이터를 처리하기 위한 readxl 패키지를 불러옵니다.

```
# 패키지 불러오기
> library(ggplot2)
> library(readxl)
```

❷ 카페 매출 데이터 Cafe_Sales.xlsx를 불러온 후 시각화가 가능한 형태로 데이터를 처리합니다.

```
예제 파일: Cafe_Sales.xlsx
다운로드 링크: https://github.com/bjpublic/R_data
```

```
# 데이터 불러오기
> sales = read_xlsx("Cafe_Sales.xlsx")
> target = data.frame(table(sales$category))
```

❸ ggplot( )을 이용해서 카테고리별로 판매된 건수를 시각화합니다. geom_text( )를 이용해서 판매 건수를 표시하여 가독성을 높여줍니다. paste0( ) 함수를 이용해서 판매 건수와 단위 '건'을 붙여서 표현해줍니다.

```
# 시각화하기
> ggplot(target, aes(x = Var1, y = Freq)) +
+   geom_col() +
+   geom_text(label = paste0(target$Freq, "건"), nudge_y = 1000)
```

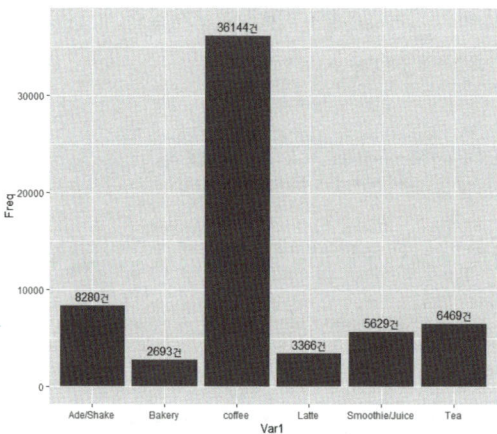

[그림 5-18] 카테고리별 판매 건수 시각화 결과

5.6.2 월별 판매 건수 시각화하기

카페의 판매 동향은 향후 가게를 운영하는 데 다양한 인사이트를 얻을 수 있습니다. 카페의 판매 동향이 계절에 따른 변화가 있는지 혹은 특정 계절에 영향을 받는지 파악할 수 있기에 월별 판매 건수를 시각화합니다. 이 데이터는 3년 이상의 데이터가 축적되었고, 3년간 월별 트렌드가 매년 유사한 패턴으로 나타난다면 신뢰성이 더욱 높아집니다.

직접 따라 하기: 최근 12달 판매 건수 시각화하기

❶ 최근 12개월간의 판매 건수를 시각화하기 위해서 카페 매출 데이터 sales의 주문일자 데이터 유형을 변환시켜줍니다. format( ) 함수를 사용하면 쉽게 날짜 데이터를 변환할 수 있습니다. 표현하고자 하는 데이터 유형을 [표 5-1]을 참고하여 변환시켜줍니다.

```
# 년 칼럼과 월 칼럼 생성
> sales$date_ym = format(sales$order_date, "%Y-%m")
```

날짜/시간 표현 형식	설명	예시
%Y	세기를 포함한 년도	1990, 2021
%y	세기를 뺀 년도	90, 21
%m	월 (01 ~ 12)	02, 03
%d	일 (01 ~ 31)	14, 22
%w	요일 (0 ~ 6) 0 : 일요일	1
%p	오전/오후	오후
%H	시간 (00 ~ 23)	23
%I	시간 (00 ~ 12)	11
%M	분 (00 ~ 59)	43
%S	초 (00 ~ 59)	30

[표 5-4] 날짜/시간 표현 형식

❷ 선 그래프를 시각화할 경우에는 월별로 판매한 건수를 미리 집계한 후 시각화하는 것을 권장합니다. table( ) 함수를 이용해서 월별 판매 건수를 집계합니다.

집계된 데이터를 이용하여 최근 12달 데이터를 시각화하기 위해 tail( ) 함수를 이용합니다.

```
# 년/월별 판매 건수
> target = data.frame(table(sales$date_ym))
> target_12 = tail(target, 12)
```

❸ 선 그래프를 작성하기 위해 가장 먼저 ggplot( ) 함수를 이용하여 축을 생성합니다. 만약에 선 그래프를 그리기 위한 그룹이 없을 경우에는 강제로 지정하거나 집계된 데이터에 group 값을 넣어주야 합니다.

```
> ggplot(target_12, aes(x = Var1, y = Freq, group = 1))
```

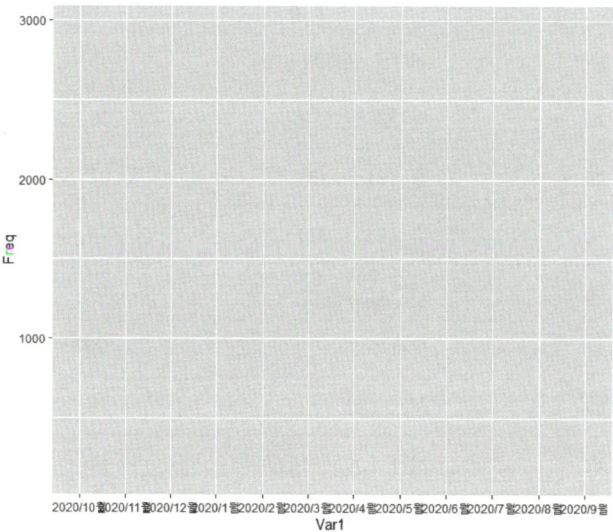

[그림 5- 19] 시각화 기본 축 설정

❹ 선 그래프를 작성하기 위해 geom_line( ) 함수를 이용하여 작성합니다. 이때, 선 두께를 변경하려면 geom_line( ) 함수의 size 옵션을 지정하고 선의 색을 변경하려면 color 옵션에 색상의 HEX 코드를 지정해줍니다. 선 그래프는 기본적

으로 실선으로 시각화를 하지만 점선으로 변경하기 위해 geom_line( ) 함수의 linetype 옵션을 설정합니다.

```
> ggplot(target_12, aes(x = Var1, y = Freq, group = 1)) +
+   geom_line(size = 1,
+             color = "#000000",
+             linetype = 2)
```

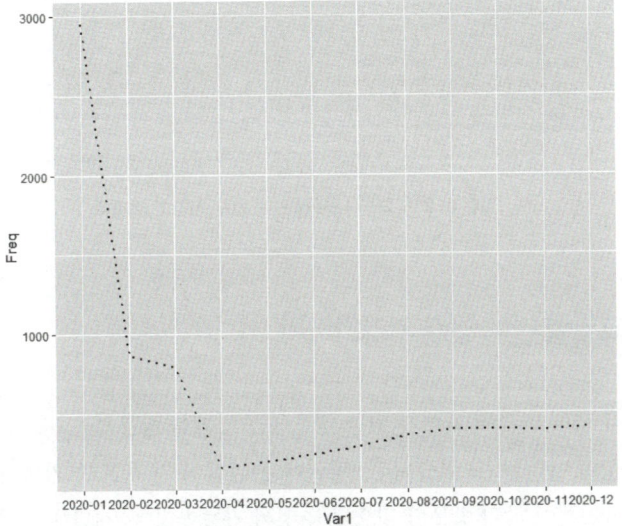

[그림 5- 20] 선 그래프 작성

❺ ggplot( )을 이용해 최근 12달간의 판매 건수를 시각화합니다. geom_line( )을 이용해서 트랜드를 보여주고, 가독성을 높이기 위해 geom_point( )와 geom_text( )를 함께 적용했습니다.

```
> ggplot(tail(target, 12), aes(x = Var1, y = Freq, group = 1)) +
+   geom_line(size = 1,
+             color = "#000000") +
+   geom_point(color = "#173F5F") +
+   geom_text(aes(label = Freq), nudge_y = 100)
```

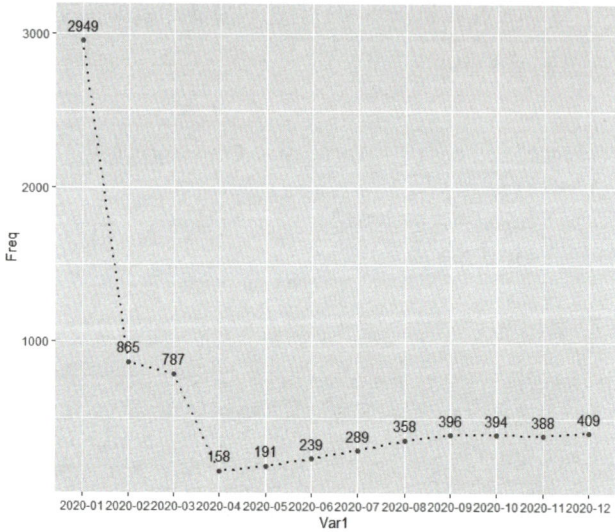

[그림 5-21] 최근 12개월 판매 건수 시각화 결과

5.6.3 요일별 판매 건수 시각화하기

요일에 따라 판매 현황에 차이가 있을 경우에는 카페를 방문하는 고객의 유형별로 공통된 특성이 나타날 수 있습니다. 평일에 손님들이 자주 오는 카페라면 평일에 출근한 직장인들이 많이 방문할 것으로 추정이 가능합니다. 시간대와 함께 본다면 카페에 어떤 유형의 고객이 방문하는지 가늠할 수 있습니다.

> **직접 따라 하기** 요일별 판매 건수 시각화하기

❶ 음료가 어떤 요일에 주로 판매되는지 확인하고자 시각화가 가능한 형태로 데이터를 처리해주어야 합니다. 요일을 만들기 위해서 weekdays( ) 함수를 사용합니다.

```
# 요일 추가
> sales$weekday = weekdays(sales$order_date)
```

```
# 요일별 건수
> target = data.frame(table(sales$weekday))
> target
  Var1  Freq
1 금요일  8402
2 목요일  6381
3 수요일  6237
4 일요일 18019
5 토요일 16205
6 화요일  7166
```

❷ 요일 순서인 월요일부터 일요일까지 정렬하기 위해 target 데이터를 처리해야 합니다. table( ) 함수를 이용해서 만들어진 Var1 변수는 factor 데이터입니다. factor 데이터는 factor( ) 함수를 이용하여 원하는 순서대로 정렬할 수 있습니다. 마지막으로 파이 차트를 만들기 위해서 비율을 계산해줍니다.

```
> target$Var1 = factor(target$Var1,
+                      levels = c("월요일", "화요일",
+                                 "수요일", "목요일",
+                                 "금요일", "토요일",
+                                 "일요일"))

> target = target[order(target$Var1),]


# target 출력값 수정
  Var1  Freq
6 화요일  7166
3 수요일  6237
2 목요일  6381
1 금요일  8402
5 토요일 16205
4 일요일 18019
```

```
# 비율 계산
> target$por = target$Freq/sum(target$Freq)*100
```

❸ ggplot( )을 이용해서 요일별 판매 건수 시각화를 하겠습니다. 먼저, geom_col( ) 함수를 이용하여 x축이 없는 막대 그래프를 만들어줍니다.

```
# 막대 그래프 생성
> ggplot(target, aes(x ="", y = por, fill = Var1)) +
+   geom_col()
```

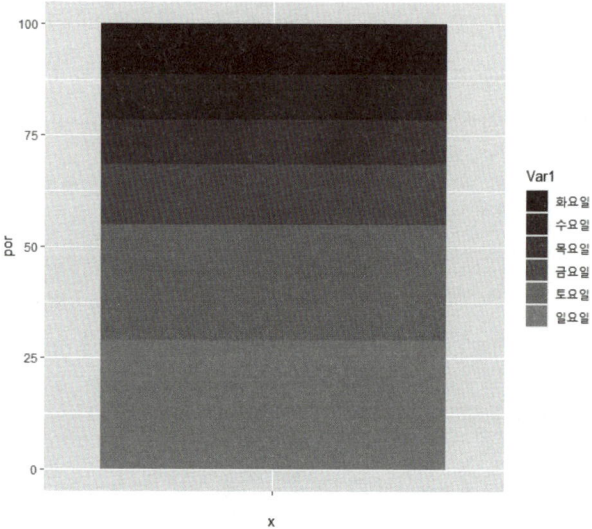

[그림 5- 22] x축 구분 없는 막대 그래프

❹ coord_polar( ) 함수를 이용해서 파이 차트를 만들어줍니다. coord_polar( ) 함수의 옵션을 살펴보면 start와 direction이 있습니다. start 옵션은 12시 중에서 몇 시부터 시작하는지를 설정하는 역할이며, direction 옵션의 역할은 시계 방향과 반시계 방향을 결정합니다. 정렬 순서를 시계 방향으로 진행할 때는 '1', 반시계 방향으로 진행할 때는 '-1'을 입력합니다.

```
# 파이 차트 옵션 설정하기
> ggplot(target, aes(x ="", y = por, fill = Var1)) +
+   geom_col() +
+   coord_polar(theta = "y")
```

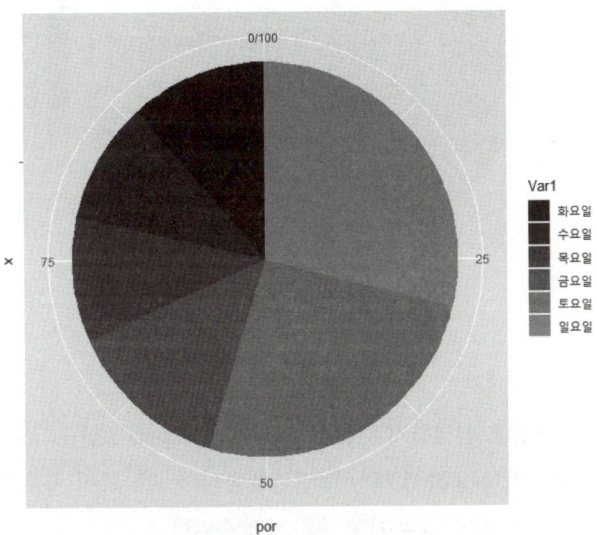

[그림 5- 23] coord_polar( )를 이용한 파이 차트

❺ 가독성을 높이기 위해 geom_text( ) 함수를 이용해서 파이 차트의 각 영역 중간에 표현해줍니다. geom_text( ) 함수의 옵션을 살펴보면 label과 position이 있습니다. Label은 레이블로 표현해주는 역할을 하며 position은 텍스트의 정렬 방식을 설정합니다.

```
# 그래프에 레이블 추가
> ggplot(target, aes(x ="", y = por, fill = Var1)) +
+   geom_col() +
+   coord_polar(theta = "y") +
+   geom_text(aes(label = paste0(Var1, "\n", round(por, 2), "%")),
+             position = position_stack(vjust = 0.5))
```

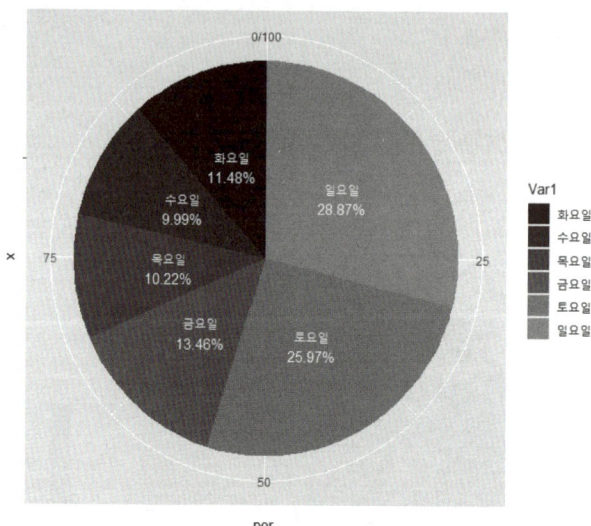

[그림 5- 24] 레이블을 표현한 파이 차트

❻ 파이 차트의 색상은 변경하기 위해서 sales_fill_manual( ) 함수의 values 옵션에 색상 HEX 코드를 적용하여 색상을 변경해줍니다. 단, 파이 차트의 조각 개수만큼 색상을 넣어주어야 오류가 발생하지 않습니다.

```
> ggplot(target, aes(x ="", y = por, fill = Var1)) +
+   geom_col() +
+   coord_polar(theta = "y") +
+   geom_text(col = "white",
+             aes(label = paste0(Var1, "\n", round(por, 2), "%")),
+             position = position_stack(vjust = 0.5)) +
+   scale_fill_manual(values = c("#000000", "#222222",
+                                "#444444", "#666666",
+                                "#888888", "#999999"))
```

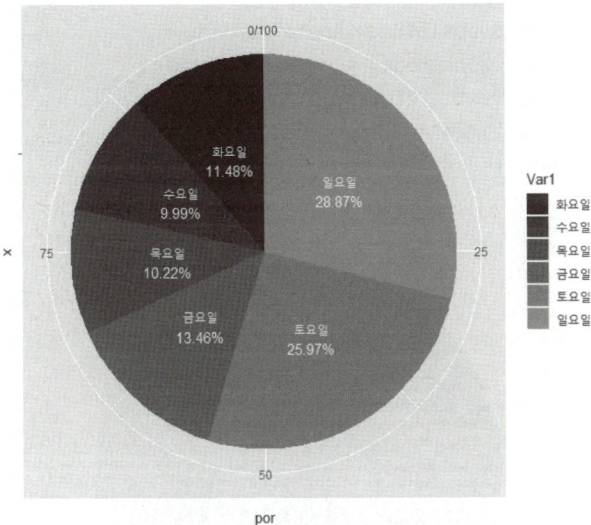

[그림 5-25] 컬러를 변경한 파이 차트

❼ theme( ) 함수를 이용해서 불필요한 시각화를 정리해줍니다. legend.position 옵션을 통해 범례의 위치를 편집할 수 있습니다. "none", "left", "right", "bottom", "top" 등의 옵션을 입력하면 됩니다. axis.text 옵션은 x축과 y축에 표시된 숫자들을 편집할 수 있습니다. axis.title 옵션은 x축과 y축의 제목을 편집할 수 있습니다. axis_ticks는 x축과 y축에 표시한 숫자들을 연결하는 축 연결 선입니다. 각 옵션들은 파이 차트에서는 불필요하므로 element_blank( )를 설정해줍니다.

```
> ggplot(target, aes(x ="", y = por, fill = Var1)) +
+   geom_col() +
+   coord_polar(theta = "y") +
+   geom_text(col = "white",
+             aes(label = paste0(Var1, "\n", round(por, 2), "%")),
+             position = position_stack(vjust = 0.5)) +
+   scale_fill_manual(values = c("#000000", "#222222",
+                                "#444444", "#666666",
+                                "#888888", "#999999")) +
```

```
+    theme(legend.position = "none",
+          panel.background = element_blank(),
+          axis.text = element_blank(),
+          axis.title = element_blank(),
+          axis.ticks = element_blank())
```

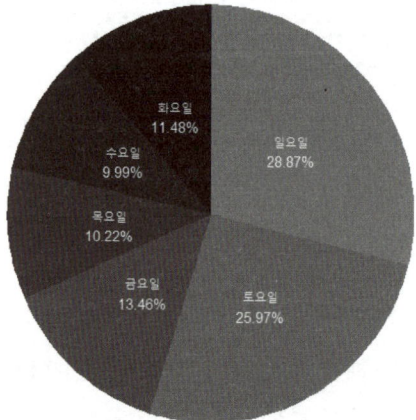

[그림 5- 26] 최종 완성된 파이 차트

06

광고, 정말 효과가 있을까?

6장에서는 광고 노출에 대한 사용자의 반응 데이터 분석을 진행합니다. 이 과정에서 단순 집계만을 이용하지 않고 통계적 기법을 활용할 수밖에 없는지 알아보고, 가설검정 과정을 이해하여 데이터 기반의 의사결정에 활용해볼 예정입니다.

6.1 엑셀 데이터 불러오기

우리가 살펴볼 광고 효과 데이터는 2020년 8월부터 9월까지 2개월 동안 광고를 노출한 집단과 노출하지 않은 집단을 대상으로 발생한 인터넷 쇼핑몰 데이터를 가공한 데이터입니다. 분석에 활용할 수 있도록 어느 정도 가공된 형태이나 실제 시스템에서 이런 형태의 데이터를 얻기 위해서는 사용자의 로그 데이터를 가공해야 합니다. 광고 효과 데이터를 수집해서 인터넷 쇼핑몰에서 진행한 광고가 효과가 있었는지 확인해보도록 하겠습니다.

엑셀 데이터 불러오기

❶ 실습에 사용할 abtest.xlsx 파일을 다운로드한 뒤 실습 환경으로 옮겨줍니다. 이 파일은 2020년 8월부터 2020년 9월까지 광고를 노출하는 동안 발생한 인터넷 쇼핑몰 데이터로, 약 4만 3천 건으로 구성되어 있습니다.

- **city1** : 시도
- **city2** : 시군구
- **age** : 연령
- **sex** : 성별
- **type** : A/B 테스트 집단구분
- **open** : 이메일을 오픈한 횟수
- **click** : 쇼핑몰을 열어본 횟수
- **conversion** : 구매 전환 수
- **sales** : 총 판매 금액

예제 파일: abtest.xlsx
다운로드 링크: https://github.com/bjpublic/R_data

city1	city2	age	sex	type	open	click	conversion	sales
경상북도	문경시	32	man	B_GROUP	306	8	1	7500
경상북도	영주시	64	man	B_GROUP	880	26	1	24220
강원도	철원군	41	woman	B_GROUP	262	0	0	0
경상북도	안동시	38	woman	A_GROUP	946	7	0	0
부산광역시	사상구	64	man	A_GROUP	1878	19	0	0
세종특별자치시	세종시	44	man	A_GROUP	3220	19	0	0
전라북도	김제시	48	man	A_GROUP	632	9	0	0
울산광역시	동구	35	woman	B_GROUP	5878	24	2	11620
강원도	삼척시	37	woman	B_GROUP	348	0	0	0
경기도	고양시	61	woman	A_GROUP	6897	20	1	NA
강원도	홍천군	30	man	A_GROUP	397	0	0	0

[표 6-1] abtest.xlsx 샘플 데이터

❷ 두 달 동안 광고를 노출한 집단과 광고를 노출하지 않은 집단을 대상으로, 인터넷 쇼핑몰의 성과가 얼마나 차이나는지 확인하기 위해 엑셀 데이터를 불러옵니다.

```
# readxl 패키지 로드
> library(readxl)

# 엑셀 데이터 불러오기
> adver = read_xlsx("abtest.xlsx", sheet = 1)
```

❸ 데이터 분석에 앞서 데이터를 불러오는 과정에서 발생한 이슈가 있는지 혹은 수집한 데이터에는 이상이 없는지 간단하게 확인해야 합니다. head( )와 tail( ) 함수를 이용해서 데이터의 처음과 마지막 부분을 살펴보며 행이 밀린 데이터가 있는지 파악합니다.

```
# 데이터 앞부분 탐색
> head(adver)
# A tibble: 6 x 9
  city1 city2 age   sex   type     open click conversion sales
  <chr> <chr> <dbl> <chr> <chr>   <dbl> <dbl>      <dbl> <chr>
1 강원도 강릉시   18 man   A_GROUP  1503     6          0 NA
2 강원도 강릉시   19 man   A_GROUP  2314    44          1 NA
3 강원도 강릉시   20 man   A_GROUP  1978    11          0 NA
4 강원도 강릉시   21 man   A_GROUP  1821    18          0 0
5 강원도 강릉시   22 man   A_GROUP  2204    40          2 21180
6 강원도 강릉시   23 man   A_GROUP  2229    12          0 0

# 데이터 뒷부분 탐색
> tail(adver)
# A tibble: 6 x 9
  city1   city2   age   sex   type     open click conversion sales
  <chr>   <chr>   <dbl> <chr> <chr>   <dbl> <dbl>      <dbl> <chr>
1 충청북도 충주시    60 woman B_GROUP  1796    56          4 157990
2 충청북도 충주시    61 woman B_GROUP  1768    28          2 NA
3 충청북도 충주시    62 woman B_GROUP  1702    38          3 NA
4 충청북도 충주시    63 woman B_GROUP  1614    32          3 NA
5 충청북도 충주시    64 woman B_GROUP  1546     0          0 NA
6 충청북도 충주시    65 woman B_GROUP  1328    44          4 NA
```

❹ 수집한 데이터가 문제없다고 판단된다면 데이터에 결측치가 있는지 확인해야 합니다. is.na( ) 함수를 이용해서 광고 효과 데이터의 결측치를 찾아보도록 하겠습니다. table( ) 함수를 이용해서 확인해 보겠습니다.

```
> table(is.na(adver$city1))

FALSE
43968

> table(is.na(adver$city2))

FALSE
43968

> table(is.na(adver$age))

FALSE
43968

> table(is.na(adver$sex))

FALSE
43968

> table(is.na(adver$type))

FALSE
43968

> table(is.na(adver$open))

FALSE
43968

> table(is.na(adver$click))
```

```
FALSE
43968

> table(is.na(adver$conversion))

FALSE
43968




> table(is.na(adver$sales))

FALSE
43968
```

앞서 head( ) 함수를 이용해서 광고 효과 데이터를 살펴보았을 때 sales에 담긴 값 중에 "NA"가 있음에도 불구하고 is.na( ) 함수를 이용했을 경우 결측치가 없는 것으로 나타났습니다. 이는 결측치의 NA가 아닌 문자열 "NA"이기 때문입니다. 마찬가지로 구매 금액이 얼마인지 알 수 없는 불확실한 정보가 분석 결과를 왜곡시킬 수 있기 때문에 "NA" 데이터를 제거하겠습니다.

```
> adver = adver[adver$sales != "NA",]

> adver
# A tibble: 40,304 x 9
  city1 city2 age   sex   type     open  click conversion sales
  <chr> <chr> <dbl> <chr> <chr>    <dbl> <dbl>      <dbl> <chr>
1 강원도 강릉시   21 man   A_GROUP   1821    18          0 0
2 강원도 강릉시   22 man   A_GROUP   2204    40          2 21180
3 강원도 강릉시   23 man   A_GROUP   2229    12          0 0
4 강원도 강릉시   24 man   A_GROUP   2208    24          1 33920
5 강원도 강릉시   25 man   A_GROUP   1843    18          0 0
6 강원도 강릉시   26 man   A_GROUP   1530    15          0 0
7 강원도 강릉시   27 man   A_GROUP   1387    25          0 0
```

```
 8 강원도 강릉시      28    man     A_GROUP   1196      2          0      0
 9 강원도 강릉시      29    man     A_GROUP   1136     22          0      0
10 강원도 강릉시      30    man     A_GROUP   1086      5          0      0
# … with 40,294 more rows
```

sales 칼럼에 결측치의 NA가 아닌 "NA"라는 문자열이 담겨 있으므로 칼럼이 문자열임을 알 수 있습니다. str( ) 함수를 이용해서 해당 칼럼을 확인해보면 문자열 변수임을 알 수 있습니다. sales는 판매 금액이기 때문에 as.numeric( ) 함수를 이용해서 숫자형 변수로 변경해줍니다.

```
> str(adver$sales)
 chr [1:40304] "0" "21180" "0" "33920" "0" "0" "0" "0" "0"
"0" "0" "0" …

> adver$sales = as.numeric(adver$sales)

> str(adver$sales)
 num [1:40304] 0 21180 0 33920 0 …
```

❺ 수집한 데이터에서 결측치를 제거하고 이상한 정보가 있는지 확인할 차례입니다. 먼저 논리적으로 이상이 있는 이상치를 먼저 확인하도록 하겠습니다. unique( ) 함수를 이용해서 각 칼럼에 담긴 값들을 확인할 수 있습니다. city1과 city2는 우리나라 시도/시군구가 담긴 칼럼인데, 정상적으로 담긴 것을 확인할 수 있습니다.

```
> unique(adver$city1)
 [1] "강원도"       "경기도"       "경상남도"     "경상북도"     "광주광역시"
 [6] "대구광역시"   "대전광역시"   "부산광역시"   "서울특별시"   "세종특별자치시"
[11] "울산광역시"   "인천광역시"   "전라남도"     "전라북도"     "제주특별자치도"
[16] "충청남도"     "충청북도"
```

```
> unique(adver$city2)
  [1] "강릉시"   "고성군"   "동해시"   "삼척시"   "속초시"   "양구군"   "양양군"
  [8] "영월군"   "원주시"   "인제군"   "정선군"   "철원군"   "춘천시"   "태백시"
 [15] "평창군"   "홍천군"   "화천군"   "횡성군"   "가평군"   "고양시"   "과천시"
 [22] "광명시"   "광주시"   "구리시"   "군포시"   "김포시"   "남양주시" "동두천시"
 [29] "부천시"   "성남시"   "수원시"   "시흥시"   "안산시"   "안성시"   "안양시"
 [36] "양주시"   "양평군"   "여주시"   "연천군"   "오산시"   "용인시"   "의왕시"
 [43] "의정부시" "이천시"   "파주시"   "평택시"   "포천시"   "하남시"   "화성시"
 [50] "거제시"   "거창군"   "김해시"   "남해군"   "밀양시"   "사천시"   "산청군"
 [57] "양산시"   "의령군"   "진주시"   "창녕군"   "창원시"   "통영시"   "하동군"
 [64] "함안군"   "함양군"   "합천군"   "경산시"   "경주시"   "고령군"   "구미시"
 [71] "군위군"   "김천시"   "문경시"   "봉화군"   "상주시"   "성주군"   "안동시"
 [78] "영덕군"   "영양군"   "영주시"   "영천시"   "예천군"   "울릉군"   "울진군"
 [85] "의성군"   "청도군"   "청송군"   "칠곡군"   "포항시"   "광산구"   "남구"
 [92] "동구"     "북구"     "서구"     "달서구"   "달성군"   "수성구"   "중구"
 [99] "대덕구"   "유성구"   "강서구"   "금정구"   "기장군"   "동래구"   "부산진구"
[106] "사상구"   "사하구"   "수영구"   "연제구"   "영도구"   "해운대구" "강남구"
[113] "강동구"   "강북구"   "관악구"   "광진구"   "구로구"   "금천구"   "노원구"
[120] "도봉구"   "동대문구" "동작구"   "마포구"   "서대문구" "서초구"   "성동구"
[127] "성북구"   "송파구"   "양천구"   "영등포구" "용산구"   "은평구"   "종로구"
[134] "중랑구"   "세종시"   "울주군"   "강화군"   "계양구"   "남동구"   "미추홀구"
[141] "부평구"   "연수구"   "옹진군"   "강진군"   "고흥군"   "곡성군"   "광양시"
[148] "구례군"   "나주시"   "담양군"   "목포시"   "무안군"   "보성군"   "순천시"
[155] "신안군"   "여수시"   "영광군"   "영암군"   "완도군"   "장성군"   "장흥군"
[162] "진도군"   "함평군"   "해남군"   "화순군"   "고창군"   "군산시"   "김제시"
[169] "남원시"   "무주군"   "부안군"   "순창군"   "완주군"   "익산시"   "임실군"
[176] "장수군"   "전주시"   "정읍시"   "진안군"   "서귀포시" "제주시"   "계룡시"
[183] "공주시"   "금산군"   "논산시"   "당진시"   "보령시"   "부여군"   "서산시"
[190] "서천군"   "아산시"   "예산군"   "천안시"   "청양군"   "태안군"   "홍성군"
[197] "괴산군"   "단양군"   "보은군"   "영동군"   "옥천군"   "음성군"   "제천시"
[204] "증평군"   "진천군"   "청주시"   "충주시"
```

age는 광고에 참여한 연령으로 18세부터 65세까지 있으며 sex는 남성과 여성을 나누는 성별 정보입니다. type에는 첫 번째 시안이 담긴 광고에 노출한 집단과 두 번째 시안이 담긴 광고에 노출한 집단이 있습니다.

```
> unique(adver$age)
 [1] 18 19 20 21 22 23 24 25 26 27 28 29 30 31 32
[16] 33 34 35 36 37 38 39 40 41 42 43 44 45 46 47
[31] 48 49 50 51 52 53 54 55 56 57 58 59 60 61 62
[46] 63 64 65

> unique(adver$sex)
[1] "man"   "woman"

> unique(adver$type)
[1] "A_GROUP" "B_GROUP"
```

open(광고 오픈 수), click(광고 클릭 수), conversion(구매전환 수), sales(총 구매금액)은 모두 숫자형 변수입니다. 이들의 이상치를 확인하기 위해 summary( ) 함수를 이용하면 숫자형 변수의 최솟값, 최댓값, 중앙값, 평균, 제1사분위수, 제3사분위수를 요약해줍니다.

```
> summary(adver$open)
   Min. 1st Qu.  Median    Mean 3rd Qu.    Max.
      7     340    1318    2451    3380   15166

> summary(adver$click)
   Min. 1st Qu.  Median    Mean 3rd Qu.    Max.
   0.00    3.00   13.00   36.74   45.00  589.00

> summary(adver$conversion)
   Min. 1st Qu.  Median    Mean 3rd Qu.    Max.
  0.000   0.000   0.000   1.481   1.000  51.000

> summary(adver$sales)
   Min. 1st Qu.  Median    Mean 3rd Qu.    Max.
      0       0       0   57243   49860 4367550
```

6.2 광고 효과 분석을 위한 목표 설정하기

광고 효과를 분석하기 전에 6.1 엑셀 데이터 불러오기에서 간단한 데이터 분석을 수행하였습니다. 광고 효과 데이터를 살펴보면 type 열에는 A_GROUP과 B_GROUP이 담겨 있습니다. A_GROUP은 첫 번째 시안이 담긴 광고에 노출된 집단이고 B_GROUP은 두 번째 시안이 담긴 광고에 노출된 집단입니다. 이렇게 두 집단을 비교하여 통계적으로 차이가 있는지를 판단하는 것을 A/B 테스트(A/B Test)라고 부릅니다. A/B 테스트는 주로 마케팅 부서에서 많이 활용하는 분석 방법입니다.

A/B 테스트는 다양한 방법으로 수행할 수 있습니다. 예를 들어 유사한 두 집단을 대상으로 다른 두 광고를 제공했을 때 광고 효과가 얼마나 나는지 확인할 수 있습니다. 반면에 유사한 두 집단을 대상으로 광고 효과가 있는 집단이 어디에 있는지 확인하는 방법도 있을 수 있습니다. 즉, 우리는 A/B 테스트를 수행하기 위해서 어떤 것에 관심을 두고 효과가 있는지를 판단하기 위한 통계적 가설(Statistical Hypothesis)을 설정하는 것이 가장 중요합니다.

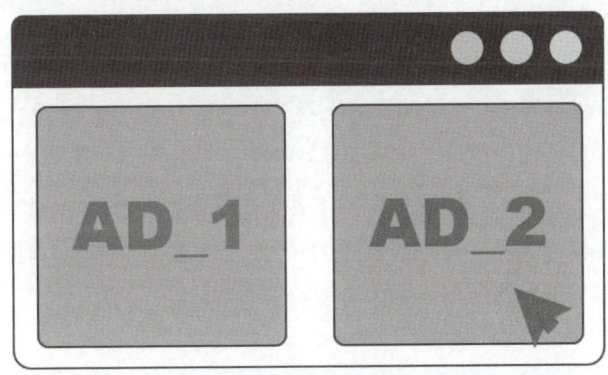

[그림 6-1] A/B 테스트

운영 중인 스마트 스토어에서 한쪽 집단에는 광고를 노출하고 다른 한쪽 집단에는 광고를 노출하지 않았을 때 두 집단의 성과가 얼마나 차이가 있는지 비교해보고 광고 노출이 의미가 있는지 없는지를 판단한다고 가정해봅시다. 우리는 광고를 노출한 집단과 노출하지 않은 집단의 스토어 접근 정도가 유의미한 차이가 있는지 혹은 스토어에 접근했던 대상들 중에서 구매를 시도한 정도가 얼마나 차이가 나는지에 대한 로우 데이터를 수집해야 합니다.

데이터 수집을 완료했다면 통계적으로 차이가 있는지 두 집단을 비교해보아야 합니다. 먼저 서로 상반되는 두 개의 가설을 설정합니다. 예를 들면 광고를 노출한 집단 A_GROUP과 광고를 노출하지 않은 집단 B_GROUP 간의 스마트스토어 방문자 수의 평균이 통계적으로 유의미하게 "차이가 있다" 혹은 "차이가 없다"고 생각해봅시다. 이 두 가지 가설 중 한 가지의 가설을 선택하는 과정을 통계적 가설 검정(Statistical Hypothesis Test)이라고 합니다.

광고를 기획하고 집행했다면 해당 광고에 대한 성과를 분석하고 광고를 더 노출할 것인지 혹은 중단할 것인지를 결정합니다. 특히, 데이터로부터 강력한 증거를 입증하고자 하는 가설을 대립가설(Alternative Hypothesis)이라고 하며 H_1 또는 H_a로 표시합니다. 반면 이에 반대되는 가설을 귀무가설(Null Hypothesis)이라고 하며 H_0로 표시합니다. 이때, 귀무가설과 대립가설 중 어느 하나의 가설을 선택하기 위해 사용하는 통계량을 검정통계량(Test Statistic)이라고 합니다.

귀무가설의 참과 거짓에 대한 의사결정은 두 가지 오류를 발생하게 만듭니다. 귀무가설이 참인 경우 귀무가설의 주장을 거절한 경우를 제2종 오류(Type 2 Error)라고 하고 귀무가설이 참인데도 귀무가설의 주장을 기각한 경우를 제1종 오류(Type 2 Error)라고 합니다. 이때 제1종 오류가 발생할 확률을 유의수준(Significant level)이라 부르고 로 표현합니다. 연구하는 분야에 따라 유의수준을 엄격하게 적용할 수 있으며, 보통 $\alpha=0.01$, $\alpha=0.05$를 많이 사용합니다.

구분	H_0 = 참	H_0 = 거짓
H_0 수락	정상	제2종 오류
H_0 기각	제1종 오류	정상

[표 6-2] 가설 검정의 두 가지 오류

A_GROUP에는 첫 번째 시안의 광고를 발송했고 B_GROUP에는 두 번째 시안의 광고를 발송했습니다. 독립된 두 집단의 광고 효과가 있는지 없는지 판단하기 위해서 윌리엄 실리 고셋에 의해 제안된 t-검정(t-test)을 사용합니다. 우리는 귀무가설과 대립가설을 다음과 같이 설정할 수 있습니다.

> 귀무가설(H_0) : 두 광고를 열어본 횟수의 평균에는 차이가 없다.
> 대립가설(H_1) : 두 광고를 열어본 횟수의 평균에는 차이가 있다.

t-검정을 수행했을 때 p-value(유의확률)이 나타납니다. 연구자에 의해 설정된 유의 수준보다 적을 경우에는 귀무가설인 "두 광고를 열어본 횟수의 평균에는 차이가 없다"는 주장을 기각합니다. 우리의 가설에는 귀무가설을 기각할 경우 자동으로 대립가설을 채택하기 때문에 p-value가 유의수준보다 낮게 나타날 경우에는 "두 광고를 열어본 횟수의 평균에 차이가 있다"고 할 수 있습니다.

차이가 있다고 주장했으니, A_GROUP에 발송한 광고 시안과 B_GROUP에 발송한 광고 시안 중에서 효과가 높은 쪽의 광고를 활용하면 됩니다. 두 집단을 두고 성과를 평가하기 위해서는 반드시 비교하려고 하는 것 이외의 모든 상황을 통제해야만 우리의 주장에 힘이 생깁니다.

6.3 raster 패키지를 이용하여 대한민국 지도 그리기

A/B 테스트를 수행하기에 앞서 광고 효과가 있는지 판단하려면 시각화를 수행하는 것이 가장 효율적입니다. 우리나라 지도를 이용해서 지역별로 광고 효과의 차이가 있는지를 확인합니다.

직접 따라 하기 우리나라 지도 그리기

❶ 지도를 시각화하려면 행정구역 데이터베이스 자료를 받아야 합니다. 우리나라 지도 데이터 역시 raster 패키지에 담겨 있습니다. raster 패키지를 설치한 후 불러오도록 하겠습니다.

```
> install.packages("raster")
> library(raster)
```

❷ raster 패키지 안에는 전 세계 행정구역 데이터베이스인 GADM(Database of Global Administrative Areas) 데이터를 가져올 수 있는 getData( ) 함수가 있습니다. 지도를 작성할 때 GADM 데이터를 활용해서 설명할 예정입니다.

getData( ) 함수의 파라미터를 살펴보면 name은 행정구역 데이터베이스를 선택할 수 있으며, country는 국가를 선택할 수 있습니다. 마지막으로 level은 해당 국가를 분류하는 단위입니다. 0으로 설정할 경우에는 국가, 1로 설정할 경우에는 시도, 2로 설정 경우에는 시군구 단위까지 표현합니다.

getDate( ) 함수의 level 옵션을 선택하여 각각의 korea, korea_sido, korea_sigungu 객체에 입력합니다.

```
# 국가
> korea = getData(name = "GADM",
+                 country = "kor",
+                 level = 0)

# 시도
> korea_sido = getData(name = "GADM",
+                      country = "kor",
+                      level = 1)

# 시군구
> korea_sigungu = getData(name = "GADM",
```

```
+                            country = "kor",
+                            level = 2)
```

korea 객체 안에는 지도 정보 외에도 GID_0와 NAME_0가 담겨 있습니다. GID_0에는 ISO 3166-1의 세 자리 영문 코드인 alpha-3이 있으며 NAME_0에는 우리나라 전체 이름이 영문으로 작성되어 있습니다.

```
> korea$GID_0
[1] "KOR"
> korea$NAME_0
[1] "South Korea"
```

korea_sido 객체 안에는 GID_0와 NAME_0가 포함되어 있으며, 시도에 대한 상세 정보들이 GID_1, NAME_1, VARNAME_1, NL_NAME_1, TYPE_1, ENG_TYPE_1, HASC_1로 구성되어 있습니다.

- **GID_1**: 시도 코드
- **NAME_1**: 시도 영문명
- **VARNAME_1**: 언어별 시도명
- **NL_NAME_1**: 시도명 한자어
- **TYPE_1**: 시도의 유형
- **ENG_TYPE_1**: 시도별 영문 유형
- **HASC_1**: 짧은 유형의 시도 코드

```
> korea_sido$GID_1
 [1] "KOR.1_1"  "KOR.2_1"  "KOR.3_1"  "KOR.4_1"  "KOR.5_1"
 [6] "KOR.6_1"  "KOR.7_1"  "KOR.8_1"  "KOR.9_1"  "KOR.10_1"
[11] "KOR.11_1" "KOR.12_1" "KOR.13_1" "KOR.14_1" "KOR.15_1"
[16] "KOR.16_1" "KOR.17_1"

> korea_sido$NAME_1
 [1] "Busan"           "Chungcheongbuk-do" "Chungcheongnam-do"
```

```
    [4] "Daegu"              "Daejeon"              "Gangwon-do"
    [7] "Gwangju"             "Gyeonggi-do"          "Gyeongsangbuk-do"
   [10] "Gyeongsangnam-do"    "Incheon"              "Jeju"
   [13] "Jeollabuk-do"        "Jeollanam-do"         "Sejong"
   [16] "Seoul"               "Ulsan"

> korea_sido$VARNAME_1
 [1] "Pusan|Busan Gwang'yeogsi|Pusan-gwangyoksi|Fusan"
 [2] "Chungchongbuk-Do|Chungcheongbugdo|Ch'ungch'ong-bukto|Chusei Hoku-do|North Chungchong|Ch'ungch'ong-bukto"
 [3] "Chungchongnam-Do|Ch'ungch'ong-namdo|Chusei Nan-do|South Chungchong|Ch'ungch'ong-namdo"
 [4] "Taegu|Daegu Gwang'yeogsi|Taegu-gwangyoksi|Taikyu"
 [5] "Daejeon Gwang'yeogsi|Taejŏn-gwangyŏksi|Taiden"
 [6] "Kang-Won-Do|Gang'weondo|Kangwon-do|Kogen-do|South Kangwon"
 [7] "Kwangju|Kwangju-gwangyoksi"
 [8] "Kyonggi-do|Keiki-do|Kyunggi"
 [9] "Kyongsangbuk-Do|Gyeongsangbugdo|Kyongsang-bukto|Keisho Hoku-do|North Kyongsang"
[10] "Kyongsangnam-Do|Kyongsang-namdo|Keisho Nan-do|South Kyongsang"
[11] "Inchon|IInch'on-gwangyoksi|Jinsen"
[12] "Jeju-doQuelpart|Saishu-to|Cheju-do"
[13] "Chollabuk-Do|Cholla-bukto|Jeonrabugdo|North Cholla|Zenra Hoku-do"
[14] "Chollanam-Do|Cholla-namdo|Jeonranamdo|South Cholla|Zenra Nan-do"
[15] "Sejong Metropolitan Autonomous City"
[16] "Keijo|Séoul|Seul|Seúl|Söul|Soul-t'ukpyolsi"
[17] "Ulsan-gwangyoksi"

> korea_sido$NL_NAME_1
 [1] "부산광역시 | 釜山廣域市"           "충청북도 | 忠清北道"
 [3] "충청남도 | 忠清南道"               "대구광역시 | 大邱廣域市"
 [5] "대구광역시 | 大邱廣域市"           "강원도 | 江原道"
 [7] "광주광역시 | 光州廣域市"           "경기도 | 京畿道"
 [9] "경상북도 | 慶尙北道"               "경상남도 | 慶尙南道"
[11] "인천광역시 | 仁川廣域市"           "제주특별자치도 | 濟州特別自治道"
[13] "전라북도 | 全羅北道"               "전라남도 | 全羅南道"
[15] "세종특별자치시"                    "서울특별시"
```

```
    [17] "울산광역시  |  蔚山廣域市"

> korea_sido$TYPE_1
    [1] "Gwangyeoksi"       "Do"                "Do"
    [4] "Gwangyeoksi"       "Gwangyeoksi"       "Do"
    [7] "Gwangyeoksi"       "Do"                "Do"
   [10] "Do"                "Gwangyeoksi"       "Do"
   [13] "Do"                "Do"                "Do"
   [16] "Teukbyeolsi"       "Metropolitan City"

> korea_sido$ENGTYPE_1
    [1] "Metropolitan City"            "Province"
    [3] "Province"                     "Metropolitan City"
    [5] "Metropolitan City "           "Province"
    [7] "Metropolitan City"            "Province"
    [9] "Province"                     "Province"
   [11] "Metropolitan City"            "Province"
   [13] "Province"                     "Province"
   [15] "Metropolitan Autonomous City" "Capital Metropolitan City"
   [17] "Metropolitan City"

> korea_sido$HASC_1
    [1] "KR.PU" "KR.GB" "KR.GN" "KR.TG" "KR.TJ" "KR.KW" "KR.KJ" "KR.KG"
    [9] "KR.KB" "KR.KN" "KR.IN" "KR.CJ" "KR.CB" "KR.CN" "KR.SJ" "KR.SO"
   [17] "KR.UL"
```

korea_sigungu 객체에는 GID_0, NAME_0, GID_1, NAME_1, NL_NAME_1 가 포함되어 있으며, GID_2, NAME_2, VARNAME_2, NL_NAME_2, TYPE_2, ENG_TYPE_2, HASC_2로 구성되어 있습니다. 전체 데이터를 확인하기에는 우리나라 행정구역의 수가 많기에 서울을 기준으로 데이터를 살펴보겠습니다.

- **GID_2:** 시군구 코드
- **NAME_2:** 시군구 영문명
- **VARNAME_2:** 언어별 시군구명
- **NL_NAME_2:** 시군구명 한자어

- **TYPE_2**: 시군구의 유형
- **ENG_TYPE_2**: 시군구별 영문 유형
- **HASC_2**: 짧은 유형의 시군구 코드

```
> seoul = korea_sigungu[korea_sigungu$NAME_1=="Seoul",]

> seoul$GID_2
 [1] "KOR.16.1_1"   "KOR.16.2_1"   "KOR.16.3_1"   "KOR.16.4_1"
 [5] "KOR.16.5_1"   "KOR.16.6_1"   "KOR.16.7_1"   "KOR.16.8_1"
 [9] "KOR.16.9_1"   "KOR.16.10_1"  "KOR.16.11_1"  "KOR.16.12_1"
[13] "KOR.16.13_1"  "KOR.16.14_1"  "KOR.16.15_1"  "KOR.16.16_1"
[17] "KOR.16.17_1"  "KOR.16.18_1"  "KOR.16.19_1"  "KOR.16.20_1"
[21] "KOR.16.21_1"  "KOR.16.22_1"  "KOR.16.23_1"  "KOR.16.24_1"
[25] "KOR.16.25_1"

> seoul$NAME_2
 [1] "Dobong"      "Dong-daemun" "Dongjak"     "Eun-pyeong"
 [5] "Gandong"     "Gangbuk"     "Gangnam"     "Gangseo"
 [9] "Geum-cheon"  "Guro"        "Gwanak"      "Gwang-jin"
[13] "Jongro"      "Jung"        "Jungnang"    "Mapo"
[17] "Nowon"       "Seocho"      "Seodaemun"   "Seongbuk"
[21] "Seongdong"   "Songpa"      "Yangcheon"   "Yeongdeungpo"
[25] "Yongsan"

> seoul$NL_NAME_2
 [1] "도봉구| 道峰區"       "동대문구| 東大門區"    "동작구| 銅雀區"
 [4] "은평구| 恩平區"       "강동구| 江東區"        "강북구| 江北區"
 [7] "강남구| 江南區"       "강서구| 江西區"        "금천구| 衿川區"
[10] "구로구| 九老區"       "관악구| 冠岳區"        "광진구| 廣津區"
[13] "종로구| 鍾路區"       "중구| 中區"            "중랑구| 中浪區"
[16] "마포구| 麻浦區"       "노원구| 蘆原區"        "서초구| 瑞草區"
[19] "서대문구| 西大門區"   "성북구| 城北區"        "성동구| 城東區"
[22] "송파구| 松坡區"       "양천구| 陽川區"        "영등포구| 永登浦區"
[25] "용산구| 龍山區"

> seoul$TYPE_2
 [1] "Gu" "Gu" "Gu" "Gu" "Gu" "Gu" "Gu" "Gu" "Gu" "Gu" "Gu" "Gu"
[13] "Gu" "Gu" "Gu" "Gu" "Gu" "Gu" "Gu" "Gu" "Gu" "Gu" "Gu" "Gu"
```

```
[25] "Gu"

> seoul$ENGTYPE_2
 [1] "District" "District" "District" "District" "District"
 [6] "District" "District" "District" "District" "District"
[11] "District" "District" "District" "District" "District"
[16] "District" "District" "District" "District" "District"
[21] "District" "District" "District" "District" "District"
```

❸ ggplot2 패키지를 이용해서 각각의 우리나라 지도를 그려보겠습니다. ggplot( ) 함수에 각각의 지도를 담은 객체를 입력합니다. geom_polygon( ) 함수를 이용해서 위도와 경도, 그룹을 설정해줍니다. 마지막으로 각 지도에 제목을 달고 테마를 간단하게 변경해줍니다.

```
# 국가
> p1 = ggplot(korea)+
+   geom_polygon(aes(x = long, y = lat, group = group),
+                fill = "white", color = "black") +
+   labs(title = "Korea") +
+   theme(axis.ticks = element_blank(),
+         axis.title = element_blank(),
+         axis.text = element_blank())

# 시도
> p2 = ggplot(korea_sido)+
+   labs(title = "Sido") +
+   geom_polygon(aes(x = long, y = lat, group = group),
+                fill = "white", color = "black") +
+   theme(axis.ticks = element_blank(),
+         axis.title = element_blank(),
+         axis.text = element_blank())

# 시군구
> p3 = ggplot(korea_sigungu) +
+   geom_polygon(aes(x = long, y = lat, group = group),
+                fill = "white", color = "black") +
```

```
+     labs(title = "Sigungu") +
+     theme(axis.ticks = element_blank(),
+           axis.title = element_blank(),
+           axis.text = element_blank())
```

국가 전체의 행정구역과 시도 단위의 행정구역, 그리고 시군구 단위의 행정구역을 나눈 지도를 각각 p1, p2, p3 객체에 입력합니다. p1, p2, p3를 실행할 경우 해당되는 지도가 출력되는 것을 확인할 수 있습니다.

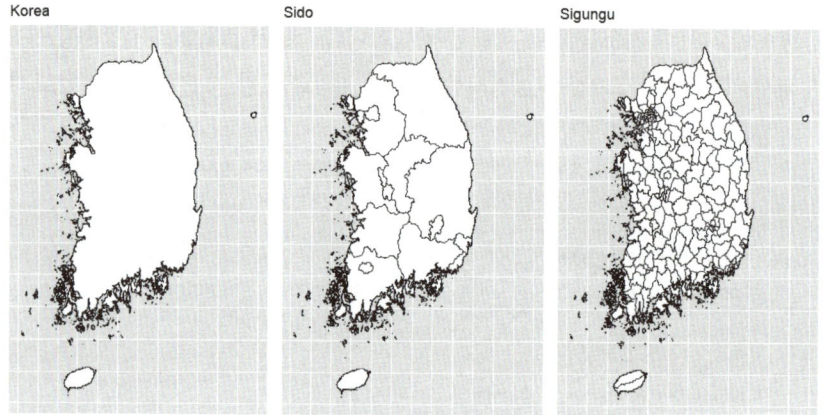

[그림 6-2] 행정구역별 우리나라 지도

지도를 자세히 살펴보면 과거의 행정구역이 남아 있는 것을 확인할 수 있습니다. 충북 청원군은 2014년 7월 1일부로 청주시에 통합되었고 마산시, 진해시는 2010년 7월 1일부로 창원시에 통합되었으나 getData( ) 함수를 이용해서 가져오는 데이터에는 아직 반영이 되지 않았습니다.

6.4 stats 패키지 기반 통계적 검정하기

6.2 광고 효과 분석을 위한 목표 설정하기에서 데이터로부터 현상을 이해하기 위해 가설을 세우고 검정을 하는 과정을 수행하고자 정확한 목표를 설정하는 것이 중요하다고 설명하였습니다. A_GROUP과 B_GROUP에는 서로 다른 광고 시안을 노출했으며 그에 따른 지표들의 성과 데이터가 수집되어 있습니다. A_GROUP에 노출된 광고가 B_GROUP에 노출된 광고보다 클릭률이 월등히 높았다면 A_GROUP에 노출된 광고가 더 성과가 좋다고 할 수 있습니다. 하지만 두 집단의 클릭률 차이가 미세하게 작을 경우에는 쉽게 상관관계가 있다고 할 수 없기 때문에 통계적 검정을 수행합니다.

직접 따라 하기 ── 두 집단의 광고 성과 비교하기

❶ 두 집단의 성과를 비교하기 위해 stats 패키지에 있는 t.test( ) 함수를 이용합니다. stats 패키지는 R을 설치할 때 기본적으로 사용 가능하기 때문에 직접 지운 적이 없다면 바로 사용이 가능합니다. 성과를 비교하기에 앞서 가장 먼저 가설을 세워야 합니다.

> 귀무가설(H_0) : A_GROUP과 B_GROUP의 광고 성과에 차이가 없다.
> 대립가설(H_1) : A_GROUP과 B_GROUP의 광고 성과에 차이가 있다.

❷ 광고 효과 데이터에는 광고의 성과를 측정하는 지표로써 광고 메일을 연 횟수, 광고를 클릭한 횟수, 구매전환 수 3가지가 있습니다. 각 지표별로 두 집단에 성과 차이가 있는지 확인합니다. t-검정을 수행하기에 앞서 상자 그림을 이용해서 두 집단의 분포를 살펴봅니다. [그림 6-3]을 보면 두 집단에 전달한 광고를 열어 보는 횟수에서는 다소 차이가 있는 것 같으나 확실하게 크다고 말하기 어려워 보입니다. 반면에 광고 클릭 수나 구매 전환 수의 경우에는 상대적으로 차이가 있는 것처럼 보입니다. 두 집단의 광고 성과 차이가 있는지 확인하기 위해 t-검

정을 수행합니다.

```
# A_GROUP과 B_GROUP별 광고 이메일을 열어본 횟수
> ggplot(adver, aes(x = type, y = open)) +
+   geom_boxplot() +
+   labs(title = "이메일 연 수") +
+   theme(title = element_text(size = 15, face = "bold"),
+         axis.ticks = element_blank(),
+         axis.title = element_blank(),
+         axis.text.y = element_blank())


# A_GROUP과 B_GROUP별 광고를 클릭해본 횟수
> ggplot(adver, aes(x = type, y = click)) +
+   geom_boxplot() +
+   labs(title = "광고 클릭 수") +
+   theme(title = element_text(size = 15, face = "bold"),
+         axis.ticks = element_blank(),
+         axis.title = element_blank(),
+         axis.text.y = element_blank())

# A_GROUP과 B_GROUP별 구매 전환 횟수
> ggplot(adver, aes(x = type, y = conversion)) +
+   geom_boxplot() +
+   labs(title = "구매 전환 수") +
+   theme(title = element_text(size = 15, face = "bold"),
+         axis.ticks = element_blank(),
+         axis.title = element_blank(),
+         axis.text.y = element_blank())
```

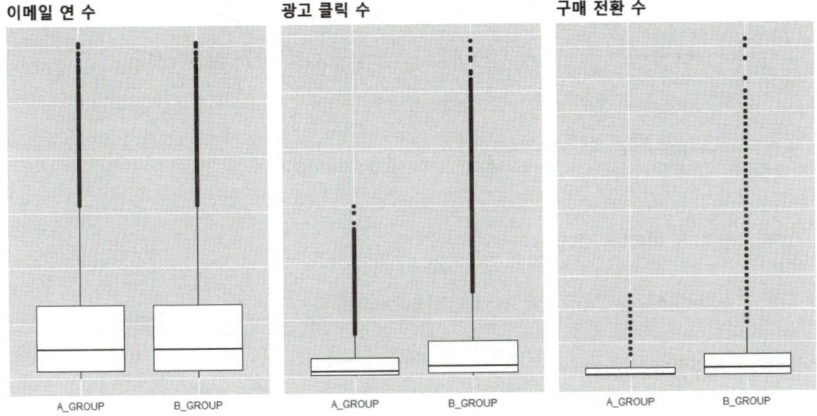

[그림 6-3] 광고 성과 지표별 분포

❸ A_GROUP에 전달한 광고와 B_GROUP에 전달한 광고는 서로 독립이며, 두 집단이 정규성을 따르는지 분산의 동질성을 먼저 검정해야 합니다. 광고 효과 데이터를 이용해서 두 집단을 나눠줍니다.

```
# A_GROUP 추출하기
> A_GROUP = subset.data.frame(x = adver,
+                             subset = c(type == "A_GROUP"))

# B_GROUP 추출하기
> B_GROUP = subset.data.frame(x = adver,
+                             subset = c(type == "B_GROUP"))
```

❹ R에는 정규성 검정을 하기 위한 함수가 다양하게 존재합니다. 그중에서 가장 보편적이면서 강력한 Shapiro-Wilk 검정이 있습니다. 특히 5,000건 이하의 샘플 데이터에서는 Shapiro-Wilk 검정 시 shapiro.test( ) 함수를 사용합니다. 그 이상의 데이터를 사용할 경우에는 Anderson-Darling 검정을 수행합니다. Anderson-Darling 검정은 nortest 패키지의 ad.test( ) 함수를 이용합니다. 두 집단의 이메일을 열어본 횟수를 대상으로 Anderson-Darling 정규성 검정을 수행한 결과 p-value가 0.01보다 매우 작기 때문에 정규분포를 따르지 않는 것으로 나타났습니다.

귀무가설(H_0) : A_GROUP는 정규분포를 따른다.
대립가설(H_1) : A_GROUP는 정규분포를 따르지 않는다.

```
> install.packages("nortest")
> library(nortest)

> ad.test(A_GROUP$open)

        Anderson-Darling normality test

data:   A_GROUP$open
A = 1559.8, p-value < 2.2e-16

> ad.test(B_GROUP$open)

        Anderson-Darling normality test

data:   B_GROUP$open
A = 1559.8, p-value < 2.2e-16
```

같은 방식으로 이메일을 발송하여 읽어본 사람들 중에서 실제 클릭을 통해 화면을 전환한 횟수를 대상으로 Anderson-Darling 정규성 검정을 수행하였습니다. 마찬가지로 정규성은 나타나지 않는 것으로 확인됩니다.

```
> ad.test(A_GROUP$click)

        Anderson-Darling normality test

data:   A_GROUP$click
A = 2256.2, p-value < 2.2e-16

> ad.test(B_GROUP$click)

        Anderson-Darling normality test

data:   B_GROUP$click
A = 2303.8, p-value < 2.2e-16
```

마지막으로 실제 광고를 통해 접속해서 구매까지 이어진 횟수를 대상으로 정규성 검정을 수행한 결과 p-value가 유의수준 0.01보다 작아 정규분포를 따르지 않는 것으로 나타났습니다.

```
> ad.test(A_GROUP$conversion)

        Anderson-Darling normality test

data:  A_GROUP$conversion
A = 3661.7, p-value < 2.2e-16

> ad.test(B_GROUP$conversion)

        Anderson-Darling normality test

data:  B_GROUP$conversion
A = 2962.8, p-value < 2.2e-16
```

❺ 정규성을 만족하는 두 집단의 경우 F-검정(F-test)을 통해 등분산 검정을 수행할 수 있으며, 정규성을 만족하지 못할 경우에는 Levene 검정을 이용합니다. 두 집단은 모두 정규성을 만족하지 않기 때문에 car 패키지에 있는 Levene 검정을 수행합니다. 두 집단의 광고를 연 횟수를 대상으로 Levene 검정을 수행한 결과 유의수준 0.05보다 크기 때문에 두 집단은 서로 등분산이라고 할 수 있다.

귀무가설(H_0) : 집단 간의 분산이 동일하다.
대립가설(H_1) : 집단 간의 분산이 다르다.

```
> library(car)
> leveneTest(y = adver$open, group = factor(adver$type))
Levene's Test for Homogeneity of Variance (center = median)
         Df F value Pr(>F)
group     1       0      1
      43966
```

같은 방식으로 이메일을 발송하여 읽어본 사람들 중에서 실제 클릭을 통해 화면을 전환한 횟수를 대상으로 Levene 검정을 수행하였습니다. 유의수준 0.01보다 작기 때문에 두 집단의 분산이 다른 것을 확인할 수 있습니다.

```
> leveneTest(y = adver$click, group = factor(adver$type))
Levene's Test for Homogeneity of Variance (center = median)
         Df F value    Pr(>F)
group     1  1737.5 < 2.2e-16 ***
      43966
---
Signif. codes:  0 '***' 0.001 '**' 0.01 '*' 0.05 '.' 0.1 ' ' 1
```

마지막으로 실제로 광고를 통해 사이트에 접속하여 구매까지 이어진 횟수를 대상으로 등분산 검정을 수행한 결과 p-value가 유의수준 0.01보다 작아 두 집단의 분산이 다른 것으로 나타났습니다.

```
> leveneTest(y = adver$conversion, group = factor(adver$type))
Levene's Test for Homogeneity of Variance (center = median)
         Df F value    Pr(>F)
group     1  3529.2 < 2.2e-16 ***
      43966
---
Signif. codes:  0 '***' 0.001 '**' 0.01 '*' 0.05 '.' 0.1 ' ' 1
```

❻ 두 집단을 비교하기 위해 t-검정을 수행합니다. t-검정은 stats 패키지의 t.test( ) 함수를 이용합니다. p-value가 1로 유의수준 0.05보다 크기 때문에 두 집단에서 이메일을 열어본 횟수에는 차이가 없음을 알 수 있습니다.

```
> t.test(A_GROUP$open, B_GROUP$open)

        Welch Two Sample t-test

data:  A_GROUP$open and B_GROUP$open
t = 0, df = 43966, p-value = 1
alternative hypothesis: true difference in means is not equal to 0
```

```
95 percent confidence interval:
 -53.46564  53.46564
sample estimates:
mean of x mean of y
 2428.306  2428.306
```

같은 방식으로 이메일을 발송하여 읽어본 사람들 중에서 실제 클릭을 통해 화면을 전환한 횟수를 대상으로 t-검정을 수행하였습니다. 유의수준 0.01보다 작기 때문에 두 집단은 평균적으로 차이가 있다고 할 수 있습니다.

```
> t.test(A_GROUP$click, B_GROUP$click)

        Welch Two Sample t-test

data:  A_GROUP$click and B_GROUP$click
t = -43.89, df = 32224, p-value < 2.2e-16
alternative hypothesis: true difference in means is not equal to 0
95 percent confidence interval:
 -24.92686 -22.79567
sample estimates:
mean of x mean of y
 24.39315  48.25441
```

마지막으로 실제 광고를 통해 접속해서 구매까지 이어진 횟수를 대상으로 등분산 검정을 수행한 결과 p-value가 유의수준 0.01보다 작아 두 집단의 분산이 다른 것으로 나타났습니다.

```
> t.test(A_GROUP$conversion, B_GROUP$conversion)

        Welch Two Sample t-test

data:  A_GROUP$conversion and B_GROUP$conversion
t = -58.444, df = 24858, p-value < 2.2e-16
```

```
alternative hypothesis: true difference in means is not equal to 0
95 percent confidence interval:
 -1.883676 -1.761429
sample estimates:
mean of x mean of y
0.5530841 2.3756368
```

두 광고를 유사한 두 집단 A_GROUP과 B_GROUP에 전달하였습니다. 메일을 열어본 횟수는 광고 내용의 노출이 없었기 때문에 두 집단에 통계적 차이가 있다고 하기 어려웠으나, 실제로 광고가 노출되는 영역부터 통계적 차이가 있음을 확인하였습니다. 특히 클릭 횟수와 구매 전환 수의 경우에서는 B_GROUP에 제공한 광고가 A_GROUP에 전달한 광고에 비해 긍정적인 결과가 나타났다고 할 수 있습니다. 이처럼 t-검정은 두 집단의 성과를 평가하고 통계적 의사를 결정하는 데 중요한 역할을 합니다.

6.5 ggplot2 패키지를 이용하여 광고 효과 없는 지역 표현하기

6.4 stats 패키지 기반 통계적 검정하기에서 두 그룹의 성과에 차이가 있는지 여부를 비교해보았습니다. 전체 집단을 대상으로 검정한 결과 노출에는 통계적 차이가 없다고 나타났으나 클릭 횟수와 구매 전환 수는 통계적 차이가 있는 것으로 나타났습니다. 지역별로 나눠서 보았을 때도 차이가 있는지 확인해보고 광고 효과가 없는 지역을 시각화로 나타내겠습니다.

직접 따라 하기: 지역별로 두 집단의 광고 성과 비교하기

❶ 광고 데이터 abtest.xlsx 파일을 불러옵니다. 엑셀 데이터를 불러오기 위해 readxl 패키지를 활용합니다.

예제 파일: abtest.xlsx
다운로드 링크: https://github.com/bjpublic/R_data

```
> library(readxl)
> adver = read_xlsx("abtest.xlsx", sheet = 1)
```

❷ A_GROUP에 전달한 광고와 B_GROUP에 전달한 광고는 서로 독립이며, 두 집단이 정규성을 따르는지 분산의 동질성을 먼저 검정해야 합니다. 지역별로 광고 효과가 차이가 있는지 확인하기 위해 먼저 경기도를 추출한 뒤, A_GROUP과 B_GROUP으로 나눠줍니다.

```
# 경기도 추출하기
> kyungki = subset.data.frame(x = adver, subset = c(city1 == "경기도"))

# 경기도의 A_GROUP 추출하기
> kyungki_A = subset.data.frame(x = kyungki,
+                               subset = c(type == "A_GROUP"))

# 경기도의 B_GROUP 추출하기
> kyungki_B = subset.data.frame(x = adver,
+                               subset = c(type == "B_GROUP"))
```

❸ Shapiro-Wilk 검정을 이용하여 정규성 검정을 수행합니다. 경기도의 A집단을 대상으로 정규성 검정을 수행한 결과 p-value가 0.01보다 훨씬 작기 때문에 정규분포를 따르지 않는 것으로 나타났습니다. 경기도의 B집단을 대상으로 정규성 검정을 수행한 결과 p-value가 0.01보다 훨씬 작기 때문에 정규분포를 따르지 않는 것으로 나타났습니다.

```
> shapiro.test(kyungki_A$open)

        Shapiro-Wilk normality test

data:  kyungki_A$open
W = 0.89149, p-value < 2.2e-16
```

```
> shapiro.test(kyungki_B$open)
        Shapiro-Wilk normality test

data: kyungki_B$open
W = 0.89149, p-value < 2.2e-16
```

❹ Levene 검정을 이용하여 등분산성 검정을 수행합니다. 경기도의 두 집단을 대상으로 등분산성 검정을 수행한 결과 p-value가 0.01보다 훨씬 크기 때문에 등분산인 것으로 나타났습니다.

```
> library(car)
> leveneTest(y = kyungki$open, group = factor(kyungki$type))
Levene's Test for Homogeneity of Variance (center = median)
        Df F value Pr(>F)
group    1       0      1
      5950
```

❺ 정규성을 따르지 않을 경우 비모수 검정을 수행합니다. 두 집단의 차이를 비교하는 비모수 검정에는 Wilcoxon 순위합 검정이 있습니다. 경기도의 두 집단을 대상으로 Wilcoxon 순위합 검정을 수행한 결과 p-value가 0.01보다 훨씬 크기 때문에 차이가 없는 것으로 나타났습니다.

```
> wilcox.test(open ~ type, kyungki)

        Wilcoxon rank sum test with continuity correction

data:  open by type
W = 4428288, p-value = 1
alternative hypothesis: true location shift is not equal to 0
```

지역별로 성과를 확인한 결과 광고 메일을 연 횟수는 지역별로 통계적 차이가 없다는 것을 알 수 있었으며, 클릭 수와 구매 전환의 경우 모든 지역에서 통계적 차이가 있는 것으로 나타났습니다.

직접 따라 하기 | 지역별 통계적 차이가 있는 곳 시각화하기

❶ 지도 데이터를 처리하기 위한 raster 패키지과 시각화 패키지 ggplot2를 불러온 후 시도 단위의 우리나라 지도를 불러옵니다.

```
> library(raster)
> library(ggplot2)
> korea_sido = getData(name = "GADM",
+                      country = "kor",
+                      level = 1)
```

❷ 지도 데이터, 통계적 검정을 한 분석 데이터, 결합을 하기 위한 맵핑 데이터를 생성합니다. 지역별로 두 집단에 대한 성과 분석을 한 결과 차이가 있으면 1을, 차이가 없다면 0을 맵핑 데이터에 입력합니다.

```
> sido_key = data.frame(NAME_1 = korea_sido$NAME_1,
+                       KOR = c("부산광역시", "충청북도", "충청남도", "대구광역시",
+                               "대전광역시", "강원도", "광주광역시", "경기도",
+                               "경상북도", "경상남도", "인천광역시",
+                               "제주특별자치도", "전라북도", "전라남도",
+                               "세종특별자치시", "서울특별시", "울산광역시"),
+                       RESULT = 1)
```

❸ 불러왔던 시도 단위의 우리나라 지도를 재구성하기 위해 맵핑 테이블과 병합하여 시각화 가능한 형태로 데이터를 구성합니다.

```
> korea_sido@data$id = rownames(korea_sido@data)
> korea_sido@data = merge(korea_sido@data, sido_key, by = "NAME_1")
> koreaDf = fortify(korea_sido)
> koreaDf = merge(koreaDf, korea_sido@data, by = "id")
```

❹ ggplot( ) 함수를 이용해서 가공한 지도 데이터를 표현합니다. 모든 지역에 걸쳐서 광고 성과에 차이가 있는 것을 알 수 있습니다.

```
> ggplot() +
+   geom_polygon(data = koreaDf, aes(x = long, y = lat,
+                                    group = group,
+                                    fill = RESULT),
+                color = "black") +
+ labs(title = "지역별 두 그룹에 대한 성과 차이") +
+   theme(legend.position = "none",
+         axis.ticks = element_blank(),
+         axis.title = element_blank(),
+         axis.text = element_blank())
```

[그림 6-4] 지역별 성과 차이 비교분석 결과

07

KOSPI 예측이 가능할까?

우리나라의 유가 증권 시장은 1956년 처음 개장하였으며 삼성전자, SK하이닉스, 현대자동차, LG전자 등의 다양한 산업에 글로벌 기업들이 상장되어 있습니다. 유가 증권 시장의 종합주가지수인 KOSPI(Korea Composite Stock Price Index)는 1980년 1월 4일의 시가총액과 현재의 시가총액을 비교해서 나온 지표입니다. 유가 증권 시장에 상장된 다양한 기업들의 가치는 다양한 요인에 의해 변화하게 됩니다. 이를 미리 예측한다면 어떤 결과가 있을까요?

7.1 KOSPI 데이터 불러오기

유가 증권 시장 도입 당시 12개의 기업만이 존재하였으며 국채매매가 주로 거래되고 있었습니다. 자본시장의 육성과 기업공개 정책으로 증권시장이 발전하기 시작하였고 1988년에 전산화를 시작했습니다. 현재는 다양한 증권회사로부터 KOSPI에 상장된 기업의 주식을 살 수 있습니다. 이 데이터를 수집하고자 quantmod 패키지를 활용하겠습니다. quantmod 패키지는 통계적 기법을 이용한 주식 거래 모델을 개발하는 목적으로 만들어졌습니다. 이 패키지로부터 수집하는 데이터는 Yahoo Finance로부터 제공받고 있습니다.

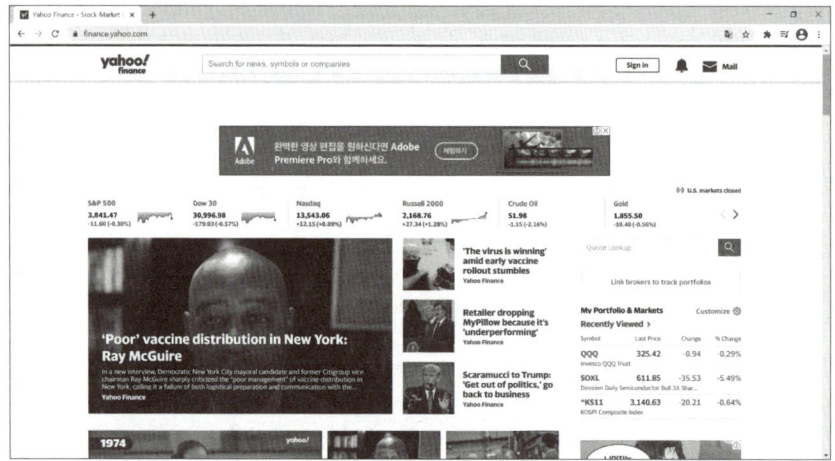

[그림 7-1] Yahoo Finance

KOSPI 데이터 불러오기

❶ Yahoo Finance 페이지에 접속하고, 검색창에 'KOSPI'를 입력합니다. quantmod 패키지를 사용하기 위해서는 검색창에 보이는 Symbols를 활용해야 데이터를 불러올 수 있습니다.

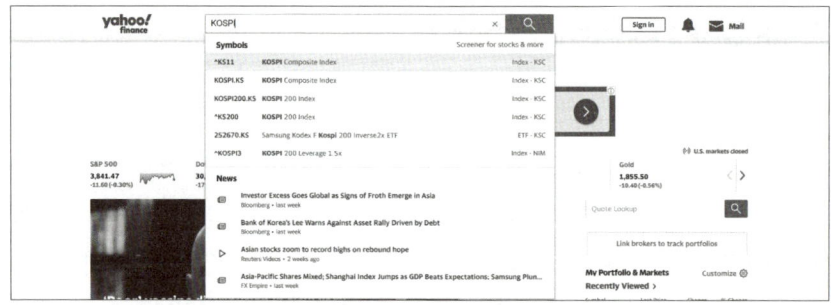

[그림 7-2] Yahoo Finance 종목 검색

❷ library( ) 함수를 이용해서 quantmod 패키지를 불러옵니다. getSymbols( ) 함수는 Yahoo Finance에 등록된 Symbols을 이용해서 주가 정보를 불러옵니다. KOSPI 지수의 Symbol인 "^KS11"을 입력하고 조회하고 싶은 기간을 from과 to에 입력합니다. 20년간의 KOSPI지수 변화를 살펴보기 위해 2001년 1월 1일부터 오늘까지 기간을 설정합니다. auto.assign 옵션은 불러온 주가 정보를 자동으로 회사 이름으로 할당하는 기능입니다. 사용하지 않고 'KOSPI'에 직접 할당해줍니다.

```
> library(quantmod)

> KOSPI = getSymbols("^KS11",
+                    from = "2001-01-01",
+                    to = Sys.time(),
+                    auto.assign = FALSE)
```

❸ head( ) 함수와 tail( ) 함수를 이용해서 데이터를 간단하게 살펴보겠습니다. Yahoo Finance에서 제공하는 데이터에는 날짜, 시가(Open), 고가(High), 저가(Low), 종가(Close), 거래량(Volume), 수정가(Adjusted)가 있습니다. 주가는 하루 동안 수급에 따라 변하게 됩니다. 우리나라는 일반적으로 월요일부터 금요일 오전 9시부터 오후 3시 30분까지 주식을 거래할 수 있습니다. 이때 장이 열리기 시작하는 오전 9시에 처음 나타난 주식 가격을 시가라고 부르며, 오후 3시 30분 장 종료 시의 주식 가격을 종가라고 합니다. 두 시각 사이에는 다양한 주식 가격이 형성되며, 해당 일의 가장 높은 가격을 고가라고 부르고 가장 낮은 가격을 저가라고 합니다. 기업의 활동을 주식의 가치에 반영하고자 종가를 보정하며, 이를 수정가라고 합니다. 특히 배당, 액면분할, 증자, 감자와 같은 다양한 이슈로 CRSP(Center for Research in Security Prices) 표준에 따라서 계산됩니다. 기업의 활동이 반영되어 있는 지표이기 때문에 분석에서는 수정가를 활용합니다. 마지막으로 하루 동안 발생한 수급 동향을 거래량이라고 합니다.

```
> head(KOSPI)
           KS11.Open KS11.High KS11.Low KS11.Close KS11.Volume KS11.Adjusted
2001-01-02    503.31    521.34   500.97     520.95    23101400        520.95
2001-01-03    512.74    524.58   510.70     521.43    32458400        521.43
2001-01-04    551.53    567.16   550.91     558.02    44454000        558.02
2001-01-05    559.54    581.41   555.40     580.85    57828600        580.85
2001-01-08    573.72    587.91   572.48     586.65    55864500        586.65
2001-01-09    583.85    589.92   572.55     589.92    55896700        589.92

> tail(KOSPI)
           KS11.Open KS11.High KS11.Low KS11.Close KS11.Volume KS11.Adjusted
2021-01-15   3153.84   3189.90  3085.90    3085.90     1331100       3085.90
2021-01-18   3079.90   3079.90  3003.89    3013.93     1472000       3013.93
2021-01-19   3013.05   3092.66  3013.05    3092.66     1353300       3092.66
2021-01-20   3115.04   3145.01  3077.15    3114.55     1192700       3114.55
2021-01-21   3123.27   3163.21  3123.27    3160.84     1360100       3160.84
2021-01-22   3163.83   3185.26  3140.60    3140.63     1111200       3140.63
```

❹ KOSPI에 포함된 특정 회사 주식을 불러오기 위해, Symbols에 '종목 코드 + .KS' 를 입력합니다. KOSPI에서 시가총액이 가장 높은 기업인 삼성전자(005930)의 2015년 1월 1일부터 2021년 1월 1일까지의 주식 가격을 불러오겠습니다.

```
> SEC = getSymbols("005930.KS",
+                  from = "2015-01-01",
+                  to = "2021-01-01",
+                  auto.assign = FALSE)
```

7.2 ggplot2 패키지를 이용하여 KOSPI 지수 시각화하기

오랜 기간 동안 쌓인 KOSPI 지수를 파악하기는 쉽지 않기 때문에 시각화로 표현하여 어떤 변화가 있었는지 파악해보도록 하겠습니다. quantmod 패키지에도 데이터를 시각화하기 위한 함수들이 있습니다. chartSeries( ) 함수를 이용해서 [그림 7-3]과 같이 시각화가 가능합니다. 시각화의 자유도가 낮기 때문에 ggplot( )을 이용하도록 하겠습니다.

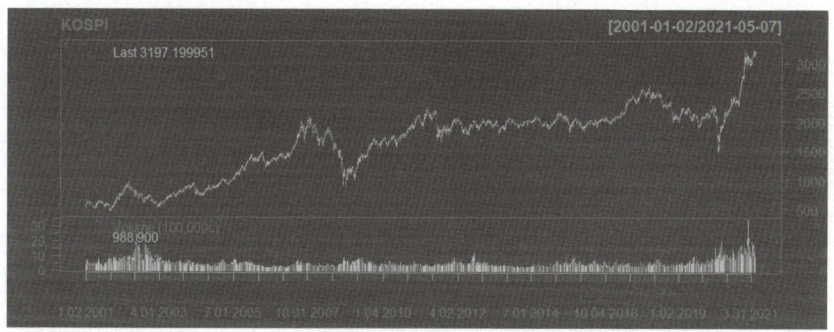

[그림 7-3] quantmod 패키지의 chartSeries를 이용한 KOSPI 지수 시각화

직접 따라 하기   KOSPI 지수 시각화하기

❶ 시각화를 진행하기 전에 데이터를 가공해야 합니다. str( ) 함수를 살펴봅시다. 앞에서 불러온 KOSPI 지수는 xts 유형의 시계열 데이터입니다. ggplot( )에서 사용하기 위해 데이터프레임 형태로 가공하겠습니다.

```
> str(KOSPI)
An 'xts' object on 2001-01-02/2021-01-22 containing:
  Data: num [1:5035, 1:6] 503 513 552 560 574 ...
 - attr(*, "dimnames")=List of 2
  ..$ : NULL
  ..$ : chr [1:6] "KS11.Open" "KS11.High" "KS11.Low" "KS11.Close"
 ...
  Indexed by objects of class: [Date] TZ: UTC
  xts Attributes:
List of 2
 $ src    : chr "yahoo"
 $ updated: POSIXct[1:1], format: "2021-01-24 20:16:58"
```

❷ time( ) 함수를 이용하면 xts 시계열 데이터의 날짜 값을 추출할 수 있습니다. 전날에 비해 주가가 상승했는지 하락했는지 표시하기 위해 ifelse( ) 함수를 이용하여 시가보다 종가가 높을 경우 "up", 시가가 종가보다 낮을 경우 "down" growth 칼럼을 생성합니다.

```
> sample = data.frame(date = time(KOSPI),
+                     KOSPI,
+                     growth = ifelse(Cl(KOSPI) > Op(KOSPI),
+                                     "up", "down"))
```

❸ 수집한 데이터의 칼럼명을 살펴보면, "KS11"이 포함되어 있는 것을 확인할 수 있습니다. 칼럼명을 참조해서 시각화를 하기 때문에, 가공한 데이터의 칼럼명을 단순하게 변경해줍니다.

```
> colnames(KOSPI)
[1] "KS11.Open"     "KS11.High"      "KS11.Low"
[3] "KS11.Close"    "KS11.Volume"    "KS11.Adjusted"

> colnames(sample) = c("date", "Open", "High", "Low",
+                      "Close", "Volume", "Adjusted", "growth")
```

❹ 가공한 데이터를 불러옵니다. 데이터 중간에 발생한 결측치는 휴장일로 인해 생긴 데이터로 2001년 1월 23일부터 25일까지는 설 연휴임을 확인할 수 있습니다.

```
> sample
        date   Open   High    Low  Close   Volume Adjusted growth
1 2001-01-02 503.31 521.34 500.97 520.95 23101400   520.95     up
2 2001-01-03 512.74 524.58 510.70 521.43 32458400   521.43     up
3 2001-01-04 551.53 567.16 550.91 558.02 44454000   558.02     up
4 2001-01-05 559.54 581.41 555.40 580.85 57828600   580.85     up
5 2001-01-08 573.72 587.91 572.48 586.65 55864500   586.65     up
⋮
```

```
16  2001-01-23  NA      NA      NA      NA      NA        NA      <NA>
17  2001-01-24  NA      NA      NA      NA      NA        NA      <NA>
18  2001-01-25  NA      NA      NA      NA      NA        NA      <NA>
⋮
122 2001-06-20 603.29  604.78  593.75  595.72  44047500  595.72   down
123 2001-06-21 597.72  599.76  589.46  595.53  40419600  595.53   down
124 2001-06-22 597.34  602.70  593.33  599.08  39523700  599.08   up
125 2001-06-25 597.37  602.77  594.04  598.02  30986700  598.02   up
[ getOption("max.print") 에 도달했습니다 -- 4910 행들을 생략합니다 ]
```

❺ summary( ) 함수를 이용해서 살펴보면 Low 칼럼의 최댓값이 19025.6으로 KOSPI 지수를 초과하는 것으로 보입니다. 2021년 1월 25일을 기준으로 KOSPI 지수가 3200까지 올라갔으나 3300을 초과한 적은 없습니다. 이상치로 간주하고 해당 날의 데이터를 제거하겠습니다.

```
> summary(sample)
      date                 Open              High              Low
 Min.   :2001-01-02   Min.   : 466.6    Min.   : 472.3    Min.   :  463.5
 1st Qu.:2005-10-29   1st Qu.:1155.6    1st Qu.:1170.7    1st Qu.: 1143.5
 Median :2010-11-04   Median :1858.5    Median :1872.5    Median : 1843.1
 Mean   :2010-11-28   Mean   :1629.0    Mean   :1638.1    Mean   : 1620.9
 3rd Qu.:2015-12-02   3rd Qu.:2034.1    3rd Qu.:2040.7    3rd Qu.: 2022.9
 Max.   :2021-01-22   Max.   :3163.8    Max.   :3266.2    Max.   :19025.6
                      NA's   :93        NA's   :93        NA's   :93
     Close              Volume             Adjusted          growth
 Min.   : 468.8    Min.   :        0   Min.   : 468.8    Length:5035
 1st Qu.:1159.2    1st Qu.:   313300   1st Qu.:1159.2    Class :character
 Median :1859.2    Median :   398000   Median :1859.2    Mode  :character
 Mean   :1628.3    Mean   :  1727731   Mean   :1628.3
 3rd Qu.:2031.0    3rd Qu.:   533300   3rd Qu.:2031.0
 Max.   :3160.8    Max.   :407157000   Max.   :3160.8
 NA's   :93        NA's   :93          NA's   :93
```

❻ Low 칼럼의 이상치를 제거하기 위해 선 그래프를 그려보겠습니다. ggplot( ) 함수를 이용해서 x축을 date로, y축을 Low 칼럼으로 설정하여 선 그래프를 그려줍니다.

```
> ggplot(sample, aes(x = date)) +
+   geom_line(aes(y = Low))
```

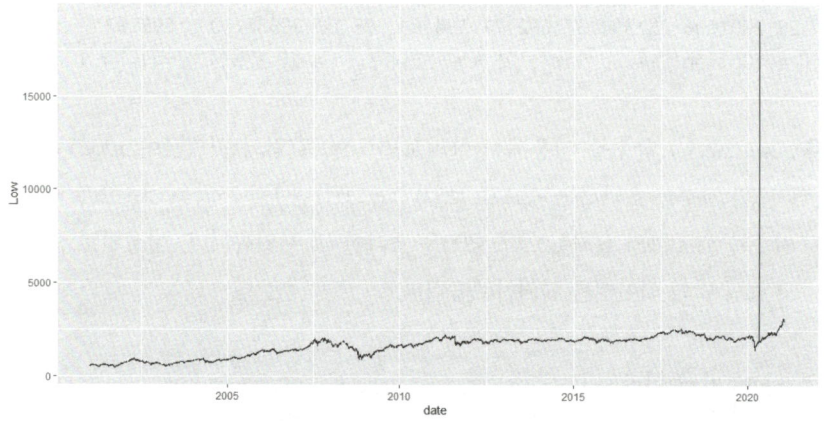

[그림 7-4] Low 칼럼 시각화

❼ 2020년 이후에 발생된 이상치인 것을 확인할 수 있으며, 데이터를 2020년 이후로 한정해서 살펴보도록 하겠습니다. 2020년 4월과 2020년 6월 사이에 발생한 데이터로 보입니다.

```
> ggplot(sample[sample$date >= "2020-01-01",], aes(x = date)) +
+   geom_line(aes(y = Low))
```

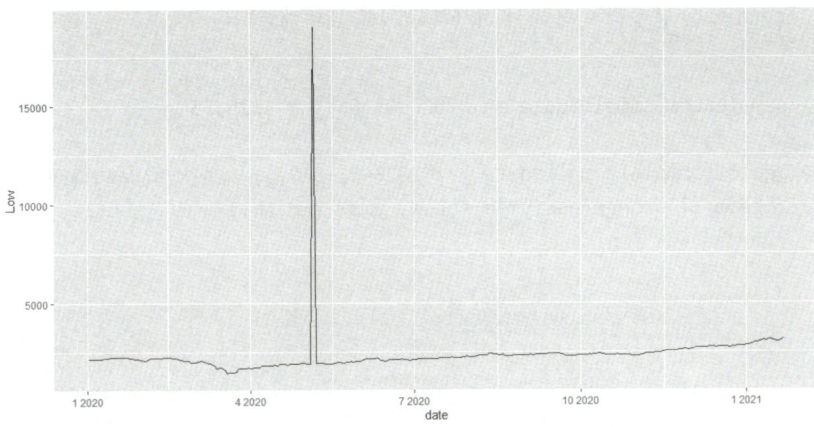

[그림 7-5] 2020년 이후 KOSPI 지수 Low 칼럼 시각화

❽ 2020년 4월 1일부터 2020년 6월 30일까지의 KOSPI 지수 데이터를 조회합니다. 아래로 내려서 살펴보면 2020년 5월 6일 Low에 19025.55로 들어온 데이터를 확인할 수 있습니다. 이때 당시 KOSPI 지수의 가장 낮은 값은 1925.55였습니다.

```
> sample[sample$date >= "2020-04-01" & sample$date <= "2020-06-30",]
          date    Open    High     Low   Close  Volume Adjusted growth
4835 2020-04-01 1737.28 1762.44  1685.37 1685.46 1243600  1685.46   down
4836 2020-04-02 1693.53 1726.76  1664.13 1724.86  766300  1724.86     up
4837 2020-04-03 1731.17 1743.91  1706.68 1725.44 1000100  1725.44   down




4856 2020-05-06 1919.45 1928.76 19025.55 1928.76 1082200  1928.76     up
4857 2020-05-07 1922.00 1938.50  1918.57 1928.61  775700  1928.61     up




4894 2020-06-29 2105.54 2120.50  2087.84 2093.48  643200  2093.48   down
4895 2020-06-30 2124.38 2134.38  2108.26 2108.33  708600  2108.33   down
```

❾ 2020년 5월 6일 발생한 KOSPI 지수의 Low 칼럼을 1925.55로 변경한 후, 2020년 1월 1일부터의 KOSPI 지수를 추출하여 시각화하겠습니다. 이때 geom_ linerange( ) 함수를 이용해서 저가와 고가를 표현해줍니다.

```
> sample$Low[sample$date == "2020-05-06"] = 1925.55

> ggplot(sample[sample$date >= "2020-01-01",], aes(x = date)) +
+   geom_linerange(aes(ymin = Low, ymax = High))
```

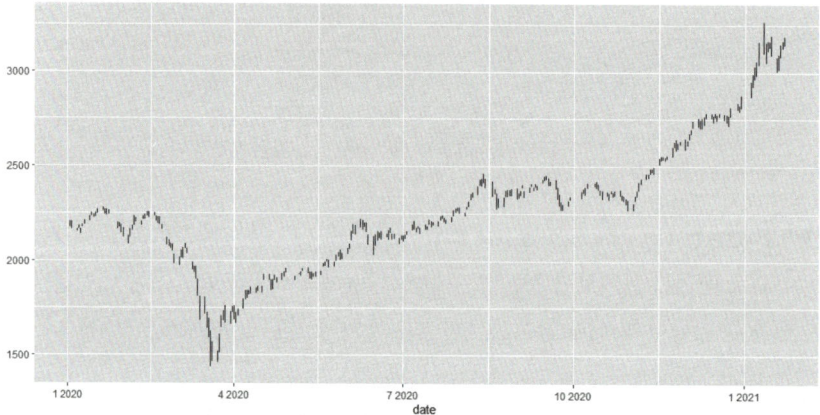

[그림 7-6] Candlestick 차트 stick 표현

❿ geom_rect( ) 함수를 이용해서 Candle을 표현하겠습니다. KOSPI 지수의 등락을 표현해주는 growth 칼럼을 이용해서 색상을 구분해줍니다.

```
> ggplot(sample[sample$date >= "2020-01-01",], aes(x = date)) +
+   geom_linerange(aes(ymin = Low, ymax = High)) +
+   geom_rect(aes(xmin = date - 0.3,
+                 xmax = date + 0.3,
+                 ymin = pmin(Open, Close),
+                 ymax = pmax(Open, Close),
+                 fill = growth))
```

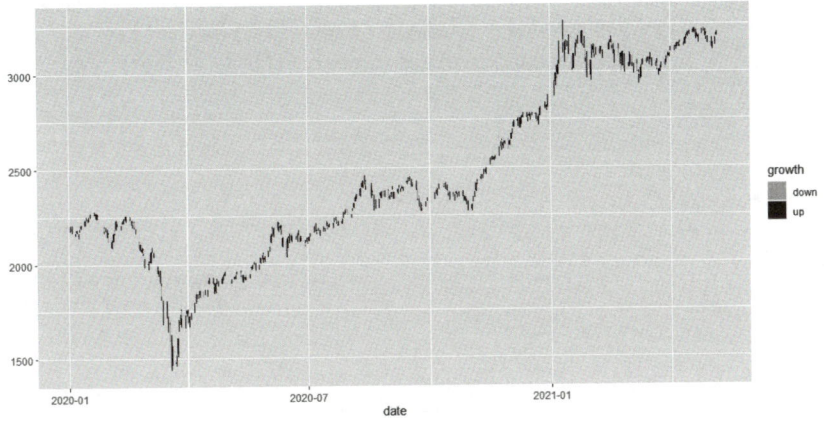

[그림 7-7] Candlestick 차트 Candle 표현

⓫ 불필요한 범례를 제거하고 테마를 보기 좋게 변경해줍니다. scale_fill_manual( ) 함수를 이용해서 캔들 색상을 변경해줍니다. 하락할 경우를 파란색으로, 상승할 경우를 빨간색으로 변경해줍니다.

```
> ggplot(sample[sample$date >= "2020-01-01",], aes(x = date)) +
+   geom_linerange(aes(ymin = Low, ymax = High)) +
+   geom_rect(aes(xmin = date - 0.3,
+                 xmax = date + 0.3,
+                 ymin = pmin(Open, Close),
+                 ymax = pmax(Open, Close),
+                 fill = growth)) +
+   guides(fill = "none") +
+   scale_fill_manual(values =c("down" = "blue", "up" = "red")) +
+   labs(
+     title = "KOSPI",
+     subtitle = "2020-01-01 ~ 2021-01-25"
+   ) +
+   theme(plot.title = element_text(face = "bold"),
+         plot.subtitle = element_text(hjust = 1),
+         axis.title = element_blank(),
+         axis.line.x.bottom = element_line(color = "grey"),
+         axis.ticks = element_line(color = "grey"),
+         axis.line.y.left = element_line(color = "grey"),
```

```
+     plot.background = element_rect(fill = "white"),
+     panel.background = element_rect(fill = "white")
+   )
```

[그림 7-8] KOSPI 시각화(20. 01. 01 ~ 21. 01. 25)

7.3 시계열 데이터 이해하기

앞에서 살펴본 KOSPI 지수 데이터는 시간에 따라 지수가 오르락내리락 변화하는 형태의 시계열 데이터입니다. 시계열 데이터는 향후 어떤 결과가 올지 미래를 예측하는 방법 중 한 가지 방법입니다. 시계열 데이터를 이용해서 미래를 예측하려면 과거의 패턴이 미래에 반복될 것이란 가정을 활용합니다. 이처럼 예측하고자 하는 시계열 데이터가 일관된 패턴이 존재하는지 혹은 장기적인 추세가 꾸준한 모양을 나타내거나 경기에 대한 사이클이나 계절성이 있는지 이해하는 것이 중요합니다.

7.3.1 시계열 데이터 분석을 위한 예측 변수

KOSPI 지수는 다양한 요인에 의해 변동됩니다. 예를 들어 금리, 통화 정책, 유가 등이 KOSPI 지수의 변화에 영향을 끼칩니다. 지수에 영향을 주는 대표적인 요인을 활용하여 KOSPI를 구성하는 간단한 설명 모델을 만들 수 있습니다.

$$KOSPI = f(금리, 통화\ 정책, 유가, 불규칙\ 요인)$$

시계열 데이터 분석에서는 과거의 시점을 가지고 미래를 예측하는 형태의 모델을 제시합니다. 어제의 KOSPI 지수는 오늘에 영향을 미치고, 그저께의 KOSPI 지수는 어제에 영향을 미치는 것입니다.

$$KOSPI_t = f(KOSPI_{t-1}, KOSPI_{t-2}, KOSPI_{t-3}, \ldots, 불규칙\ 요인)$$

가까운 미래를 예측하는 것보다 먼 미래를 예측하는 것이 훨씬 더 불확실할 것이고, 이를 바탕으로 실제 예측된 결과를 살펴보면 미래가 점점 더 멀어질수록 예측 구간도 넓어짐을 알 수 있습니다.

7.3.2 시계열의 구성 요소

시계열 분석에 앞서 시계열 데이터의 구조와 패턴을 찾아내는 것이 가장 중요합니다. 시계열 데이터는 계절성 요인(Seasonal), 추세-순환 요인(Trend-cycle), 불규칙 요인(Remainder)의 구성 요소를 가지고 있습니다.

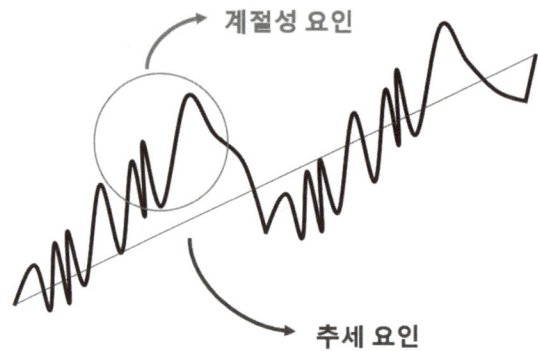

[그림 7-9] 시계열 데이터 구성 요인

- **계절성 요인**: 같은 해 혹은 같은 분기 등의 특정 기간에 유사한 패턴을 반복하는 경우를 지칭합니다. 예를 들어 아이스 아메리카노의 판매량을 살펴보면 여름에 판매량이 늘었다가 겨울에 판매량이 다소 감소하며 이러한 현상이 매년마다 반복되는 것을 계절성이라고 합니다.
- **추세-순환요인**: 주가 지수가 시간이 지남에 따라 꾸준히 상승하거나 하락하는 것을 보고 추세가 있다고 말합니다. 추세 요인은 장기적인 요인입니다. 전체적인 추세보다 작지만 예를 들어 2년에서 10년의 장기적인 변화를 보는 것을 순환요인이라고 합니다.
- **불규칙 요인**: 추세나 계절성 이외의, 변동하는 폭으로 측정하거나 예측하기 어려운 요인을 의미합니다. 우리가 생각하지 못한 나머지 영향력에 의해 변화하는 것이라고 생각하면 됩니다.

7.3.3 시도표 이해하기

시계열 데이터 분석을 시작하기 전에 가장 먼저 시도표(Time Plots)를 그려야 합니다. 앞에서 KOSPI 지수에 대한 정보를 수집하였고, ggplot( ) 함수를 이용해 시계열 데이터 시각화를 하였습니다. 해당 시도표를 살펴보면 몇 가지 주목할 만한 점들이 있습니다.

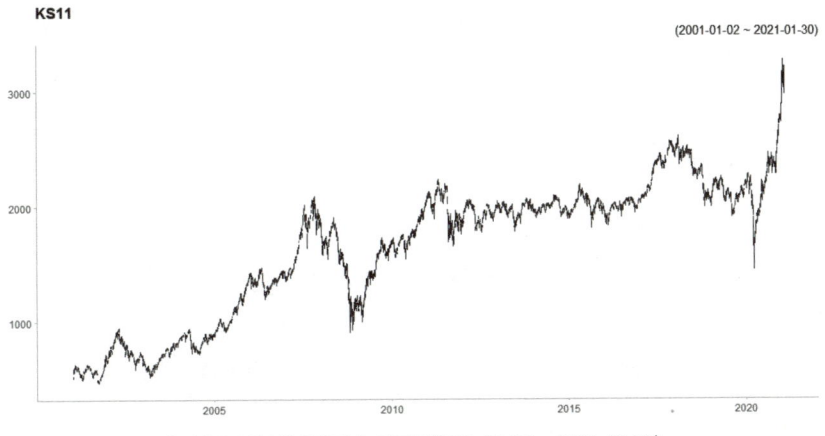

[그림 7-10] KOSPI 지수 시도표(2001-01-02 ~ 2021-01-30)

시도표를 보는 이유는 앞에서 설명한 시계열의 구성요소를 이해하고자 함입니다. 추세의 경우 [그림 7-10]을 살펴보면 2000년 이후에 꾸준히 상승하는 것을 확인할 수 있습니다.

예외적으로 KOSPI 지수는 시계열의 기본 구성과 다르게 반응한 경우가 크게 2번 발견됩니다. 꾸준히 성장하던 KOSPI지수는 2008년도에 최고점 대비 반으로 줄어든 기간이 있습니다. 이때는 2008년 9월 미국 투자은행 리먼 브라더스가 파산 신청을 함에 따라 글로벌 금융위기가 시작되었습니다.

이와 함께 전 국내에도 금융위기의 여파가 불면서 상당히 감소했음을 알 수 있습니다. 2020년도에 다시 한번 고가 최고가 대비 반으로 줄어든 기간이 있습니다. 최근 전 세계적인 코로나 바이러스 감염병의 발생으로 인해 KOSPI 지수가 감소했습니다.

[그림 7-11]부터 [그림 7-14]까지의 시도표를 살펴보면 각 주가의 시계열 구성요소를 손쉽게 파악할 수 있습니다.

[그림 7-11] 삼성증권 주가 시도표

[그림 7-12] 애플 주가 시도표

[그림 7-13] KOSPI 지수 시도표

[그림 7-14] 테슬라 주가 시도표

[그림 7-11]에서는 추세가 점점 하락하지만 [그림 7-12~14]에서는 점점 상승하는 것을 확인할 수 있습니다. [그림 7-11~14]에서는 전반적으로 계절성을 띠는 것을 확인할 수 있습니다. 시도표를 통해 어느 정도 시계열 데이터에 대한 이해를 함과 동시에 뚜렷한 추세 혹은 계절성에 대한 패턴이 있는지를 알아봄으로써 예측의 정확도가 달라질 것입니다.

7.4 stats 패키지로 KOSPI 지수 분해하기

앞서 시계열 데이터의 기본 구조는 계절성 요인(Seasonal: S_t), 추세-순환 요인(Trend-cycle: T_t), 불규칙 요인(Remainder: R_t)으로 구성된다고 배웠습니다. 이 세 가지 요소가 서로 독립적일 경우에는 덧셈으로 구성된 가법모형(Addictive Model)을 사용하는 반면에 서로 의존도가 높은 경우에는 곱셈으로 구성된 승법모형(Multiplicative Model)을 사용합니다.

$$\text{가법모형: } y_t = S_t + T_t + R_t$$

$$\text{승법모형: } y_t = S_t \times T_t \times R_t$$

현실에서는 각 요소들의 의존성이 높기 때문에 승법모형을 많이 활용합니다. 곱셈으로 연결된 승법모형은 양변에 log 함수를 취할 경우 계산하기 쉬운 가법모형으로 변환이 가능합니다.

$$\log(y_t) = \log S_t + \log T_t + \log R_t$$

다시 말해, 시계열 모형은 계절성 요인과 추세-순환 요인, 그리고 불규칙 요인으로 분해가 가능합니다. 가법 모형에서 계절성 요인을 제거할 경우 원본 데이터에서 계절성 요인을 제거하며($y_t - S_t$), 승법 모형의 경우 계절성 요인을 제거하기 위해 원본 데이터에서 계절성 요인으로 나누어(y_t / S_t) 조정된 값을 계산할 수 있습니다.

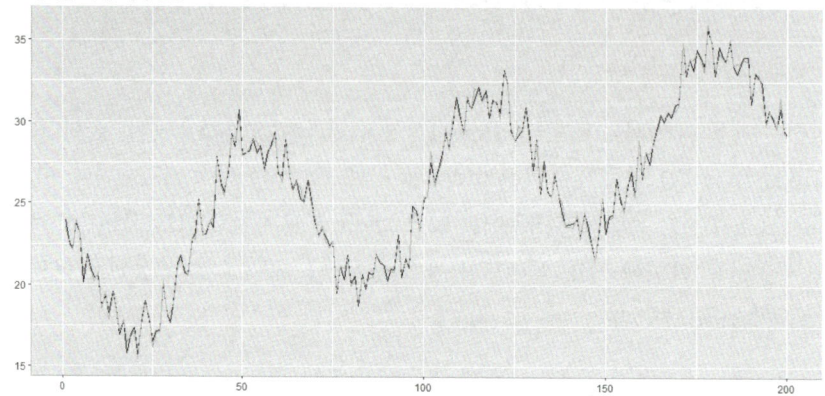

[그림 7-15] 원본 데이터(회색)와 계절성 제거 데이터(파란색)

직접 따라 하기 KOSPI 지수 분해하기

❶ quantmod 패키지를 활용하여 주가 지수를 수집하려고 합니다. 해당 패키지에 포함된 getSymbols( ) 함수는 Yahoo Finance에서 KOSPI 지수를 가져옵니다. 2001년 1월 1일부터 최근까지의 KOSPI 지수를 살펴보도록 하겠습니다.

```
> library(quantmod)

> KOSPI = getSymbols("^KS11",
+                    from = "2001-01-01",
+                    to = Sys.time(),
+                    auto.assign = FALSE)
```

❷ str( ) 함수를 이용하여 수집한 KOSPI 지수 데이터를 살펴보면 'xts' 구조임을 알 수 있습니다. 시계열을 분해하는 함수인 decompose( ) 함수는 'xts'가 아닌 'ts' 구조여야 합니다.

```
> str(KOSPI)
An 'xts' object on 2001-01-02/2021-01-29 containing:
```

```
  Data: num [1:5040, 1:6] 503 513 552 560 574 …
 - attr(*, "dimnames")=List of 2
   ..$ : NULL
   ..$ : chr [1:6] "KS11.Open" "KS11.High" "KS11.Low" "KS11.Close" …
  Indexed by objects of class: [Date] TZ: UTC
  xts Attributes:
List of 2
 $ src     : chr "yahoo"
 $ updated: POSIXct[1:1], format: "2021-01-31 15:08:47"
```

❸ KOSPI 지수의 종가를 이용해서 시계열 분해를 진행해보려고 합니다. ts( ) 함수를 이용해서 데이터 구조를 바꿔주는데, 일부 결측값이 있는 것이 보입니다. ts( ) 함수를 활용하려면 데이터에 결측값이 없어야 하므로 na.omit( ) 함수를 이용해서 제거하였습니다. 실수형 데이터로 변형시키기 위해 as.numeric( ) 함수를 사용합니다. 만약 정수형으로 변형하고 싶을 경우에는 as.integer( ) 함수를 사용하면 됩니다.

```
> KOSPI_C = na.omit(KOSPI$KS11.Close)
> KOSPI_C = as.numeric(KOSPI_C)
> ts_KOSPI_C = ts(data = KOSPI_C, frequency = 365)
```

❹ decompose( ) 함수의 옵션에는 시계열 분해를 하기 위해 가법모형을 분해하는 방법과 승법모형을 분해하는 방법을 선택할 수 있습니다. 가법모형의 경우 type 옵션에서 "additive"를 사용하고 승법모형의 경우 type 옵션에서 "multiplicative"를 사용합니다.

```
> # 가법모형 시계열 분해
> de_data_add = decompose(ts_data,
+                         type = "additive")

> # 승법 모형 시계열 분해
> de_data_multi = decompose(ts_data,
+                           type = "multiplicative")
```

str( ) 함수를 이용해서 시계열을 분해한 결과를 살펴보면 x, seasonal, trend, random, figure, type이 생성되는 것을 확인할 수 있습니다. 앞에서 설명했던 계절성 요인은 seasonal이고 추세-순환 요인은 trend입니다. 마지막으로 불규칙 요인은 random에 담겨 있습니다.

```
> str(de_data_add)
List of 6
 $ x       : Time-Series [1:4954] from 1 to 14.6: 521 521 558 581 587 ...
 $ seasonal: Time-Series [1:4954] from 1 to 14.6: -1.762 8.652 8.267 8.988 ...
 $ trend   : Time-Series [1:4954] from 1 to 14.6: NA NA NA NA NA NA NA NA ...
 $ random  : Time-Series [1:4954] from 1 to 14.6: NA NA NA NA NA NA NA NA ...
 $ figure  : num [1:365] -1.762 8.652 8.267 8.988 -0.536 ...
 $ type    : chr "additive"
 - attr(*, "class")= chr "decomposed.ts"

> str(de_data_multi)
List of 6
 $ x       : Time-Series [1:4954] from 1 to 14.6: 521 521 558 581 587 ...
 $ seasonal: Time-Series [1:4954] from 1 to 14.6: 1 1.01 1.01 1.01 1.01 ...
 $ trend   : Time-Series [1:4954] from 1 to 14.6: NA NA NA NA NA NA NA NA ...
 $ random  : Time-Series [1:4954] from 1 to 14.6: NA NA NA NA NA NA NA NA ...
 $ figure  : num [1:365] 1 1.01 1.01 1.01 1.01 ...
 $ type    : chr "multiplicative"
 - attr(*, "class")= chr "decomposed.ts"
```

❺ 분해한 시계열을 R에서 기본적으로 제공하는 시각화 함수인 plot( ) 함수를 이용해서 시각화합니다. decompose( ) 함수로 시계열을 분해한 경우에는 결과값이 list의 데이터 구조로 출력되기 때문에 ggplot( )을 활용할 수 없습니다.

```
# 가법모형 시계열 분해 시각화
> plot(de_data_add)

# 승법모형 시계열 분해 시각화
> plot(de_data_multi)
```

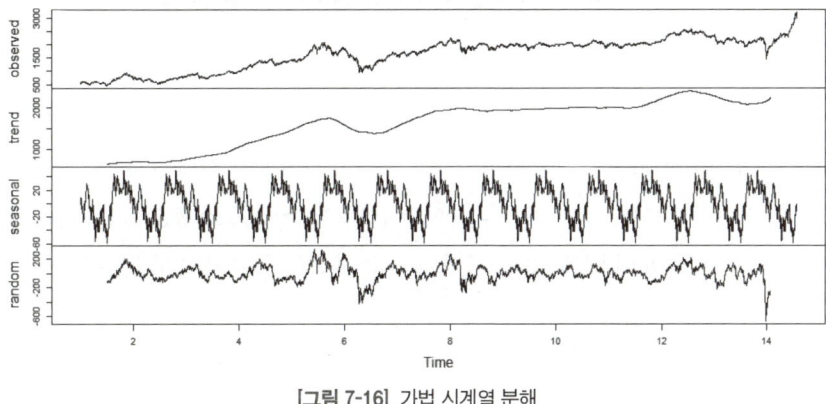

[그림 7-16] 가법 시계열 분해

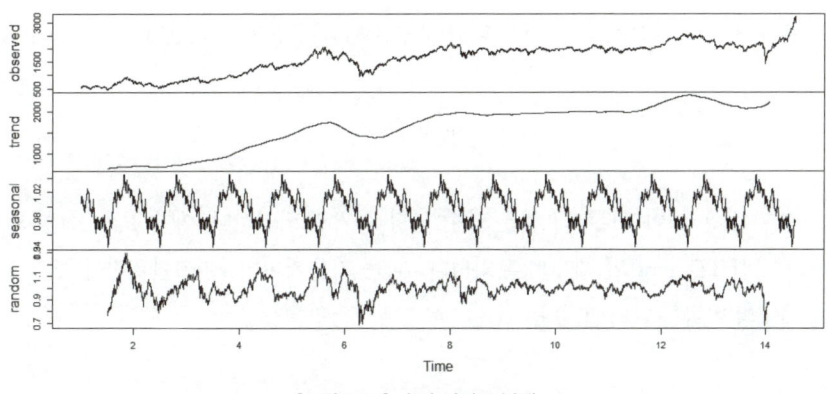

[그림 7-17] 승법 시계열 분해

decompose( )를 이용한 고전적인 시계열 분해 방법에는 몇 가지 이슈가 있습니다. 앞부분과 끝부분의 추세를 추정하지 못하고 [그림 7-16]과 [그림 7-17]과 같이 추세-순환 요인을 굉장히 부드럽게 추정하도록 합니다. 계절성 요인은 기본적으로 '한 해를 기준으로 반복해서 발생한다'고 가정합니다. 한 해에 발생하는 데이터가 반복적으로 발생되는 경우의 시계열 데이터라면 효과적이라고 할 수 있으나, 일상 생활에서는 매해마다 반복적으로 발생하기란 쉽지 않습니다.

7.5 forecast 패키지로 시계열 회귀 모형 만들기

시계열 회귀 모형을 이해하기에 앞서 회귀 모형(Regression Model)의 기본적인 내용을 이해해야 합니다. 시계열 회귀 모형은 회귀 모형의 기본 원리를 활용해서 만들기 때문입니다. 회귀 모형은 한 개 이상의 독립 변수(Dependent Variable)가 종속 변수(Independent Variable)에 얼마나 영향을 주는지 알기 위한 분석 모형입니다.

7.5.1 단순 선형 회귀

독립 변수(x_t)의 개수가 한 개일 경우 단순 선형 회귀(Simple Linear Regression)라고 부릅니다. 일반화된 단순 선형 회귀 모형을 다음과 같이 표현합니다.

$$y_t = \beta_0 + \beta_1 x_t + \varepsilon_t$$

[그림 7-18]은 데이터로부터 얻은 단순 선형 회귀 모형입니다. 계수 β_0는 선형 회귀의 절편으로 $x=0$일 때 y의 값입니다. β_1는 기울기이며 x가 1단위만큼 증가했을 때 y의 변화를 나타냅니다.

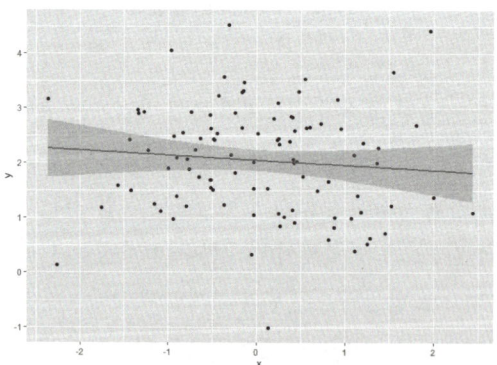

[그림 7-18] 단순 선형 회귀 모형

7.5.2 다중 선형 회귀

두 개 이상의 독립 변수가 있을 경우에는 다중 선형 회귀(Multiple Linear Regression)라고 부릅니다. 일반화된 다중 선형 회귀 모형을 다음과 같이 표현합니다.

$$y_t = \beta_0 + \beta_1 x_1 + \beta_2 x_2 + \cdots + \beta_t x_t + \varepsilon_t$$

종속 변수 y는 x_1, x_1, ..., x_t까지의 다양한 독립 변수에 영향을 받습니다. 영향력의 차이는 계수 β_1, β_1, ..., β_t에 따라 효과가 다르게 나타납니다.

[그림 7-19]는 KOSPI 지수를 예측할 만한 독립 변수를 나타냈습니다. 남성과 여성의 고용률, 소비자물가지수, 남성과 여성의 실업률을 독립 변수로 활용해서 예측이 가능한지 판단해보도록 하겠습니다.

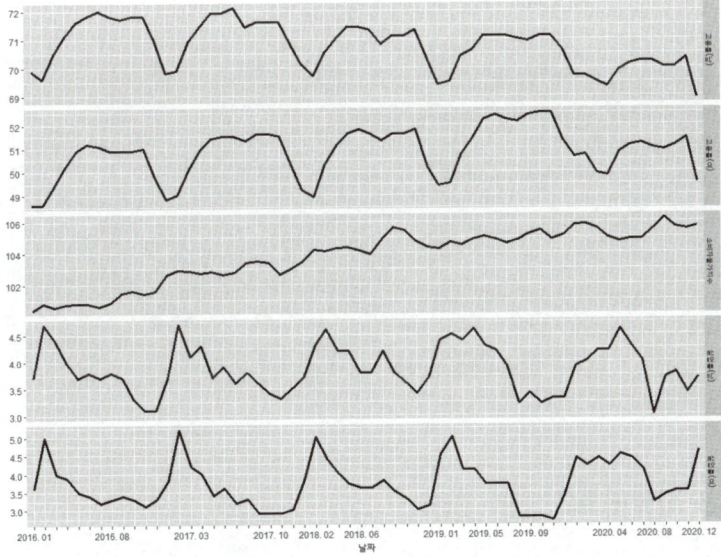

[그림 7-19] 고용률(남과 여), 소비자물가지수, 실업률(남과 여)의 변화

[그림7-20]은 KOSPI 지수와 독립 변수와의 관계를 확인하기 위한 산점도 행렬입니

다. 오른쪽 윗부분은 지표 간의 상관계수(Correlation Coefficient)가 표시됩니다. KS11.Close(KOSPI 지수 종가)는 거의 대부분의 독립 변수와 관계가 없는 것으로 나타났으며, 소비자물가지수만 상관 계수가 0.28로 나타나는 것을 확인할 수 있습니다.

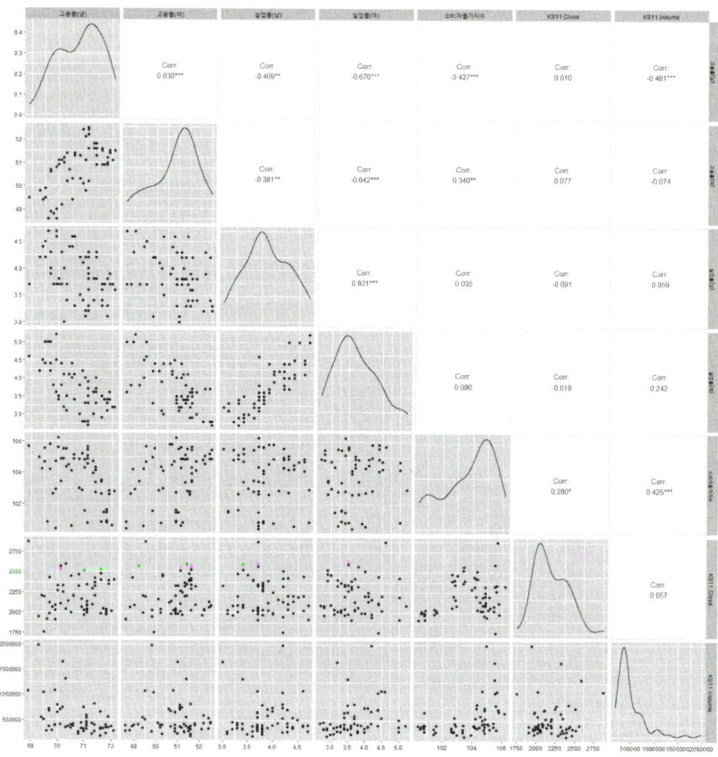

[그림 7-20] KOSPI 지수와 5가지 독립 변수

7.5.3 적절한 독립 변수

시계열 데이터에 회귀 모형을 적용하기 위해서는 몇 가지 유의미한 독립 변수가 필요합니다. 기본적으로 시계열 데이터의 기본적인 독립 변수는 추세 요인과 계절성 요인이 포함되어 있습니다.

$$y_t = \beta_0 + \beta_1 \left(추세\ 요인 \right)_t + \beta_2 \left(계절성\ 요인 \right)_t + \varepsilon_t$$

시계열 회귀 모형이기 때문에 t = 1, ..., T(시간)를 의미합니다. forecast 패키지에 포함된 tslm( ) 함수를 이용하여 추세-순환 요인(trend)과 계절성 요인(Season)에 의해 영향을 받는 시계열 모형을 만들 수 있습니다.

직접 따라 하기: KOSPI 지수 시계열 회귀 모형 만들기1(추세 요인 반영하기)

❶ getSymbols( ) 함수를 활용하여 약 1년간(20년 1월 1일부터 21년 1월 31일)의 KOSPI 지수를 불러오도록 합니다. Yahoo Finance에서의 KOSPI 지수 Symbol은 "^KS11"입니다. from 옵션에 "2020-01-01"을, to 옵션에 "2021-01-31"을 입력하여 기간을 설정할 수 있습니다. auto.assign 옵션은 기본적으로 참(TRUE)로 설정되어 있습니다. Symbol 명으로 바로 할당하도록 만들어진 함수이기 때문에 해당 옵션을 False로 만들어주고 KOSPI라는 새로운 객체명에 할당하도록 합니다.

```
> KOSPI = getSymbols("^KS11",
+                    from = "2020-01-01",
+                    to = "2021-01-31",
+                    auto.assign = FALSE)
```

❷ 할당된 KOSPI 객체를 살펴보면 시가와 종가, 장중 저가 및 고가, 거래량과 조정된 지수가 나타나는 것을 확인할 수 있습니다.

```
> head(KOSPI)
           KS11.Open KS11.High KS11.Low KS11.Close KS11.Volume KS11.Adjusted
2020-01-02   2201.21   2202.32  2171.84    2175.17      494700       2175.17
2020-01-03   2192.58   2203.38  2165.39    2176.46      631600       2176.46
2020-01-06   2154.97   2164.42  2149.95    2155.07      592700       2155.07
2020-01-07   2166.60   2181.62  2164.27    2175.54      568200       2175.54
2020-01-08   2156.27   2162.32  2137.72    2151.31      913800       2151.31
2020-01-09   2182.20   2186.45  2172.16    2186.45      592600       2186.45
```

❸ KOSPI 지수의 종가인 KS11.Close 데이터를 이용하여 시도표를 작성한 후 추세와 계절성 요인을 확인하도록 합니다.

```
> ggplot(KOSPI, aes(x = time(KOSPI), y = KS11.Close)) +
+    geom_line()
```

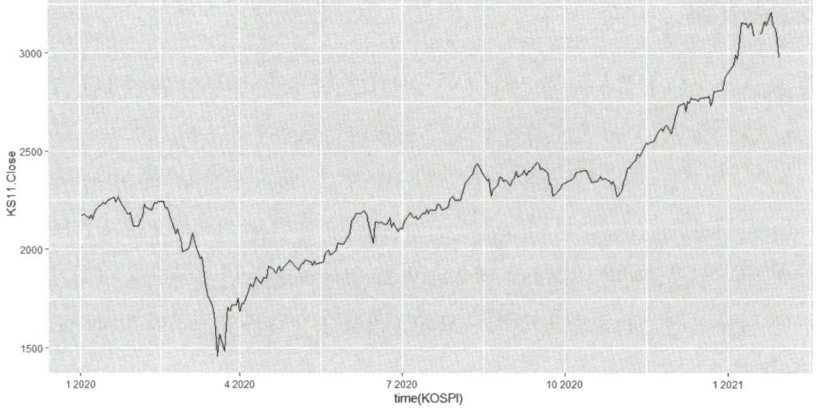

[그림 7-21] KOSPI 지수 시도표

❹ 할당된 KOSPI 객체는 xts 형식의 시계열 데이터이며, tslm( ) 함수를 활용하려면 데이터 구조를 ts 형식으로 변경해주어야 합니다. KOSPI 지수의 종가로 ts( ) 함수를 이용해서 구조를 변경하도록 하겠습니다.

frequency 옵션은 다양하게 설정이 가능한데, 계절성이 반복되는 주기를 세팅해주면 됩니다. 예를 들어 일별 데이터를 이용해 시계열 데이터 분석을 하는 상황입니다. 요일별로 계절성이 반복될 경우에는 frequency를 7로 설정해줍니다. 반면에 월별 데이터를 이용해 시계열 데이터 분석을 진행하는 경우, 계절성이 1년에 한 번씩 반복된다면 frequency를 4로 설정하면 됩니다.

```
> ts_data = ts(data = as.numeric(KOSPI$KS11.Close),
+              frequency = 5)
```

❺ 추세를 독립 변수로 활용한 시계열 회귀 모형을 만들어보도록 하겠습니다. tslm( ) 함수를 사용하기 위해 forecast 패키지를 불러와 tslm(y ~ x) 형태의 시계열 회귀 모형을 만듭니다. fit_lm을 실행시켜보면 간단하게 모형의 구조와 계수를 보여주는 것을 알 수 있습니다.

```
> library(forecast)
> fit_lm = tslm(ts_data ~ trend)
> fit_lm

Call:
tslm(formula = ts_data ~ trend)

Coefficients:
(Intercept)        trend
   1798.36         3.61
```

❻ 자세하게 확인하고자 summary( ) 함수를 이용할 수 있으며, fit_lm을 실행한 결과와 동일하게 시계열 회귀 모형과 각 계수들이 공통적으로 나타납니다. 이 외에도 적합한 이후 잔차에 대한 통계 요약과 계수에 대해 추정한 결과를 제시할 수 있는 통계적 검정 결과도 함께 보여줍니다.

```
> summary(fit_lm)

Call:
tslm(formula = ts_data ~ trend)

Residuals:
    Min      1Q  Median      3Q     Max
-535.65 -144.41  -51.66  108.95  457.63

Coefficients:
             Estimate Std. Error t value Pr(>|t|)
(Intercept) 1798.3630    25.6521   70.11   <2e-16 ***
trend          3.6098     0.1659   21.76   <2e-16 ***
```

```
---
Signif. codes:  0 '***' 0.001 '**' 0.01 '*' 0.05 '.' 0.1 ' ' 1

Residual standard error: 209.1 on 265 degrees of freedom
  (1 observation deleted due to missingness)
Multiple R-squared:  0.6412,	Adjusted R-squared:  0.6398
F-statistic: 473.6 on 1 and 265 DF,  p-value: < 2.2e-16
```

❼ 앞서 작성했던 시도표 위에, 추세를 독립 변수로 활용한 시계열 회귀 모형을 적합한 선을 이용해 함께 그려줍니다. forecast( ) 함수를 이용하여 향후 20일 동안의 KOSPI 지수를 예측하고 시각화합니다. 이때, geom_ribbon( ) 함수의 alpha 값을 조절하여 95% 신뢰구간의 범위와 80% 신뢰구간을 같이 표현해줍니다.

```
> ggplot(KOSPI, aes(x = time(KOSPI), y = KS11.Close)) +
+    geom_line() +
+    geom_line(y = fit_lm$fitted.values, color = "grey")
```

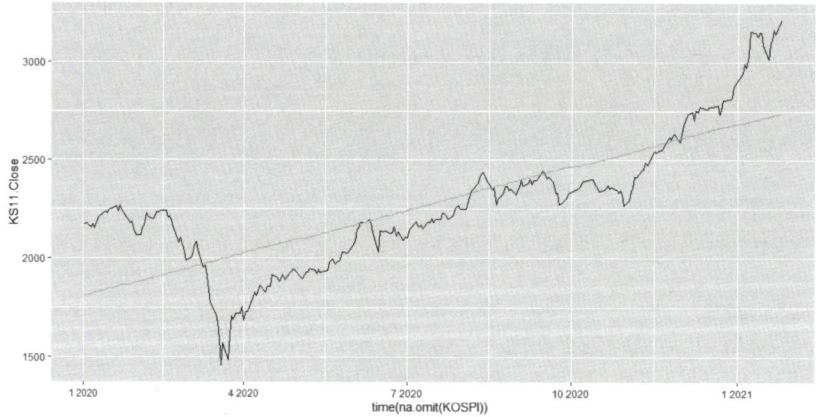

[그림 7-22] KOSPI 지수에 시계열 회귀모형을 적합한 시도표

```
> pred = data.frame(forecast(fit_lm, h = 20),
+                   stringsAsFactors = FALSE)
> ggplot(pred, aes(x = index(pred), y = Point.Forecast)) +
+   geom_line() +
+   geom_ribbon(aes(ymin = Lo.95, ymax = Hi.95), alpha = 0.25) +
+   geom_ribbon(aes(ymin = Lo.80, ymax = Hi.80), alpha = 0.5)
```

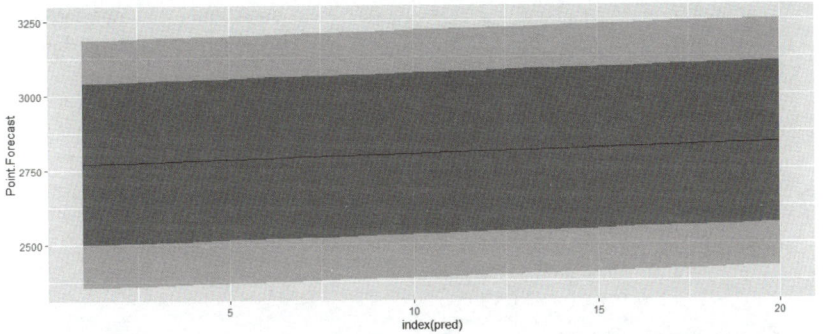

[그림 7-23] 예측 결과 시각화

🔍 직접 따라 하기 KOSPI 지수 시계열 회귀 모형 만들기2(계절성 요인 반영하기)

❶ 수집한 KOSPI 지수의 frequency를 적절하게 입력한 후 ts( ) 유형의 데이터로 변환하도록 합니다. 월별 계절성을 반영하기 위해서 frequency에 12를 설정해 줍니다.

```
> ts_data = ts(data = as.numeric(KOSPI$KS11.Close),
+              frequency = 12)
```

❷ 추세와 계절성 요인을 독립 변수로 활용하여 시계열 회귀 모델을 만들어보도록 하겠습니다. forecast 패키지를 불러오고, tslm( ) 함수를 이용합니다.

```
> library(forecast)
> fitted = tslm(ts_data ~ trend + season)
```

```
> fitted

Call:
tslm(formula = ts_data ~ trend + season)

Coefficients:
(Intercept)         trend       season2       season3       season4
   1825.338         3.606       -11.748       -29.522       -40.324
    season5       season6       season7       season8       season9
    -50.906       -40.184       -49.143       -30.461       -18.983
   season10      season11      season12
    -11.480       -21.073       -15.556
```

❸ summary( ) 함수를 활용하여 적합한 시계열 회귀 모델이 적절한지 자세하게 살펴봅니다.

```
> summary(fitted)

Call:
tslm(formula = ts_data ~ trend + season)

Residuals:
    Min      1Q  Median      3Q     Max
-522.23 -137.89  -51.19  120.67  448.80

Coefficients:
             Estimate Std. Error t value Pr(>|t|)
(Intercept) 1825.3383    49.7746  36.672   <2e-16 ***
trend          3.6058     0.1691  21.326   <2e-16 ***
season2      -11.7475    62.7985  -0.187    0.852
season3      -29.5225    62.7992  -0.470    0.639
season4      -40.3244    62.8003  -0.642    0.521
season5      -50.9063    63.5088  -0.802    0.424
season6      -40.1844    63.5081  -0.633    0.527
season7      -49.1428    64.2841  -0.764    0.445
season8      -30.4607    63.5081  -0.480    0.632
season9      -18.9829    63.5088  -0.299    0.765
```

```
season10        -11.4800      63.5099    -0.181      0.857
season11        -21.0726      63.5115    -0.332      0.740
season12        -15.5562      63.5135    -0.245      0.807
---
Signif. codes:  0 '***' 0.001 '**' 0.01 '*' 0.05 '.' 0.1 ' ' 1

Residual standard error: 213 on 254 degrees of freedom
  (1 observation deleted due to missingness)
Multiple R-squared:  0.6432,    Adjusted R-squared:  0.6263
F-statistic: 38.15 on 12 and 254 DF,  p-value: < 2.2e-16
```

❹ 시도표 위에 추세와 계절성 요인을 독립 변수로 활용한 시계열 회귀 모형을 적합한 선을 이용해 함께 그려줍니다. forecast( ) 함수를 이용하여 향후 20일 동안의 KOSPI 지수를 예측하고 시각화해보겠습니다.

```
> ggplot(KOSPI, aes(x = time(KOSPI), y = KS11.Close)) +
+   geom_line() +
+   geom_line(y = fitted$fitted.values, color = "grey")
```

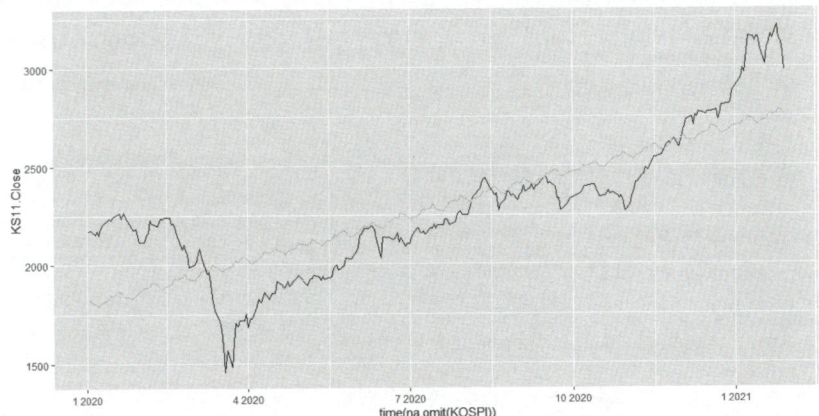

[그림 7-24] 추세와 계절성 요인을 독립 변수로 활용한 시계열 회귀 모형 적합

독립 변수가 연속형 변수일 경우에는 추세 요인과 계절형 요인을 하나의 독립 변

수로 추가하여 시계열 회귀 모형을 구성하면 됩니다. 만약에 우리가 가지고 있는 독립 변수가 "yes"와 "no"의 두 가지 값만 가진다거나 1등급, 2등급, 3등급, 4등급과 같이 범주형 변수일 경우에는 가변수를 활용합니다.

> 🔍 **직접 따라 하기**   **KOSPI 지수 시계열 회귀 모형 만들기3(가변수 활용하기)**

❶ 가변수를 활용하여 시계열 회귀 모형을 만들어보도록 하겠습니다. KOSPI 지수 종가 데이터를 불러온 후 ts( ) 함수를 이용하여 ts 형식의 데이터로 변환합니다. time( )를 이용하여 ts_data 시점을 t 객체에 입력합니다. 새로 생성한 t 객체는 추세를 대신할 가변수로 활용할 수 있습니다.

```
> ts_data = ts(data = as.numeric(KOSPI$KS11.Close),
+              frequency = 20)
> t = time(ts_data)
```

❷ 계절성이나 특정 시점을 잡기 위한 가변수를 만들어줍니다. 2020년 3월 코로나로 KOSPI 지수가 급격하게 떨어진 시점이 있습니다. 해당 시점의 데이터를 0으로 맞추고 나머지는 그대로 둡니다. 이렇게 만들어진 가변수를 ts 형식 데이터로 변형해줍니다.

```
> t.break = data.frame(t, ts_data)
> t.break[t.break$t < 3.65,] = 0
> t.break[t.break$t > 3.75,] = 0
> tb1 = ts(t.break$t, frequency = 20)
```

❸ tslm( ) 함수를 이용하여 t 객체와 새롭게 생성한 가변수 tb1을 이용하여 시계열 회귀 모형을 생성합니다. 기존의 가변수는 선형 추세를 시계열에 적합하는 방식이었다면, 비선형 추세를 적합하기 위해 2차 함수를 활용합니다. 이를 이용하여 tslm( ) 함수 안에 KOSPI 지수와 시간과의 관계에 2차, 3차 등을 활용하여 모델을

생성할 수 있습니다. 비선형 모델을 생성할 때 I( ) 함수를 사용해야 합니다.

```
> fit.t = tslm(ts_data ~ t)
> AIC(fit.t)
[1] 3615.228

> fit.tb = tslm(ts_data ~ t + I(t^2) + I(t^3) + I(tb1^3))
> AIC(fit.tb)
[1] 3336.282
```

❹ 가변수를 활용한 시계열 회귀 모형을 시도표로 작성하도록 하겠습니다. t를 이용해서 만든 시계열 회귀 모형은 노란색으로, 가변수를 활용해서 만든 시계열 회귀 모형은 파란색으로 표현하였습니다.

```
> ggplot(ts_data, aes(x = time(ts_data))) +
+   geom_line(aes(y = ts_data)) +
+   geom_line(aes(y = fit.t$fitted.values),
+             color = "#7f7f7f", size = 1) +
+   geom_line(aes(y = fit.tb$fitted.values),
+             color = "#bcbcbc")
```

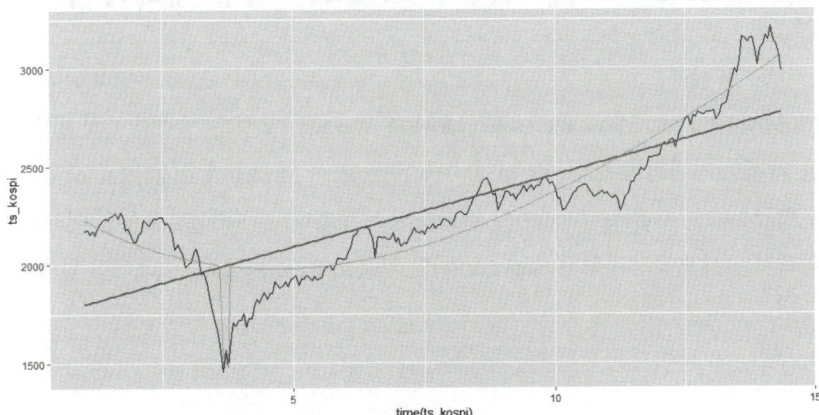

[그림 7-25] 가변수를 활용한 시계열 회귀 모형

❺ 가변수를 이용해서 생성한 모델의 경우에는 forecast( ) 함수를 이용해서 예측하기 위해 데이터 유형을 변경해주어야 합니다.

```
> new = data.frame(t = t[length(t)] + seq(1, by = 0.05, length.out = 20))
> forecast(fit.t, newdata = new)
      Point Forecast    Lo 80     Hi 80     Lo 95     Hi 95
14.35        2834.598 2563.248 3105.948 2418.739 3250.457
14.40        2838.209 2566.833 3109.585 2422.310 3254.107
14.45        2841.819 2570.417 3113.221 2425.881 3257.757



15.30        2903.196 2631.328 3175.065 2486.543 3319.849
```

시계열 회귀 모형을 만드는 과정에서 가변수를 과도하게 사용할 경우 과적합이 발생할 수 있습니다. 결과적으로 부정확한 예측값이 나타날 수 있기 때문에 적절한 형태의 모델을 생성하는 것이 가장 중요합니다.

7.6 auto.arima를 이용하여 KOSPI 지수 예측하기

ARIMA(Auto-regressive Integrated Moving Average) 모형은 시계열 분석 방법 중 한 가지로 자기회귀 모형(AR 모형: Autoregressive Model)과 이동 평균 모형(MA 모형: Moving Average Model)의 일반화된 모형입니다. ARIMA 모형을 이해하기 위해서는 시계열의 정상성(Stationarity)과 차분(Differencing)을 이해해야 합니다.

7.6.1 정상성과 차분

정상성은 시간의 흐름에 영향을 받지 않습니다. 즉, 계절성이나 추세가 있는 시계열은 정상성을 나타내는 시계열이 아닙니다. 정상성이 있는 시계열의 경우에는 시간에 따라 평평하게 변화하면서 일정한 분산을 가지고 있습니다. 그런 관점에서 (1), (3), (4), (5), (6), (7)은 추세가 나타나기 때문에 정상성을 가지고 있다고 보기 어렵습니다. 반면에 (2) 정도만 정상성을 가지고 있다고 볼 수 있습니다.

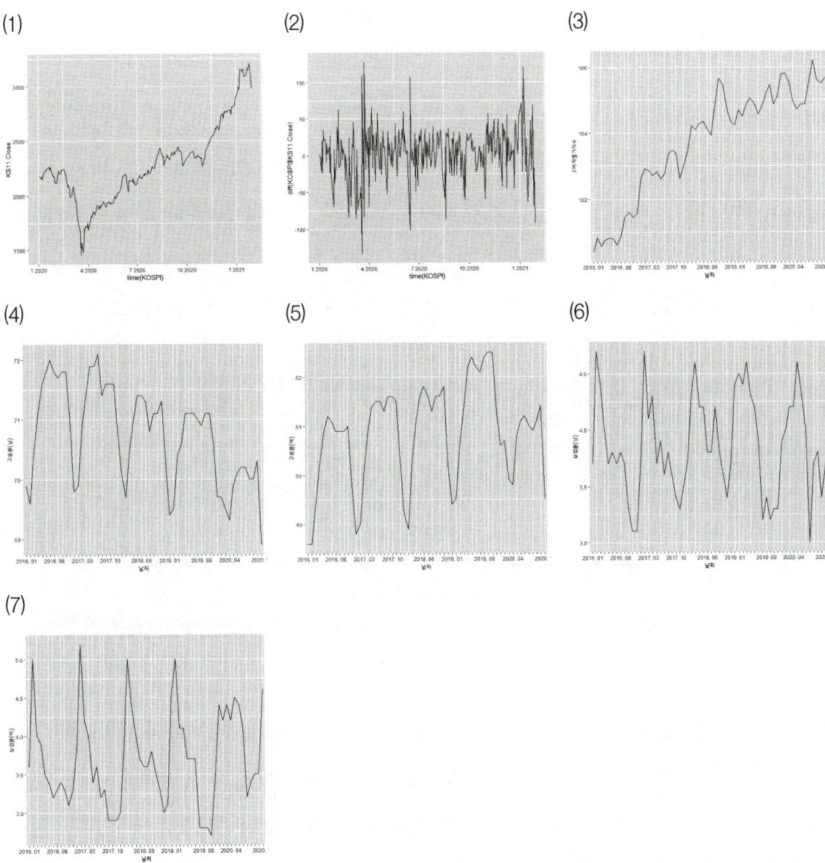

[그림 7-26] (1) KOSPI 지수, (2) KOSPI 지수 일일 변동, (3) 소비자물가지수, (4) 고용률(남), (5) 고용률(여), (6) 실업률(남), (7) 실업률(여)

차분은 정상성이 없는 시계열에 정상성을 나타낼 수 있도록 만드는 방법 중 한 가지로 로그 변환과 같이 시계열의 분산에 대한 변화를 일정하게 유지하는 역할을 합니다. 차분을 계산하는 방법은 전 시점과 다음 시점의 차이를 계산합니다.

$$y'_t = y_t - y_{t-1}$$

[그림 7-26]의 (2) KOSPI 지수 일일 변동 시각화는 위의 공식에 맞춰 1차 차분을 수행한 결과입니다. 마치 추세가 없고 분산이 일정한 형태의 백색 잡음(White Noise) 시계열처럼 보입니다. 즉, 정상성이 있는 시계열임을 시도표를 통해 확인할 수 있습니다.

정상성을 확인하는 다른 방법 중 자기상관함수(Auto Correlation Function; ACF)를 확인합니다. [그림 7-27]은 KOSPI 데이터로 ACF 함수를 확인한 결과이고, [그림 7-28]은 차분을 수행한 KOSPI 데이터의 ACF 함수를 확인한 결과입니다. 정상성이 나타나는 시계열은 ACF가 0으로 비교적 빠르게 떨어지는 것을 볼 수 있습니다.

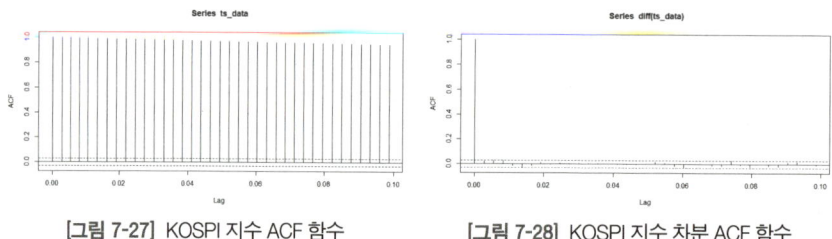

[그림 7-27] KOSPI 지수 ACF 함수　　　　[그림 7-28] KOSPI 지수 차분 ACF 함수

단위근 검정(Unit Root Tests)을 통해 차분을 할지, 그렇다면 얼마나 많이 해야 할지 판단을 합니다. 단위근 검정을 수행하기 위해 urca 패키지를 활용합니다. 패키지에는 단위근을 검정하기 위한 다양한 함수들이 존재합니다. 그중에서 가장 많이 사용하는 KPSS 단위근 검정을 사용하겠습니다.

직접 따라 하기 | 단위근 검정하기

❶ 단위근 검정을 하기 위해 urca 패키지를 불러옵니다. 설치가 필요한 경우에는 install.packages( ) 함수를 이용해서 urca 패키지를 설치합니다.

```
> library(urca)
```

❷ 먼저 KOSPI 지수의 차분이 필요한지 검토하기 위해 KOSPI 지수를 불러옵니다. 다음으로 KOSPI 지수의 종가 데이터를 ts 형식으로 가공합니다.

```
> KOSPI = getSymbols("^KS11",
+                    from = "2020-01-01",
+                    to = "2021-01-31",
+                    auto.assign = FALSE)
> ts_kospi = ts(as.numeric(KOSPI$KS11.Close), frequency = 20)
```

❸ KPSS 검정법을 이용해서 KOSPI 지수의 단위근 검정을 수행합니다. KSPP 검정법은 ur.kpss( ) 함수를 사용합니다.

```
> ur_test = ur.kpss(ts_kospi)

> summary(ur_test)

#######################
# KPSS Unit Root Test #
#######################

Test is of type: mu with 5 lags.

Value of test-statistic is: 3.2156

Critical value for a significance level of:
                10pct  5pct 2.5pct  1pct
critical values 0.347 0.463  0.574 0.739
```

❹ 단위근 검정 결과 3.2153으로 유의수준 0.05보다 크기 때문에 차분이 필요합니다. diff( ) 함수를 이용해서 1차 차분을 하고 다시 KPSS 검정법을 이용한 단위근 검정을 진행해보겠습니다. 1차 차분을 수행하였음에도 유의수준 0.05보다 크기 때문에 2차까지 수행합니다.

```
> dif_1 = diff(ts_kospi, differences = 1)
> ur_test2 = ur.kpss(dif_1)
> ur_test2

#######################################
# KPSS Unit Root / Cointegration Test #
#######################################

The value of the test statistic is: 0.2777
```

❺ 2차 차분을 수행하였음에도 단위근 검정을 수행한 결과 검정통계량이 0.0937로 나타났습니다. 유의수준 0.05보다 크기 때문에 3차 차분을 수행합니다.

```
> dif_2 = diff(ts_kospi, differences = 2)
> ur_test3 = ur.kpss(dif_2)
> summary(ur_test3)

#######################
# KPSS Unit Root Test #
#######################

Test is of type: mu with 5 lags.

Value of test-statistic is: 0.0937

Critical value for a significance level of:
                10pct  5pct 2.5pct  1pct
critical values 0.347 0.463  0.574 0.739
```

❻ 시계열 데이터의 분산을 줄이기 위해 로그 변환을 수행하고 차분을 진행하겠습니다. 로그 변환을 하기 위해서 log( ) 함수를 활용합니다. 로그 변환 후 2차 차분을 수행한 결과를 살펴보면 검정통계량은 0.0491로 유의수준 0.01보다 높게 나타났기 때문에 한 번 더 차분할 필요는 있으나, 차분을 많이 한다고 해서 좋은 모형이 만들어지는 것은 아닙니다.

```
> log_dif_2 = diff(log(ts_kospi), differences = 2)
> ur_test4 = ur.kpss(log_dif_2)
> summary(ur_test4)

#######################
# KPSS Unit Root Test #
#######################

Test is of type: mu with 5 lags.

Value of test-statistic is: 0.0491

Critical value for a significance level of:
                10pct  5pct 2.5pct  1pct
critical values 0.347 0.463  0.574 0.739
```

7.6.2 auto.arima 활용하기

R에서 auto.arima( )는 예측하고자 하는 시계열 데이터에 맞는 최적의 ARIMA 모형을 제안합니다. auto.arima( )는 차분이나 AIC, BIC 등을 활용해서 만들어진 효과적인 알고리즘으로, arima( ) 함수를 이용해서 적절한 적합 모형을 찾는 것보다 빠르다는 강점이 있습니다. 이러한 auto.arima( ) 함수는 forecast 패키지를 설치해야 사용이 가능합니다.

ARIMA 모델링하기

❶ 7.5.3 적절한 독립 변수에서 시계열 회귀 모형을 만들었던 것처럼 ts_kospi 데이터를 시도표로 나타냅니다.

```
> ggplot(ts_kospi, aes(x = time(ts_kospi))) +
+    geom_line(aes(y = ts_kospi))
```

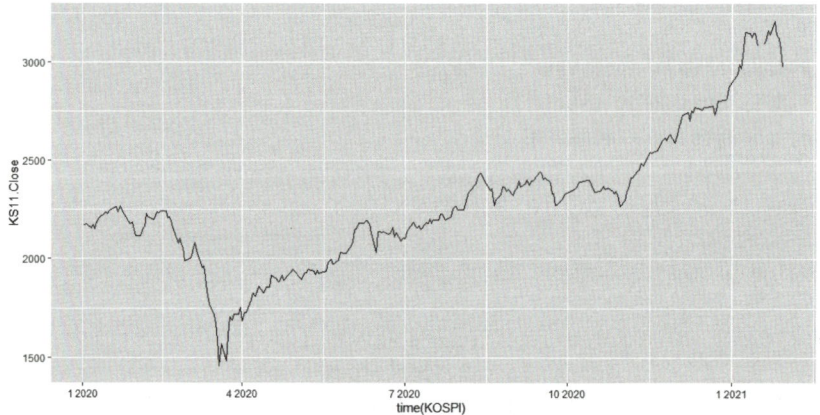

[그림 7-29] KOSPI 지수 시도표

❷ forecast 패키지의 auto.arima( ) 함수를 이용하여 모델을 적합하도록 합니다. 만약 forecast 패키지가 설치되어 있지 않을 경우에는 install.packages( ) 함수를 이용하여 설치합니다.

```
> library(forecast)
> fit = auto.arima(ts_kospi)
```

❸ 적합한 ARIMA 모형을 불러와서 상세 항목들을 확인합니다. auto.arima( ) 함수에서 시계열 데이터에 이상적인 ARIMA 모형을 제시하였습니다. ARIMA (0,1,3) 는 1차 차분을 한 3차 이동 평균 모형을 의미합니다.

```
> fit
Series: ts_kospi
ARIMA(0,1,3)

Coefficients:
          ma1     ma2     ma3
      -0.0012  0.1652  0.1161
s.e.   0.0615  0.0573  0.0653

sigma^2 estimated as 1279:  log likelihood=-1327.75
AIC=2663.5   AICc=2663.65   BIC=2677.84
```

❹ 잔차는 모델의 적합성을 판단하는 중요한 역할을 합니다. 시계열 모델을 만들고 난 후 잔차를 확인했을 때 자기상관이 없어야 하며, 잔차의 평균은 0이어야 합니다. 만약에 자기상관이 있을 경우에는 잔차에 아직도 정보가 더 남아 있다고 할 수 있으며, 잔차의 평균이 0이 아닐 경우에는 예측값이 한쪽으로 편향됩니다. 이를 확인하기 위해서 checkresiduals( ) 함수를 사용합니다. checkresiduals( ) 함수는 적합한 모형의 자기상관이 있는지 없는지 판단하기 위한 Ljung-Box 검정을 수행하며, 잔차에 대한 시각화 자료를 함께 제공합니다.

```
> checkresiduals(fit)

        Ljung-Box test

data:  Residuals from ARIMA(0,1,3)
Q* = 22.838, df = 37, p-value = 0.9672

Model df: 3.   Total lags used: 40
```

checkresiduals( ) 함수를 이용한 Ljung-Box 검정 결과 p-value가 0.9672로 자기상관이 없는 것으로 나타났으며, ACF 그래프를 살펴봤을 때 특정 범위 내에서 ACF값이 변화하는 것을 확인할 수 있습니다. 잔차의 특성 중에 평균이 0이어야 예측값을 편향 없이 예측할 수 있기 때문에 잔차의 히스토그램을 살펴봅니다. 단, 한 가지의 모델을 두고 평가하기보다는 다른 모델과 함께 비교하며 한 가지 모델을 선택해야 합니다.

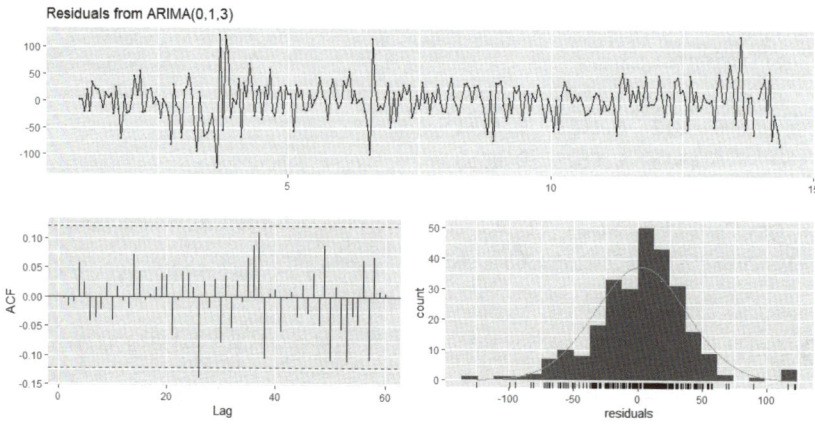

[그림 7-30] ARIMA(0, 1, 3) 모델 적합 시 잔차

❺ forecast( ) 함수를 이용하여 앞으로 다가올 5일간을 예측해보겠습니다. h 옵션에 수를 넣으면 해당 숫자만큼 미래를 예측하게 됩니다. ggplot( ) 함수를 이용해서 시각화합니다.

```
> fore = data.frame(forecast(fit, h = 5))
> fore
      Point Forecast    Lo 80    Hi 80    Lo 95    Hi 95
14.40        2965.413 2919.589 3011.237 2895.331 3035.495
14.45        2946.410 2881.642 3011.178 2847.356 3045.464
14.50        2937.035 2853.129 3020.942 2808.711 3065.359
14.55        2937.035 2834.656 3039.414 2780.460 3093.610
14.60        2937.035 2819.041 3055.029 2756.579 3117.491

> ggplot(fore, aes(x = index(fore), y = Point.Forecast)) +
+   geom_line() +
+   geom_ribbon(aes(ymin = Lo.95, ymax = Hi.95), alpha = 0.25) +
+   geom_ribbon(aes(ymin = Lo.80, ymax = Hi.80), alpha = 0.5)
```

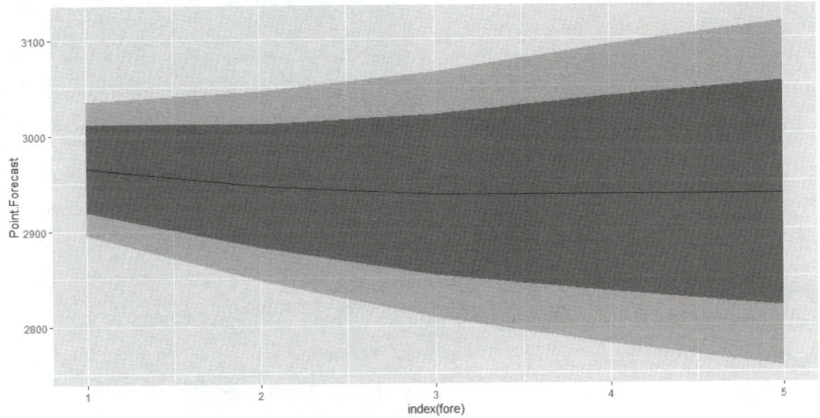

[그림 7-31] ARIMA(0, 1, 3) 모형을 이용한 시계열 예측 결과

더 알아보기

ARIMA 모형은 모델의 차수(p, d, q)를 추정하는 것이 가장 중요합니다. arima( ) 함수를 이용할 경우 직접 AIC, AICc, BIC 정보를 읽고 모델을 결정합니다. 세 정보를 최소화할 경우에 가장 좋은 모델을 얻습니다. 그러나 AIC, AICc, BIC를 통해 차분(d)을 결정할 수 없습니다. 차분은 KPSS 검정법을 활용하도록 합니다. 이 과정에서 속도는 오래 걸리지만 의미 있는 모델을 생성할 수 있습니다.

Chapter

03

데이터 분석 프로젝트의 두 번째 단계로, 비정형 데이터에서 다양한 보물을 찾아보는 챕터입니다. 8장과 9장을 통해 웹에서 제공하는 텍스트 데이터를 수집하고 간단한 시각화를 통해 인사이트를 도출해보겠습니다.

데이터 분석 프로젝트(2)
– 비정형 데이터에서 보물 찾기

8장 | 오늘의 뉴스 키워드 분석하기
9장 | YouTube 댓글 키워드를 활용하여 감성 분석하기

08

오늘의 뉴스 키워드 분석하기

지난 새벽에 무슨 일이 있었는지 확인하거나 지구 반대편에 있는 나라에 어떤 일이 있었는지 확인하기 위해 다양한 뉴스를 봅니다. 수많은 언론사에서 정치, 경제, IT과학, 스포츠, 사회, 해외 등에 관한 기사를 제공합니다. 그런데 오히려 너무 많은 기사들로 인해 정보에 대한 피로도가 높아지기도 합니다. 이에 뉴스를 읽을 때 소비하는 시간을 텍스트 분석을 이용하여 줄이려는 시도가 늘어가고 있습니다. 8장에서는 뉴스 데이터를 수집하고 텍스트 데이터를 처리하는 일련의 과정을 이해합니다.

8.1 뉴스 데이터 수집을 위한 네이버 검색 API 준비하기

인터넷 창을 열고 네이버에 접속하기만 하면 뉴스를 바로 읽을 수 있습니다. 뉴스 데이터를 분석하기 위해 네이버에 있는 뉴스 데이터를 수집하려고 합니다. 웹 페이지에 있는 데이터를 수집하기 위해서는 웹 스크래핑(Web Scraping) 기술을 익혀야 하지만 네이버는 검색 API(Application Programming Interface)를 무료로 제공하고 있습니다. 네이버 검색 API를 사용하기 위해서는 가장 먼저 네이버 개발자 센터에서 애플리케이션을 등록하고 클라이언트 아이디와 시크릿을 발급받아야 합니다. [그림 8-1]과 같이 스크롤을 내려서 Developers의 네이버 개발 센터를 클릭하거나 네이버 개발 센터 URL 주소(https://developers.naver.com/main/)를 입력하여 해당 페이지로 이동합니다.

[그림 8-1] 네이버 하단

네이버 검색 API 등록하기

❶ 네이버 개발자 센터(https://developers.naver.com/main/) 페이지에 접속합니다. [그림 8-2]와 같이 음성 기반의 서비스를 제공하는 'CLOVA', '네이버 아이디로 로그인', 인공신경망 기반 기계 번역 '파파고', 그리고 네이버에서 관리하고 있는 서비스를 제공받을 수 있는 '서비스 API'까지 제공하고 있습니다. 네이버 개발자 센터에서는 API들을 쉽게 활용할 수 있도록 가이드를 제공합니다.

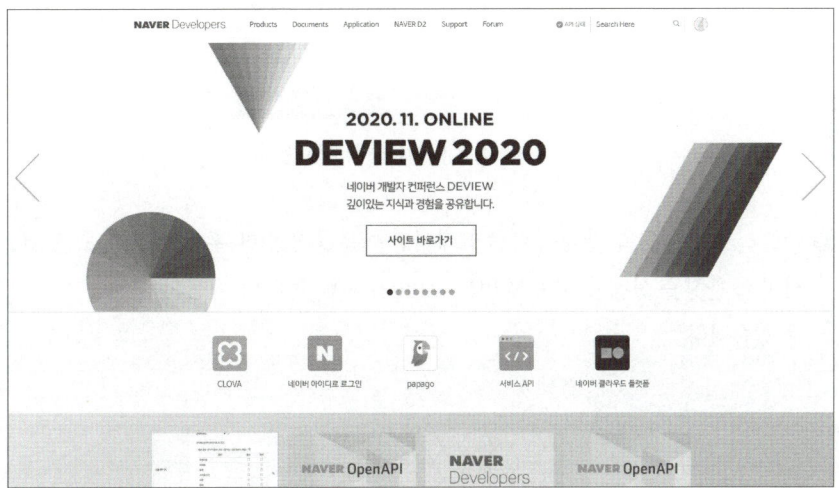

[그림 8-2] 네이버 개발자 센터

❷ 네이버 개발자 센터에서 제공하는 서비스 API에는 데이터랩, 검색, 단축 URL, 이미지 캡처, 음성 캡처, 네이버 공유하기, 모바일 앱 연동, 네이버 오픈 메인이 있습니다. 뉴스 데이터를 수집하기 위해 서비스 API 중 '검색'을 선택합니다. 검색 API는 웹, 뉴스, 블로그 등 네이버 포탈에서 검색되는 결과를 불러오는 API입니다. 네이버에서는 일별 25,000건을 처리 한도로 정하고 있습니다. [그림 8-3]의 하단에 있는 '오픈 API 이용 신청'을 선택합니다.

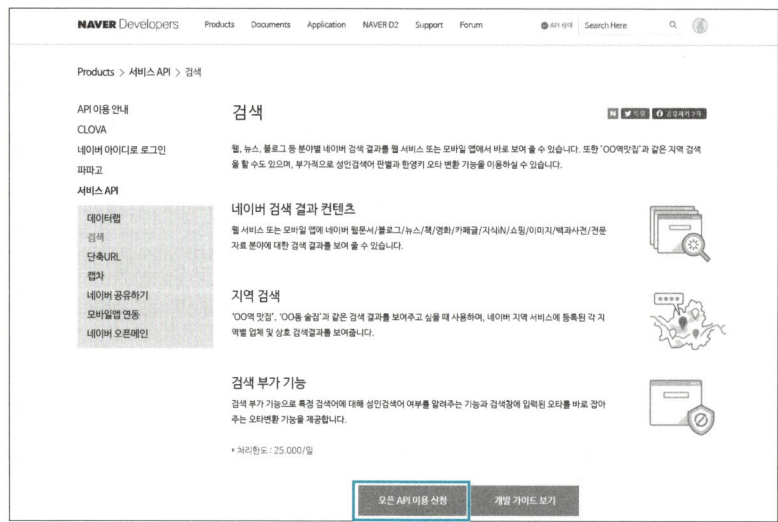

[그림 8-3] 네이버 오픈 API(검색)

❸ 애플리케이션 등록 창에서 애플리케이션 이름을 입력한 후 비로그인 오픈 API 서비스 환경을 선택합니다. WEB, Android, iOS 중 하나 이상의 환경을 선택할 수 있습니다.

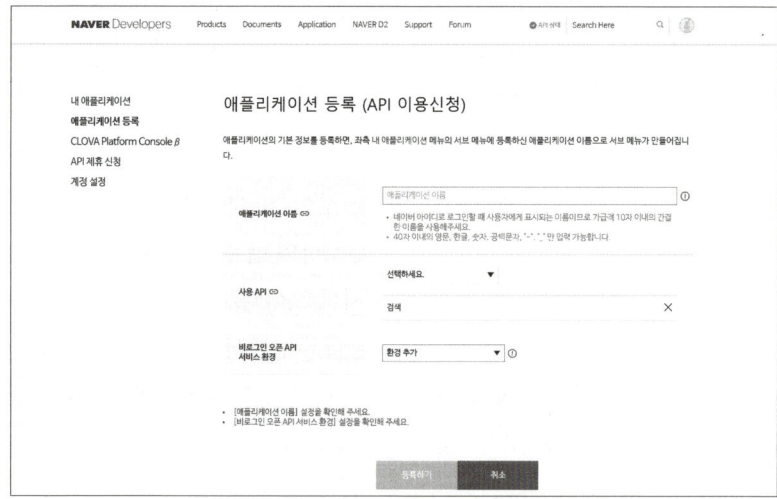

[그림 8-4] 애플리케이션 등록(API 이용 신청)

❹ [그림 8-5]와 같이 내부적으로 분석하는 경우라면 환경을 WEB으로 선택하고, 웹 서비스 URL을 "http://localhost"라고 입력합니다. 만약 실제로 서비스를 할 경우 서비스 환경에 맞춰 추가하면 됩니다.

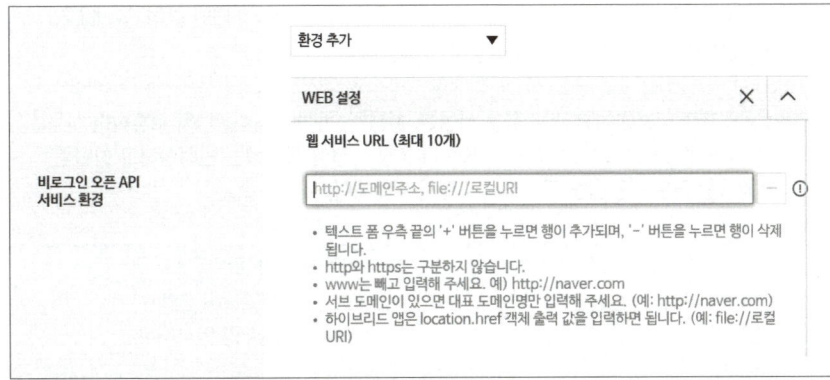

[그림 8-5] 비로그인 오픈 API 서비스 환경 설정

❺ 등록을 완료하면 애플리케이션 Client ID와 Secret 정보를 제공합니다. API를 사용할 경우 Client ID와 Secret 정보가 반드시 필요합니다. 또, 해당 페이지에서 당일 사용한 API 사용량을 확인할 수 있습니다.

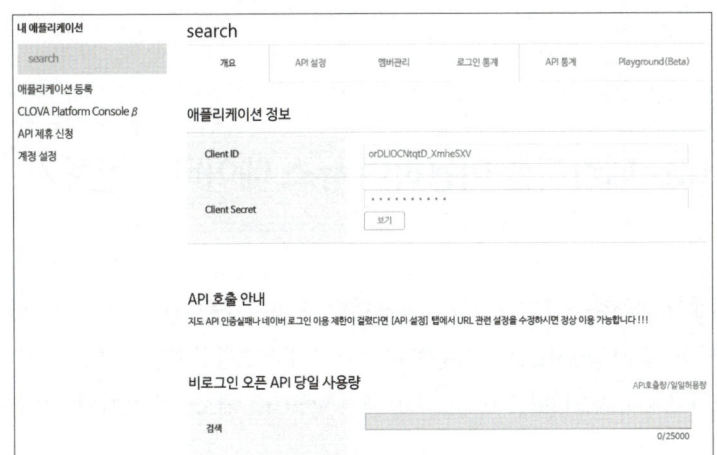

[그림 8-6] 등록된 오픈 API 정보

> **더 알아보기**
>
> 검색 이외에도 제공하는 API에는 로그인 방식의 오픈 API와 비로그인 방식의 오픈 API가 있습니다. 로그인 방식 오픈 API는 네이버 아이디 인증 및 접근 가능한 토큰을 받아야 사용할 수 있습니다. 반면에 비로그인 방식 오픈 API는 검색 API와 같이 Client ID와 Secret 정보만 있으면 오픈 API를 사용할 수 있습니다.
>
> 일별 API 호출 허용량을 초과할 경우 사용량, 사용처, 목적에 따라 API와 제휴하여 사용할 수 있습니다. 테스트나 학습 목적으로 제휴를 신청할 경우에는 반려한다고 하니 분석에 활용할 경우 사용량을 적절하게 조절해야 합니다.
>
> | 로그인 방식 오픈 API | 비로그인 방식 오픈 API |
> |---|---|
> | - 네이버 아이디 로그인
- 카페
- 캘린더 | - 데이터랩 (검색어 트렌드)
- 데이터랩 (쇼핑 인사이트)
- 검색
- 단축 URL
- 이미지 캡처
- 음성 캡처
- 네이버 공유하기
- 네이버 오픈메인
- Clova Face Recognition
- Papago 번역 |

8.2 httr 패키지를 이용하여 뉴스 데이터 수집하기

네이버에서 제공하는 오픈 API를 사용하려면 웹 프로토콜(HTTP)로 호출해야 합니다. 다양한 메소드(Method)를 사용하여 오픈 API를 호출할 수 있는데, 우리는 GET 메소드를 활용하겠습니다. R에서는 httr 패키지에 GET 메소드가 포함되어 있습니다.

뉴스를 수집하기 전에 먼저 우리가 호출할 네이버 검색 API를 이해해야 합니다. [그림 8-7]과 같이 네이버 개발자 센터에 접속하여 '서비스 API > 검색 > 뉴스' 탭으로 이동하면, 뉴스를 수집하기 위한 네이버 검색 API의 상세 설명을 보여줍니다.

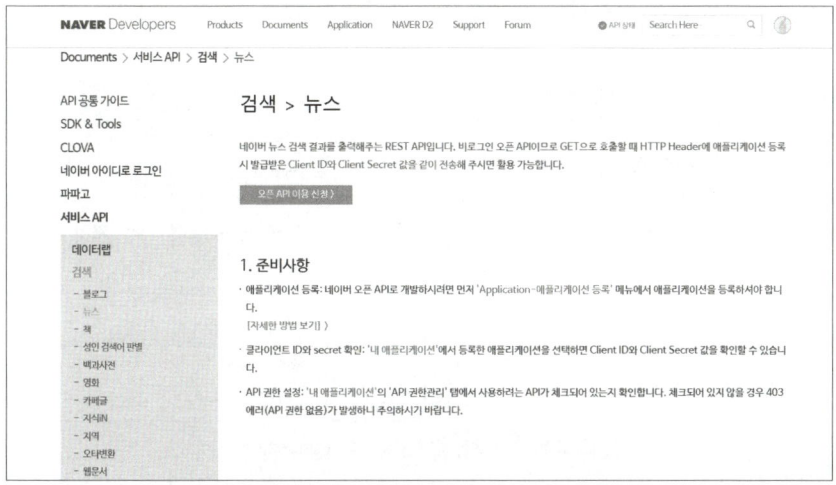

[그림 8-7] 네이버 개발자 센터(검색 API 상세 설명)

8.1 뉴스 데이터를 수집하기 위한 네이버 검색 API 준비하기에서 애플리케이션을 등록하여 API를 사용하기 위한 준비는 완료하였습니다.

API의 기본 정보를 살펴보겠습니다. GET 메소드를 사용하여 요청 URL에 통신하면 XML 또는 JSON 형태의 데이터를 전달받습니다. XML(Extensible Markup Language)은 웹 문서를 구성하는 표준 형식이고 JSON(JavaScript Object Nation)은 "Key - Value" 형식의 데이터 오브젝트 표준 포맷입니다. 우리는 JSON 형태의 데이터를 전달받도록 하겠습니다.

메소드	인증	요청 URL	출력 포맷
GET	-	https://openapi.naver.com/v1/search/news.xml	XML
GET	-	https://openapi.naver.com/v1/search/news.json	JSON

[표 8-1] API 기본 정보

GET 메소드를 이용하여 API를 호출할 경우 API마다 필수로 요청해야 하는 변수들이 존재합니다. 네이버 검색 API의 경우 검색어가 반드시 있어야 조회됩니다. 요청 변수가 필수가 아닌 경우에는 보통 기본값이 존재합니다. 기본값을 수정해서 API를 호출할 경우 각각의 요청 변수들에 특정 값을 넣어주어야 합니다.

요청 변수	타입	필수여부	기본값	설명
query	string	Y	-	검색을 원하는 문자열로서 UTF-8로 인코딩한다.
display	integer	N	10(기본값), 100(최대)	검색 결과 출력 건수 지정
start	integer	N	1(기본값), 1000(최대)	검색 시작 위치로 최대 1000까지 지정
sort	string	N	sim, date(기본값)	정렬 옵션 sim(유사도순), date(날짜순)

[표 8-2] API 요청 변수(Request Parameter)

네이버 검색 API를 요청 변수와 함께 GET 메소드로 불러오면 [표 8-3]의 필드를 받을 수 있습니다. 분석에 사용하는 대상들은 item/items에 담겨 있는 제목과 요약 정보입니다.

필드	타입	설명
lastBuildDate	datetime	검색 결과를 생성한 시간이다.
total	integer	검색 결과 문서의 총 개수를 의미한다.
start	integer	검색 결과 문서 중, 문서의 시작점을 의미한다.
display	integer	검색된 검색 결과의 개수이다.
item/items	-	XML에서는 item 태그로, JSON에서는 items로 표현된다. title, originallink, link, description, pubDate를 포함한다.
title	string	검색 결과 문서의 제목을 나타낸다.
originallink	string	검색 결과 문서 제공 언론사의 하이퍼텍스트 link를 나타낸다.
link	string	검색 결과 문서 제공 네이버의 하이퍼텍스트 link를 나타낸다.

description	string	검색 결과 문서의 내용을 요약한 패시지 정보이다.	
pubDate	datetime	검색 결과 문서가 네이버에 제공된 시간이다.	

[표 8-3] API 출력 결과

API를 사용하는 과정에서 다양한 에러가 발생할 수 있습니다. 이와 관련하여 네이버는 몇 가지 대표적인 에러를 [표 8-4]와 같이 서술하고 있습니다. HTTP 코드 404는 API 자체가 없을 때 발생하는 에러입니다. 잘못 요청한 경우에는 HTTP 코드 400이 나타납니다. 네이버의 시스템 장애로 발생하는 경우에는 HTTP 코드 500이 나타납니다. 각각의 이슈가 발생할 경우 해당 조치 방안에 따라 에러를 해결합니다.

HTTP코드	에러 코드	에러 메시지	조치 방안
400	SE01	Incorrect query request (잘못된 쿼리 요청입니다.)	검색 API 요청에 오류가 있습니다. 요청 URL, 필수 요청 변수가 정확한지 확인 바랍니다.
400	SE02	Invalid display value (부적절한 display 값입니다.)	display 요청 변수 값이 허용 범위(1~100)인지 확인해보세요.
400	SE03	Invalid start value (부적절한 start 값입니다.)	start 요청 변수 값이 허용 범위(1~1000)인지 확인해 보세요.
400	SE04	Invalid sort value (부적절한 sort 값입니다.)	sort 요청 변수 값에 오타가 있는지 확인해 보세요.
400	SE06	Malformed encoding (잘못된 형식의 인코딩입니다.)	검색어를 UTF-8로 인코딩하세요.
404	SE05	Invalid search API (존재하지 않는 검색 API입니다.)	검색 API 대상에 오타가 있는지 확인해 보세요.
500	SE99	System Error (시스템 에러)	포럼에 올려주시면 신속히 조치하겠습니다.

[표 8-4] API 에러 코드 및 조치 방안

직접 따라 하기 : 네이버 검색 API 호출하기

❶ 네이버 검색 API를 호출하기 위해 httr 패키지를 설치합니다. 이미 설치되었다면 바로 library( ) 함수를 이용하여 httr 패키지를 불러옵니다.

```
> install.packages("httr")
> library(httr)
```

❷ httr 패키지에 있는 GET( ) 함수는 [그림 8-8]과 같이 URL, Config 정보, API 요청 변수를 매개변수로 사용합니다. 먼저 첫 번째 매개변수인 url에 네이버 검색 API의 요청 URL("https://openapi.naver.com/v1/search/news.json?")을 입력합니다. 헤더 정보에는 **8.1 뉴스 데이터를 수집하기 위한 네이버 검색 API 준비하기**에서 제공한 애플리케이션 정보 Client_id와 secret을 입력합니다. 마지막으로 API 요청 변수를 입력하면 네이버에서 검색된 뉴스를 불러올 수 있습니다.

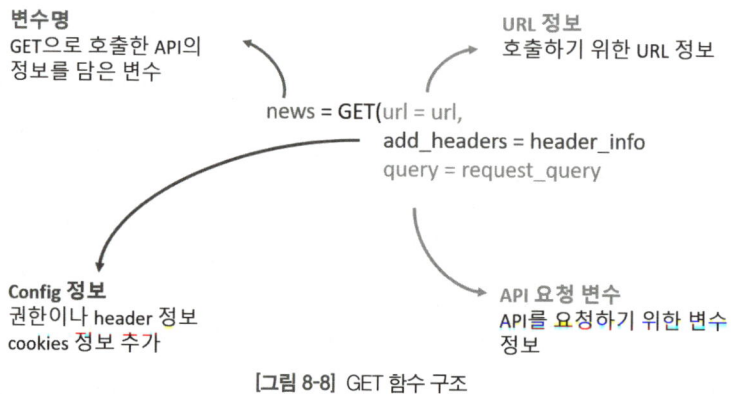

[그림 8-8] GET 함수 구조

```
> news = GET(url = "https://openapi.naver.com/v1/search/news.json?",
+            add_headers("X-Naver-Client-Id" = cId,
+                        "X-Naver-Client-Secret" = cSec),
+            query = list(query = "코로나",
+                         display = 100,
+                         start = 1,
+                         sort = "date"))
```

❸ 네이버 검색 API로 수집한 뉴스 데이터는 '컴퓨터'가 읽을 수 있는 형태입니다. 따라서 이를 바로 활용하기는 어렵기 때문에 사용 가능한 형태로 파싱해야 합니다.

```
> news
Response [https://openapi.naver.com/v1/search/news.json?query=%EC
%BD%94%EB%A1%9C%EB%82%98&display=100&start=10&sort=date]
  Date: 2021-02-20 17:29
  Status: 200
  Content-Type: application/json; charset=UTF-8
  Size: 62.1 kB
{
"lastBuildDate": "Sun, 21 Feb 2021 02:29:42 +0900",
"total": 6495247,
"start": 10,
"display": 100,
"items": [
{
"title": "전주, 확진자 접촉한 2명 양성판정…전북 누적 1121명",
"originallink": "https://www.sisa-news.com/news/article.
html?no=147798",
"link": "https://www.sisa-news.com/news/article.html?no=147798",
…
```

❹ httr 패키지에 있는 content( ) 함수를 사용하여 제공받은 문서를 우리가 처리하기 쉬운 R 객체로 변환시켜줍니다. 앞에서 실행했던 news와 다르게 content( ) 함수를 사용하면 중괄호로 묶여 있던 영역의 정보를 자동으로 파싱합니다.

```
> content(news)
$lastBuildDate
[1] "Sun, 21 Feb 2021 02:51:29 +0900"

$total
[1] 6495250

$start
[1] 10

$display
[1] 1
```

```
$items
$items[[1]]
$items[[1]]$title
[1] "日 백신 부작용 두드러기-오한 첫 보고...&quot;접종후 15분 관찰&quot;"

$items[[1]]$originallink
[1] "http://www.newsinside.kr/news/articleView.html?idxno=1103366"

$items[[1]]$link
[1] "http://www.newsinside.kr/news/articleView.html?idxno=1103366"

$items[[1]]$description
[1] "<b>코로나</b>19 백신 접종 관련 보건소 현장점검/ 사진= 행안부 제공 <b>코로나</b>19 예방 백신에 의한 부작용 의심 사례가 처음 보고됐다고 일본 언론들이 20일 보도했다. 일본 총리실은 트위터에 전날인 19일 도야마현 우오즈현에... "

$items[[1]]$pubDate
[1] "Sun, 21 Feb 2021 02:13:00 +0900"

$items[[2]]
$items[[2]]$title
[1] "日 백신 부작용 두드러기-오한 첫 보고...&quot;접종후 15분 관찰&quot;"

$items[[2]]$originallink
[1] "http://www.newsinside.kr/news/articleView.html?idxno=1103366"

$items[[2]]$link
[1] "http://www.newsinside.kr/news/articleView.html?idxno=1103366"

$items[[2]]$description
[1] "<b>코로나</b>19 백신 접종 관련 보건소 현장점검/ 사진= 행안부 제공 <b>코로나</b>19 예방 백신에 의한 부작용 의심 사례가 처음 보고됐다고 일본 언론들이 20일 보도했다. 일본 총리실은 트위터에 전날인 19일 도야마현 우오즈현에... "

$items[[2]]$pubDate
[1] "Sun, 21 Feb 2021 02:13:00 +0900"
```

❺ 네이버에서 "코로나"를 검색하면 나오는 전체 뉴스 건수는 content(news)의 total 값을 불러오면 쉽게 확인 가능합니다. API 출력 결과에서 뉴스의 정보는 item에 담겨 있습니다. 이 정보를 이용해서 자연어 처리를 진행하겠습니다.

```
> content(news)$total
[1] 6495251
```

8.3 자연어 처리 이해하기

자연어(Natural Language)는 인간이 일상 생활에서 사용하는 언어를 의미합니다. 대부분의 데이터는 정형화된 수치형 데이터가 아니라 문서로 구성되어 있기 때문에 자연어 처리에 대한 중요성이 갈수록 높아지고 있습니다. 자연어는 컴퓨터에서 사용하는 프로그램 언어 또는 기계어와 구별하기 위해 사용하고 있습니다. 자연어 처리(Natural Language Processing)는 컴퓨터를 이용하여 자연어에 관한 문제를 해결하는 과정입니다.

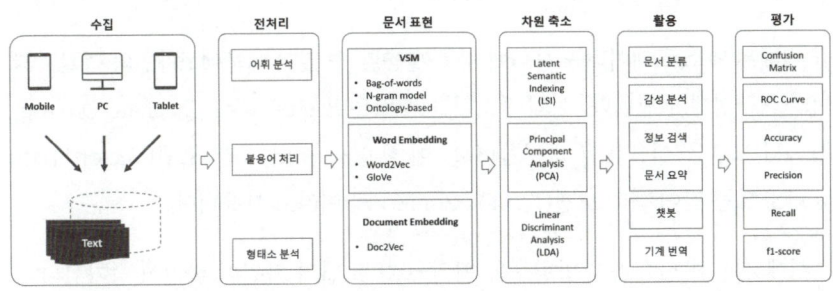

[그림 8-9] 자연어 처리 과정

자연어는 문서, 음성, 영상 등 다양한 형태로 생성됩니다. 문서는 txt, word, ppt 등의 형태로 저장되어 있거나, API나 웹을 통해 XML 또는 JSON 형태로 수집할 수 있습니다. 음성과 영상에서의 자연어는 문서나 텍스트 파일이 아니기 때문에 처리하기가 굉장히 까다롭습니다. 이때 음성과 영상으로부터 자연어를 텍스트 형태로 추출하기 위한 기술인 자동 음성 인식(Speech-to-Text)을 사용합니다.

이렇게 수집한 텍스트 데이터 중 특수문자 또는 분석 대상이 아닌 정보를 어휘 분석을 통해 찾아내어 제거합니다. 컴퓨터는 대소문자를 구별할 수 없기 때문에 대소문자를 통일하기도 합니다. 그럼에도 불필요한 용어가 문서를 대표할 수 없게 정리하는데 이 불필요한 용어들을 불용어(Stopwords)라고 합니다. 불용어를 제거하기 위한 사전을 구성합니다.

마지막으로 형태소 분석(Stemming)을 통해 문서에 사용된 키워드의 품사를 분류하고 키워드를 재구성하는 일련의 전처리 과정을 수행합니다. 형태소 분석을 진행하려면 어휘와 특성이 담긴 말뭉치 사전(Corpus)이 필요합니다. 국립국어원이 1998년부터 2007년까지 약 150억 원의 예산을 투입하여 21세기 세종 프로젝트로부터 한국어 말뭉치 사전인 SejongDic을 구축했으나 비용 문제로 중단되었습니다. 그리고 한참이 지난 2016년에 한국정보화진흥원(NIA)에서 NIADic이라는 이름으로 말뭉치 사전을 출시하였습니다. 이 사전은 기존에 국립국어원에서 제작했던 SejongDic의 약 9만 단어와 시스템 사전 28만 단어를 기초로 하였으며, 전문분야 단어 및 신조어를 보강하여 약 93만 단어를 구축하였습니다. NIADic의 성능은 SejongDic보다 약 2배에서 5배 정도 높습니다.

잘 정제된 텍스트 데이터는 분석에 바로 활용할 수 없기 때문에 n차원의 행렬로 데이터를 구성해야 합니다. 이때 생성하는 행렬은 Bag-of-words, N-gram, Ontology-based 모델을 이용해서 구성합니다. 이 행렬을 벡터 공간 모델(Vector Space Model) 또는 단어 벡터 모델(Term Vector Model)이라고 부릅니다.

문서에 사용한 단어가 다양할수록 벡터 공간 모델의 차원이 한없이 증가합니다. 차원이 클수록 분석에 소요되는 시간과 자원이 많이 필요하기 때문에 차원 축소를 수행합니다. 차원이 축소된 문서 표현 행렬을 바탕으로 비로소 다양하게 활용할 수 있습니다.

다양한 문서를 주제별로 분류(Document Classification)하거나 해당 문서가 긍정적인 문서인지 부정적인 문서인지를 판단(Sentimental Analysis)하기도 합니다. 텍스트 분석을 이용해서 다양한 검색 쿼리를 구성하고 이를 활용하여 문서를 쉽게 검색(Document Retrieval)할 수 있으며, 최근에는 문서를 요약하거나 기계학습을 이용한 번역(Machine Translation), 그리고 챗봇(Chat Bot)에 활용하고 있습니다.

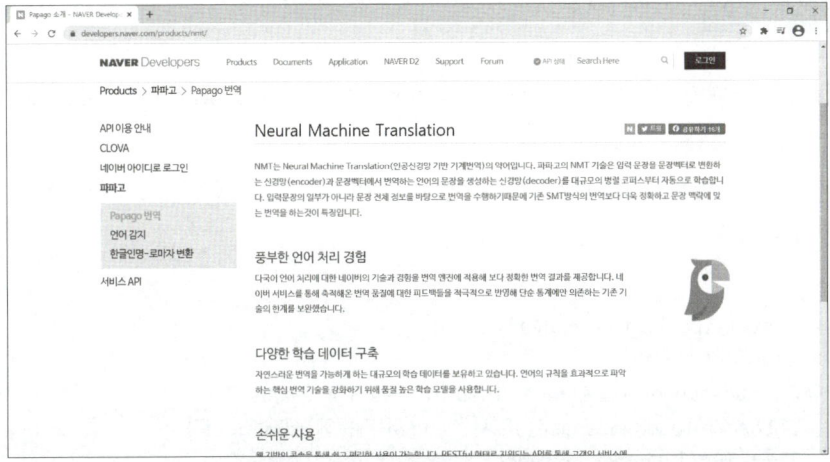

[그림 8-10] 기계 번역을 제공하는 네이버 파파고 API

8.4 KoNLP 패키지를 이용하여 한글 자연어 처리하기

한글 자연어를 처리하기 위해서는 KoNLP, RcppMeCab 등의 패키지가 필요합니다. 8.4장에서는 KoNLP를 이용해서 자연어 처리를 진행할 예정입니다. KoNLP (Korean Natural Language Process)는 한국어 텍스트 기반의 연구를 하기 위해 품사와 형태소를 분석하기 위한 패키지입니다.

8.4.1 KoNLP 패키지 설치하기

한글 자연어를 처리하기 위한 첫 번째 패키지 KoNLP를 설치합니다. 국내에서 가장 널리 사용하고 있는 한글 자연어 처리 패키지입니다. 자바 기반의 패키지이므로 JDK를 함께 설치합니다.

> 직접 따라 하기   **KoNLP 패키지 설치하기**

❶ KoNLP 패키지는 자바로 구성되어 있기 때문에 KoNLP를 설치하기 전 JRE(Java Runtime Environment)부터 설치해야 합니다. 먼저 rJava 패키지를 설치합니다. library( ) 함수를 이용해서 rJava를 실행시키면 에러가 발생하는 것을 확인할 수 있습니다.

```
> install.packages("rJava")
> library(rJava)
에러: package or namespace load failed for 'rJava':
 .onLoad가 loadNamespace()에서 'rJava'때문에 실패했습니다:
  호출: fun(libname, pkgname)
  에러: JAVA_HOME cannot be determined from the Registry
```

❷ 탈 갈릴리(Tal galili)는 R에서 패키지를 활용할 때 필요한 유틸리티를 쉽게 세팅하기 위해 패키지를 만들어 놓았습니다. source( ) 함수를 이용해서 탈 갈릴리가 제작한 installr 패키지를 다운받습니다.

```
> source("https://install-github.me/talgalili/installr")
The install-github.me service is deprecated, please stop using it.
Downloading GitHub repo talgalili/installr@master
Running 'R CMD build'...
```

❸ installr 패키지의 install.java( ) 함수를 이용해서 자바 개발 도구 openjdk를 설치할 수 있습니다. 특별한 옵션 설정이 없으면 최신 버전의 openjdk를 설치합니다.

```
> installr::install.java()
URL 'https://download.java.net/openjdk/jdk11/ri/openjdk-11+28_windows-
'x64_bin.zip'을 시도합니다
Content type 'application/zip' length 187396683 bytes (178.7 MB)
downloaded 178.7 MB
```

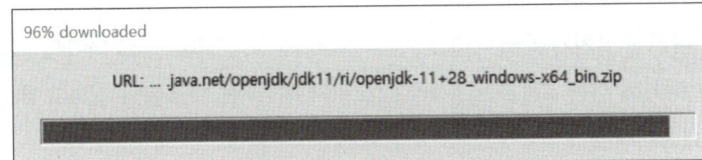

[그림 8-11] openjdk 다운로드 창

❹ 다시 한번 rJava 패키지를 호출하면 에러 없이 실행됩니다.

```
> library(rJava)
```

❺ KoNLP 패키지의 내부적인 코드 이슈로 CRAN에서는 해당 패키지가 내려진 상태입니다. github 버전으로 설치하려면 remote 패키지를 먼저 설치해야 합니다. KoNLP의 github 저장소를 입력합니다. install_github( )의 upgrade 옵션을 "never"로 설정하여 기존에 설치된 패키지 업데이트를 막아줍니다.

```
> install.packages("remote")
> library(remote)

> remotes::install_github("haven-jeon/KoNLP",
+                         upgrade = "never",
+                         INSTALL_opts = c("--no-multiarch"))
```

❻ 설치 완료한 KoNLP 패키지를 불러오면 "Checking user defined dictionary!" 메시지가 출력되면서 정상적으로 실행됩니다.

```
> library(KoNLP)
Checking user defined dictionary!
```

8.4.2 전기자동차 관련 뉴스 수집하기

KoNLP 패키지 설치가 끝났다면 8.2 httr 패키지를 이용하여 뉴스 데이터 수집하기와 같이 네이버 검색 API를 이용하여 전기자동차 관련 뉴스를 수집하고 텍스트를 처리하겠습니다.

직접 따라 하기 | 전기자동차 관련 뉴스 수집하기

❶ 네이버 검색 API를 이용하기 위해 httr 패키지를 불러옵니다. GET( ) 함수를 이용하여 네이버 검색 API를 불러오도록 합니다. 전체 문서 건수를 확인하고자 한 줄만 먼저 수집합니다.

```
> library(httr)
> url = "https://openapi.naver.com/v1/search/news.json?"
> sample_news = GET(url = url,
+                   add_headers("X-Naver-Client-Id" = cId,
+                               "X-Naver-Client-Secret" = cSec),
+                   query = list(query = "전기자동차",
+                                display = 1,
+                                start = 1,
+                                sort = "date"))
```

❷ 네이버 검색 API 규격서를 살펴보면 total에 검색 결과 문서 건수가 있는 것을 확인할 수 있습니다. content( ) 함수를 이용하여 API로 전달받은 컨텐츠를 추출합니다. 전달받은 전체 데이터 중 total에 따르면 26만 8,082건의 뉴스 결과가 조회되었습니다.

```
> content(sample_news)$total
[1] 268082
```

❸ 네이버 검색 API는 일별로 25,000건까지 무료로 호출할 수 있습니다. API 요청에 필요한 변수를 조절하면 여러 개의 문서를 수집할 수 있습니다. 한 번 호출할 때 제공받는 검색 결과인 display는 1부터 100까지 불러올 수 있습니다. 검색 결과 몇 번째 페이지부터 조회할 것인지 결정하는 start는 1부터 1000까지 설정할 수 있습니다. 두 변수를 이용해서 우리는 10만 건의 문서를 가져올 수 있습니다.

가장 먼저 비어 있는 데이터 프레임을 생성합니다.

```
> all_news = data.frame()
> all_news
열의 개수가 0이고 행의 개수가 0인 데이터 프레임입니다.
```

❹ param 객체에는 list 구조로 API에 요청할 변수들을 담아둡니다. 이때 display는 최댓값인 100으로 설정하고 start에는 반복문에서 사용한 i를 입력합니다. 첫 번째 반복문이 실행될 경우 start = 1이, 10번째 반복 실행될 경우에는 start = 10이 입력될 것입니다. 첫 번째 페이지부터 열 번째 페이지까지 수집을 할 수 있습니다.

```
> URL = "https://openapi.naver.com/v1/search/news.json?"
> search = "전기자동차"

> for(i in 1:10){
+   param = list(query = search,
+                display = 100,
+                start = i,
+                sort = "date")
+
+   news = GET(url = URL,
```

```
+                  add_headers("X-Naver-Client-Id" = cId,
+                              "X-Naver-Client-Secret" = cSec),
+                  query = param)
+
+   body = data.frame(t(sapply(content(news)$item, data.frame)))
+
+   all_news = rbind(all_news, body)
+   Sys.sleep(0.1)
+ }
```

❺ 반복문이 끝난 all_news 데이터를 실행시키면 [그림 8-12]와 같이 title, originallink, link, description, pubDate가 수집된 것을 확인할 수 있습니다.

	title	originallink	link	description	pubDate
1	함평군, <b>전기자동차</b> 보급사업 시행	https://view.asiae.co.kr...	https://news.naver.co...	전남 함평군은 <b>전기자동차</b> 민간 보급 확대...	Tue, 02 Mar 2021 22:1...
2	볼보<b>자동차</b>, 2030년까지 완전한 <b>전기</b>자...	http://sports.chosun.c...	https://news.naver.co...	헨릭 그림(Henrik Green), 볼보<b>자동차</b> 최고...	Tue, 02 Mar 2021 22:0...
3	포항시, <b>전기</b>이륜차 150대 보급	http://www.ksmnews.c...	http://www.ksmnews.c...	올해 <b>전기</b>이륜차 민간보급사업은 3월에 시...	Tue, 02 Mar 2021 22:0...
4	[탐사.2]캠핑카 <b>전기</b>설비도 안전 '사각지대'	http://ikbc.co.kr/kor/n...	http://ikbc.co.kr/kor/n...	▶ 인터뷰 : 박인국 / 한국교통안전공단 <b>자동차</b>...	Tue, 02 Mar 2021 22:0...
5	[마감] 이아이디.이트론.이화<b>전기</b>, '스푸트니크V'...	https://www.asiatime.c...	https://www.asiatime.c...	LG투팩(7.22%)은 현대<b>자동차</b>의 첫 전용 <b>...	Tue, 02 Mar 2021 21:5...
6	현대<b>자동차</b>그룹 노사, 생산라인 투입인원 뽑고 갈등	http://www.ksilbo.co.k...	http://www.ksilbo.co.k...	현대<b>자동차</b>는 첫 전용 <b>전기</b>차 '아이...	Tue, 02 Mar 2021 21:3...
7	현대차그룹 수소사업 가속화...광저우에 해외 첫 생산기지 건...	http://www.worktoday....	http://www.worktoday....	현대자동차는 유럽에 수소<b>전기</b>차 상용차와 ...	Tue, 02 Mar 2021 21:2...
8	볼보, <b>전기</b>차 온라인으로만 판매한다	http://news.mt.co.kr/...	http://news.mt.co.kr/...	정찰제를 통해 브랜드 신뢰도도 제고한다는 방침이...	Tue, 02 Mar 2021 21:2...
9	함평군, 2021년 <b>전기자동차</b> 보급사업 시행	http://www.nbnnews.c...	http://www.nbnnews.c...	내외뉴스통신, NBNNEWS 청영록 기자 함평군(군수 ...	Tue, 02 Mar 2021 21:2...
10	2030년 볼보 "완전한 <b>전기</b>차 브랜드로 우뚝...	http://www.gpkorea.c...	http://www.gpkorea.c...	헨릭 그림 볼보차 최고기술책임자는 "내연기관...	Tue, 02 Mar 2021 21:1...

[그림 8-12] 수집한 all_news 데이터

8.4.3 뉴스 데이터 분석하기

뉴스 데이터 수집을 완료했다면 KoNLP 패키지를 이용해서 텍스트를 분석해보겠습니다. **8.3 자연어 처리 이해하기**에서 자연어 처리 과정을 알아보았습니다. 먼저 전처리 과정을 통해 데이터를 정제해야 합니다.

🔍 **직접 따라 하기** 뉴스 데이터 분석하기

❶ 수집한 뉴스 데이터의 제목을 일부만 출력해봅니다. <b>, </b>, " 등의 특수문자가 포함되어 있습니다. 불필요한 특수문자는 텍스트 분석을 방해하기

때문에 제거해야 합니다.

```
> all_news$title[1:10]
[[1]]
[1] "함평군, <b>전기자동차</b> 보급사업 시행"

[[2]]
[1] "볼보<b>자동차</b>, 2030년까지 완전한 <b>전기</b>차 기업으로 전환 계획 공개"

[[3]]
[1] "포항시, <b>전기</b>이륜차 150대 보급"

[[4]]
[1] "[탐사.2]캠핑카 <b>전기</b>설비도 안전 '사각지대'"

[[5]]
[1] "[마감] 이아이디-이트론-이화<b>전기</b>, '스푸트니크V' 인기에 동반 '상한가'...박..."

[[6]]
[1] "현대<b>자동차</b> 노사, 생산라인 투입인원 놓고 갈등"

[[7]]
[1] "현대차그룹 수소사업 가속화...광저우에 해외 첫 생산기지 건설"

[[8]]
[1] "볼보, <b>전기</b>차 온라인으로만 판매한다"

[[9]]
[1] "함평군, 2021년 <b>전기자동차</b> 보급사업 시행"

[[10]]
[1] "2030년 볼보 &quot;완전한 <b>전기</b>차 브랜드로 우뚝선다!&quot;"
```

❷ 제거 대상 항목과 대체할 항목을 정의합니다. 여러 항목을 제거할 경우에는 Vertical Bar('|')로 항목을 연결하여 사용할 수 있습니다. 예를 들면 "A|B|C"는 A 또는 B 또는 C가 포함될 경우를 의미합니다. 대체할 항목에는 공백문자 또는 빈 문자를 입력해줍니다.

```
> pat = "<b>|</b>|&quot;"
> rep = ""
```

❸ R에서 기본으로 제공하는 gsub( ) 함수를 이용해서 손쉽게 대체할 수 있습니다. 먼저, pattern 옵션에 제거할 대상을 입력하고, replacement 옵션에 대체할 항목을 입력합니다. 마지막으로 수행할 원본 데이터를 x 옵션에 입력하면 됩니다. head( ) 함수를 이용해서 살펴보면 깔끔하게 정리된 것을 확인할 수 있습니다.

```
> title = gsub(pattern = pat,
+              replacement = rep,
+              x = all_news$title)

> head(title, 10)
 [1] "함평군, 전기자동차 보급사업 시행"
 [2] "볼보자동차, 2030년까지 완전한 전기차 기업으로 전환 계획 공개"
 [3] "포항시, 전기이륜차 150대 보급"
 [4] "[탐사.2]캠핑카 전기설비도 안전 '사각지대'"
 [5] "[마감] 이아이디-이트론-이화전기, '스푸트니크V' 인기에 동반 '상한가'…박…"
 [6] "현대자동차 노사, 생산라인 투입인원 놓고 갈등"
 [7] "현대차그룹 수소사업 가속화…광저우에 해외 첫 생산기지 건설"
 [8] "볼보, 전기차 온라인으로만 판매한다"
 [9] "함평군, 2021년 전기자동차 보급사업 시행"
[10] "2030년 볼보 완전한 전기차 브랜드로 우뚝선다!"
```

❹ 한글의 경우 어절/음절로는 텍스트를 처리하기 어렵기 때문에 효과적인 분석을 위해 형태소 분석을 합니다. 사전(Dictionary)을 기반으로 텍스트를 추출하므로 최근 업데이트가 진행된 NIADic을 활용합니다.

```
> useNIADic()
Backup was just finished!
1213109 words dictionary was built.
```

❺ 전기자동차를 주제로 수집한 뉴스가 주로 어떤 키워드로 구성되어 있는지 확인하기 위해 extractNoun( ) 함수를 사용하여 제목에 담긴 명사를 추출합니다. 첫 번째 뉴스의 제목은 "함평군, 전기자동차 보급사업 시행"이고 명사를 추출한 결과 "함평군", "전기", "자동차", "보급사업", "시", "행"으로 나눠진 것을 확인할 수 있습니다.

```
> noun_list = extractNoun(title)

> head(noun_list)
[[1]]
[1] "함평군"    "전기"      "자동차"    "보급사업" "시"         "행"

[[2]]
 [1] "볼보자동차" "2030" "년" "완전" "한" "전기" "차" "기업" "전환" "계획" "공"
[12] "개"

[[3]]
[1] "포항시"    "전기"      "이륜차"    "150"      "대"        "보"        "급"

[[4]]
[1] "[탐사2]캠핑카" "전기설비"       "안전"            "사각지대"

[[5]]
[1] "마감"       "이아이디-이트론-이화전기"     "'스푸트니크V'"    "인기"       "동반"       "박"

[[6]]
[1] "현대"       "자동차"    "노사"       "생산라인"  "투입"       "인원"       "등"
```

❻ Bag-of-words(BoW)를 구성하기 위해 추출한 명사가 몇 번 등장했는지 알아보고자 빈도수 테이블을 만들어줍니다. length( ) 함수를 이용하여 키워드가 몇 개인지를 확인합니다. 현재 389개의 키워드가 추출되었음을 확인할 수 있습니다. head( ) 함수로 일부 키워드를 살펴보겠습니다.

```
> tb_noun = table(unlist(noun_list))
```

```
> length(tb_noun)
[1] 389

> head(tb_noun)

         '스푸트니크V'            '아이오닉5'                 (주)길승산
                  5                     30                        10
    [ESG경영]물·에너지         [탐사2]캠핑카                 '경기회복
                 10                      4                        10
```

❼ 추출된 389개의 키워드 중에서 가장 많이 등장하는 키워드 TOP 10을 선정한 후, ggplot( ) 함수를 이용하여 시각화합니다. reorder( ) 함수를 이용하여 빈도 순으로 정렬합니다. 그래프를 살펴보면 차, 전기, 년, 2030, 기업, 한 등 의미를 해석하기 어려운 키워드가 존재합니다.

```
> df_noun = data.frame(tb_noun)
> top10_noun = head(df_noun, 10)

> ggplot(top10_noun) +
+   geom_bar(aes(x = reorder(Var1, -Freq), y = Freq), stat = "identity")
```

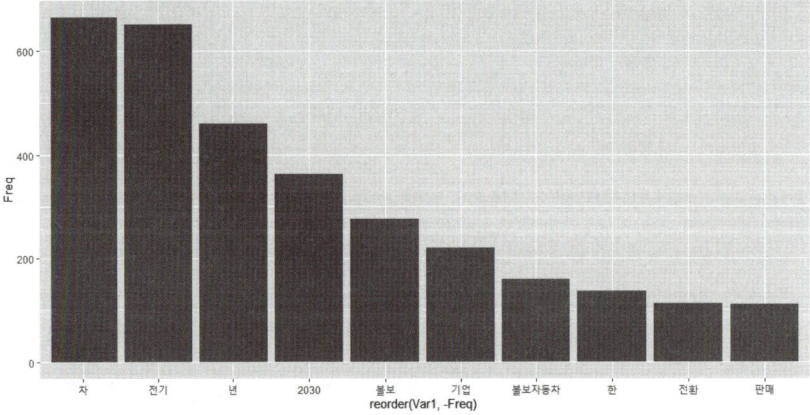

[그림 8-13] 전기자동차 관련 뉴스 키워드 TOP10

❽ 키워드 빈도수 테이블을 데이터프레임으로 변환할 때 키워드는 Factor형 변수로 적용됩니다. as.character( ) 함수를 이용하여 Factor형 변수를 문자형 변수로 변환해줍니다. 문자형 변수로 변환한 키워드는 nchar( ) 함수를 이용하여 글자 수를 셀 수 있으며, nchar(df_noun$Var1)>1 조건에 맞는 값을 추출해서 키워드가 두 글자 이상인 것들만 저장합니다. 시각화한 결과를 살펴보면 전기, 2030, 볼보, 볼보자동차, 전환, 판매, 온라인, 현대 등의 키워드가 등장한 것을 확인할 수 있습니다.

```
> str(df_noun)
'data.frame':   383 obs. of  2 variables:
 $ Var1: Factor w/ 383 levels "(주)길승산","[ESG경영]물에너지",..: 1 2 3 4 5 6 7 8 9 10 ...
 $ Freq: int  10 10 4 10 11 10 88 49 1 10 ...

> df_noun$Var1 = as.character(df_noun$Var1)
> df_noun = df_noun[nchar(df_noun$Var1) > 1,]
> top10_noun = head(df_noun, 10)

> ggplot(top10_noun) +
+   geom_bar(aes(x = reorder(Var1, -Freq), y = Freq), stat = "identity")
```

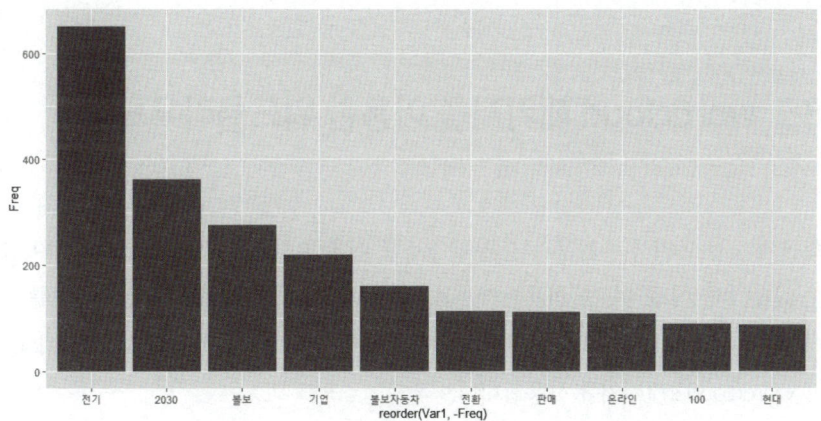

[그림 8-14] 전기자동차 관련 뉴스 키워드 정제 후 TOP10

> **더 알아보기**

KoNLP 패키지에서 주로 사용하는 extractNoun( ) 함수는 사전을 기반으로 명사를 추출합니다. 따라서 사전에 없는 명사는 정상적으로 추출할 수 없습니다. 이런 경우 buildDictionary( ) 함수를 활용해서 명사를 추가할 수 있습니다. buildDictionary( ) 함수의 ext_dic 옵션은 사용자 정의 함수가 아닌 외부에서 제공하는 사전을 함께 활용할 때 사용합니다. user_dic 옵션은 사용자 정의 사전이며, term과 tag가 포함된 데이터 프레임 구조를 넣어주어야 합니다.

예시) 사용자 정의 사전 추가 요령
```
> term = c("전기이륜차", "전기차", "전기자동차", "수소차", "에어택시",
+          "공개", "현대차", "한국지엠", "쌍용", "현대", "한온시스템",
+          "이아이디", "이트론", "이화전기", "스푸트니크v", "아이오닉5", "SK")

> userDic = data.frame(term = term,
+                      tag = "ncn")

> buildDictionary(ext_dic = c("NIADic", "woorimalsam", "insighter", "sejong"),
+                 user_dic = userDic,
+                 replace_usr_dic = TRUE)
```

8.5 wordcloud 패키지를 이용한 워드클라우드

최근에는 뉴스 기사나 논문과 같은 텍스트를 이용한 시각화 자료를 어디에서나 볼 수 있습니다. 이 중 워드클라우드(Wordcloud)는 단어가 원문에서 등장한 횟수를 나타내는 시각화 방법입니다. R에서는 워드클라우드를 시각화하기 위해 wordcloud와 wordcloud2 패키지를 사용합니다.

8.5.1 wordcloud 패키지를 이용한 시각화

wordcloud 패키지는 R에서 가장 보편적으로 사용하는 워드클라우드 패키지였으나, 최근에 기능이 보완된 wordcloud2 패키지가 등장하면서 이전에 비해 사용 비율이 많이 줄었습니다.

> **직접 따라 하기** wordcloud 패키지를 이용하여 시각화하기

❶ wordcloud 패키지를 설치합니다. 워드클라우드의 색상을 반영하기 위해 RColorBrewer 패키지 역시 함께 호출합니다.

```
> install.packages("wordcloud")
> library(wordcloud)
> library(RColorBrewer)
```

❷ wordcloud( ) 함수를 이용하여 워드클라우드를 작성합니다. wordcloud 함수에는 기본적으로 입력해야 하는 옵션값이 있습니다. 단어와 빈도를 반드시 가져와야 합니다. 앞에서 수집한 뉴스 데이터를 바탕으로 특수문자를 제거합니다.

```
> pat = "<b>|</b>|&quot;|Q&amp;A|\\.|\\'|,|…|·|·|"|'|"
> rep = ""
> title = gsub(pattern = pat,
+              replacement = rep,
+              x = all_news$title)

> head(title, 10)
 [1] "함평군, 전기자동차 보급사업 시행"
 [2] "볼보자동차, 2030년까지 완전한 전기차 기업으로 전환 계획 공개"
 [3] "포항시, 전기이륜차 150대 보급"
 [4] "[탐사.2]캠핑카 전기설비도 안전 '사각지대'"
 [5] "[마감] 이아이디-이트론-이화전기, '스푸트니크V' 인기에 동반 '상한가'…박…"
 [6] "현대자동차 노사, 생산라인 투입인원 놓고 갈등"
```

```
[7] "현대차그룹 수소사업 가속화...광저우에 해외 첫 생산기지 건설"
[8] "볼보, 전기차 온라인으로만 판매한다"
[9] "함평군, 2021년 전기자동차 보급사업 시행"
[10] "2030년 볼보 완전한 전기차 브랜드로 우뚝선다!"
```

❸ 전처리를 마친 데이터에서 명사만 추출한 후, 각 명사가 문서에서 얼마나 자주 등장하는지 빈도를 나타내는 테이블을 만들어줍니다.

```
> noun_list = extractNoun(title)
> tb_noun = table(unlist(noun_list))
> df_noun = data.frame(tb_noun)
```

❹ 키워드와 빈도 테이블을 이용해서 워드클라우드를 작성합니다. 간혹 키워드 수가 많을 경우 워드클라우드에 표시할 빈도의 하한선을 설정할 수 있습니다. 이때 min.freq 옵션을 사용합니다. 색상을 편집하려면 colors 옵션을 활용합니다.

random.order 옵션으로 빈번하게 등장하는 키워드를 중앙에 배치하도록 설정할 수 있습니다. random.order 옵션의 기본값은 중앙에 오지 않도록 FALSE 옵션으로 설정되어 있습니다.

```
# [그림 8-15] wordcloud 기본 시각화
> wordcloud(words = df_noun$Var1
+           freq = df_noun$Freq)

# [그림 8-16] wordcloud 옵션 설정
> wordcloud(words = df_noun$Var1,
+           freq = df_noun$Freq,
+           random.order = FALSE,
+           min.freq = 20,
+           colors = brewer.pal(8, "Dark2"))
```

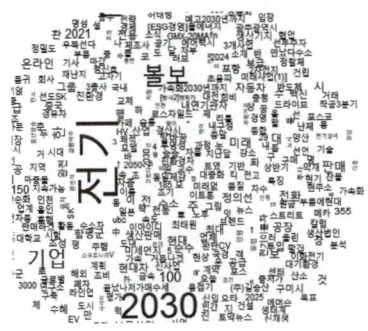
[그림 8-15] wordcloud 기본 시각화

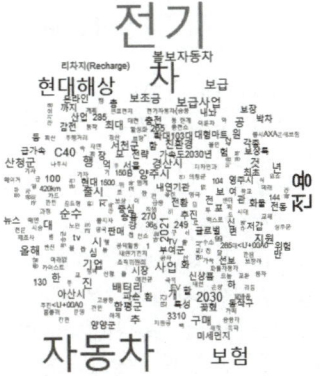
[그림 8-16] wordcloud 옵션 설정

8.5.2 wordcloud2 패키지를 이용한 시각화

wordcloud 패키지를 보완한 wordcloud2는 wordcloud( ) 함수의 사용법을 간소화한 동시에 워드클라우드의 모양을 다양하게 변경하는 기능을 제공합니다.

🔍 직접 따라 하기 wordcloud2 패키지를 이용하여 시각화하기

❶ wordcloud2 패키지를 설치합니다.

```
> install.packages("wordcloud2")
> library(wordcloud2)
```

❷ wordcloud2( ) 함수를 이용하여 워드클라우드를 시각화합니다. 앞서 wordcloud 패키지를 이용한 시각화를 수행한 것과 동일하게 뉴스 데이터를 가공합니다.

```
> pat = "<b>|</b>|&quot;|Q&amp;A|\\.|\\'|,|…|·|·|"|'|'"
> rep = ""
> title = gsub(pattern = pat,
+              replacement = rep,
```

```
+                x = all_news$title)

> head(title, 10)
 [1] "함평군, 전기자동차 보급사업 시행"
 [2] "볼보자동차, 2030년까지 완전한 전기차 기업으로 전환 계획 공개"
 [3] "포항시, 전기이륜차 150대 보급"
 [4] "[탐사.2]캠핑카 전기설비도 안전 '사각지대'"
 [5] "[마감] 이아이디-이트론-이화전기, '스푸트니크V' 인기에 동반 '상한가'…박…"
 [6] "현대자동차 노사, 생산라인 투입인원 놓고 갈등"
 [7] "현대차그룹 수소사업 가속화…광저우에 해외 첫 생산기지 건설"
 [8] "볼보, 전기차 온라인으로만 판매한다"
 [9] "함평군, 2021년 전기자동차 보급사업 시행"
[10] "2030년 볼보 완전한 전기차 브랜드로 우뚝선다!"

> noun_list = extractNoun(title)
> tb_noun = table(unlist(noun_list))
> df_noun = data.frame(tb_noun)
```

❸ wordcloud2( ) 함수를 이용하여 워드클라우드를 작성합니다. Wordcloud2에 data 만 입력하면 자동으로 표현되므로 쉽게 시각화가 가능합니다. 폰트 종류, 굵기, 색상, 크기, 워드클라우드 사이즈 등의 옵션을 다양하게 편집해서 사용할 수 있습니다.

```
> wordcloud2(data = df_noun,
+            color = "random-dark",
+            shape = "circle",
+            fontFamily = "맑은고딕",
+            fontWeight = 550,
+            size = 2,
+            widgetsize = c(900, 500))
```

[그림 8-17] wordcloud2 시각화

❹ wordcloud2 패키지로 워드클라우드 모양을 다양하게 변화시킬 수 있습니다. 특정 이미지 파일을 불러와서 이미지에 맞는 형태의 화면을 보여주거나, 문자 또는 문자열을 이용한 시각화가 가능합니다.

```
# [그림 8-18] 로고 적용하기
> wordcloud2(data = df_noun,
+             figPath = "logo.png")

# [그림 8-19] 문자 'R' 적용하기
> letterCloud(df_noun, "R", wordSize = 1)
```

[그림 8-18] 로고 모양을 적용한 wordcloud2

[그림 8-19] 문자 'R'을 적용한 wordcloud2

8.6 오늘의 뉴스 그래프로 분석하기

날짜별로 수집한 전기자동차 뉴스 데이터를 이용해서 키워드에 어떠한 변화가 있었는지를 분석합니다. 전기자동차를 검색했을 때 조회되는 약 27만 개 뉴스 중 유사도를 기반으로 1만 개만 수집하도록 합니다.

🔍 직접 따라 하기   오늘의 뉴스 그래프로 분석하기

❶ 8.4 KoNLP 패키지를 이용하여 한글 자연어 처리하기에서 데이터를 수집했을 때와 동일하게 전기자동차 관련 기사를 수집합니다. 단, 정렬 기준이 날짜순으로 설정될 경우 최근 문서만 조회될 가능성이 있으니 수집 시작 지점을 변경하여 2회 이상 여러 날에 걸쳐서 수집합니다. 또는 정렬 기준을 유사도순으로 하여 1회에 걸쳐 수집합니다.

```
> URL = "https://openapi.naver.com/v1/search/news.json?"
> search = "전기자동차"

> all_news = data.frame()
> for(i in 1:100){
+   param = list(query = search,
+                display = 100,
+                start = i,
+                sort = "sim")
+
+   news = GET(url = url,
+              add_headers("X-Naver-Client-Id" = cId,
+                          "X-Naver-Client-Secret" = cSec),
+              query = param)
+
+   body = data.frame(t(sapply(content(news)$item, data.frame)))
+
+   all_news = rbind(all_news, body)
+   Sys.sleep(0.1)
+ }
```

❷ 날짜별로 얼마나 많은 뉴스가 수집되었는지 확인하기 위해 뉴스가 게재된 시간을 분석 가능한 형태로 처리합니다. 전체 데이터 중에서 일부 데이터를 샘플로 확인합니다. 951번째 행부터 955번째 행까지 위치한 날짜 데이터를 확인해보면 "요일, 일 월 년 시:분:초"의 구조로 수집된 것을 알 수 있습니다.

```
[[951]]
[1] "Tue, 02 Mar 2021 17:35:00 +0900"

[[952]]
[1] "Fri, 05 Mar 2021 11:50:00 +0900"

[[953]]
[1] "Thu, 04 Mar 2021 14:03:00 +0900"

[[954]]
[1] "Thu, 04 Mar 2021 19:17:00 +0900"
```

```
[[955]]
[1] "Thu, 04 Mar 2021 16:52:00 +0900"
```

❸ as.Date( ) 함수를 이용하여 문자형 데이터를 날짜형 데이터로 변환합니다. 수집한 데이터의 구조가 어떤 언어로 구성되어 있는지에 따라 R에서 환경에 맞게 locale 설정을 해주어야 합니다. 현재 설정된 언어를 확인하기 위해 Sys.time( ) 함수를 이용하여 오늘 날짜를 출력하고, format( ) 함수를 이용하여 요일이나 월을 출력해봅니다. 영어로 설정된 경우라면 수집한 뉴스 데이터와 동일한 언어이기 때문에 locale 세팅이 불필요합니다.

```
> format(Sys.time(), "%Y-%m-%d %a")
[1] "2021-03-07 Sun"

> Sys.setlocale(category = "LC_TIME",
+               locale = "C")

> all_news$pubDate = as.Date(unlist(all_news$pubDate), "%a, %d %b %Y")
```

❹ 날짜별로 전기자동차와 관련된 뉴스가 나타났는지 선 그래프를 작성하여 확인해봅니다. [그림 8-20]을 살펴보면, 2021년 3월 4일 전기차와 관련된 기사가 상당히 많이 실린 것을 알 수 있습니다.

```
> ggplot(all_news, aes(x = pubDate)) +
+   geom_line(stat = "count", color = "#EEEEEE", size = 1.5) +
+   geom_point(stat = "count", color = "#424242", size = 2) +
+   geom_text(aes(label = ..count..),
+             stat = "count",
+             position = position_nudge(y = 150)) +
+   labs(title = "전기자동차 뉴스 트렌드") +
+   xlab("날짜") +
+   ylab("") +
+   scale_x_date(date_labels = "%m-%d") +
+   theme(text = element_text(size = 15),
```

```
+          panel.background = element_blank(),
+          axis.ticks = element_blank())
```

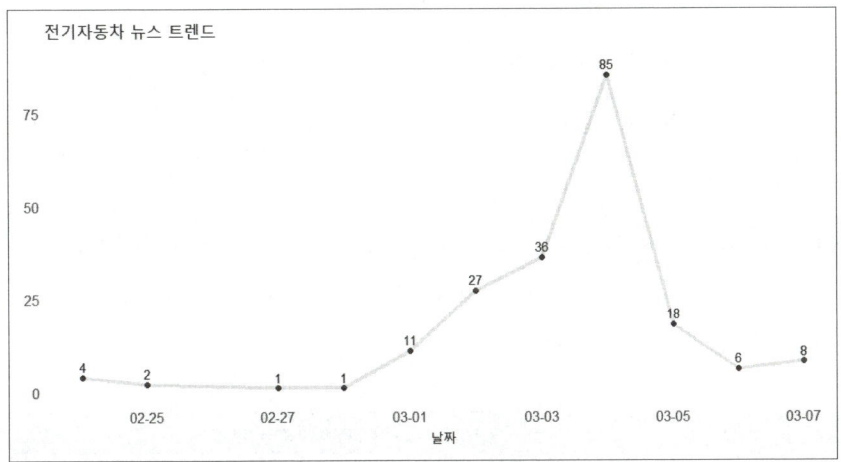

[그림 8-20] 전기자동차 뉴스 트렌드

❺ 수집한 뉴스 데이터로부터 의미 있는 키워드를 추출하기 위해 불필요한 문자를 제거합니다. KoNLP 패키지의 extractNoun( ) 함수를 이용하여 키워드를 추출하는 것이 아닌, 문자열 처리 함수인 strsplit( ) 함수를 이용하여 공백문자를 기준으로 추출합니다.

```
> pat = "<b>|</b>"
> rep = ""
> all_news$title = gsub(pat, rep, all_news$title)

> pat1 = "&quot;|Q&amp;A|<U+00A0>|\\.|\\'|,|…|·|．|"|"|!|'|'|\\(|\\)"
> rep1 = " "
> all_news$title = gsub(pat1, rep1, all_news$title)

> top = data.frame(1:10)
> for(i in 1:length(unique(all_news$pubDate))){
+    sub_news = all_news[all_news$pubDate==sort(unique(all_news$pubDate))[i],]
+
```

```
+   df_target = data.frame(table(unlist(strsplit(sub_news$title, " "))))
+   df_target = df_target[order(df_target$Freq, decreasing = TRUE),]
+   df_target$Var1 = as.character(df_target$Var1)
+   df_target = df_target[nchar(df_target$Var1) > 1,]
+   
+   top10 = head(df_target, 10)
+   
+   top = cbind(top, top10)
+ }
```

❻ 날짜별로 핵심 키워드를 도출한 결과 [표 8-5]와 같이 전기자동차와 관련된 키워드를 추출했습니다. 지역별로 전기자동차 보조금 지원 확대에 관한 이슈들이 보도된 것으로 추정됩니다.

구분	Keywords
2021-02-24	전기자동차, 시장동향, 영국, 공개, 번째, 아이오닉, 전기차, 현대자동차, 구매, 지원
2021-02-25	벼랑끝, 새출발, 자동차산업, 전기차로, 330대, 54억, 구매, 보조, 순천시, 올해
2021-02-27	김도형, 기자의, 달라지는, 디자인과, 변하지, 시대, 않는, 요소들, 자동차, 전기차
2021-02-28	실시, 의령군, 전기자동차, 지원, 확대
2021-03-01	자동차에, 전기차, 전기자동차, 265대, 보급, 영주시, 추진, 충전부터, 판매까지, 올해
2021-03-02	볼보자동차, 전기차, 2030년까지, 기업으로, 전기자동차, 보급사업, 시행, 함평군, 거듭날, 2021년
2021-03-03	전기차, 전기자동차, 볼보자동차, C40, 리차지, 확대, 순수, 산청군, 대폭, 보급사업
2021-03-04	전기차, 전용, 현대해상, 출시, 자동차, 보험, 전기자동차, 자동차보험, 배터리, 지원
2021-03-05	전기자동차, 지원, 보급, 추진, 사업, 경산시, 최대, 구매, 자동차보험, 전기차
2021-03-06	전기자동차, 교육과정, 모집, 전기내선공사, 정비산업기사, 현대대전자동차직업전문학교, 지원, 285대, 구매, 양주시
2021-03-07	전기자동차, 지원, 예천군, 이륜차, 대폭확대, 보조금, 성주군, 올해, 사업, 시행

[표 8-5] 날짜별 TOP 키워드

09
YouTube 댓글 키워드를 활용하여 감성 분석하기

소비자는 제품을 구매하고 댓글이나 SNS 등에 다양한 형태로 자신의 의사를 표현합니다. 판매자는 이를 통해 자신의 제품에 대한 평가가 어떤지 객관적으로 판단할 수 있습니다. 과거에는 제품 평가 및 분석을 설문 조사를 통해 진행하였다면 최근에는 텍스트 기반의 감성 분석으로 댓글의 의도를 파악하려는 시도가 늘어가고 있습니다. 9장에서는 YouTube 댓글 수집 및 감성을 분석하는 과정을 이해합니다.

9.1 YouTube 댓글 수집을 위한 YouTube API 준비하기

YouTube 영상 시청자는 댓글로 해당 영상에 대한 피드백을 남길 수 있습니다. YouTube 댓글을 수집하기 위해서는 YouTube API를 준비해야 합니다.

9.1.1 구글 API 프로젝트 생성하기

구글의 API 인증키를 발급하기 전에 API를 관리하는 프로젝트를 생성해야 합니다. 구글 API 프로젝트는 구글 개발자 콘솔에 접속하여 생성할 수 있습니다. 구글 개발자 콘솔에 접속하면 인증키를 발급받은 API의 사용 현황들도 모니터링할 수 있습니다.

> 🔍 직접 따라 하기   **구글 API 프로젝트 생성하기**

❶ API를 사용하기 위해 구글 개발자 콘솔(https://console.developers.google.com/)에 접속합니다. 최초로 접속할 경우에는 [그림 9-1]과 같이 프로젝트가 없기 때문에 오른쪽에 있는 "프로젝트 만들기"를 클릭합니다.

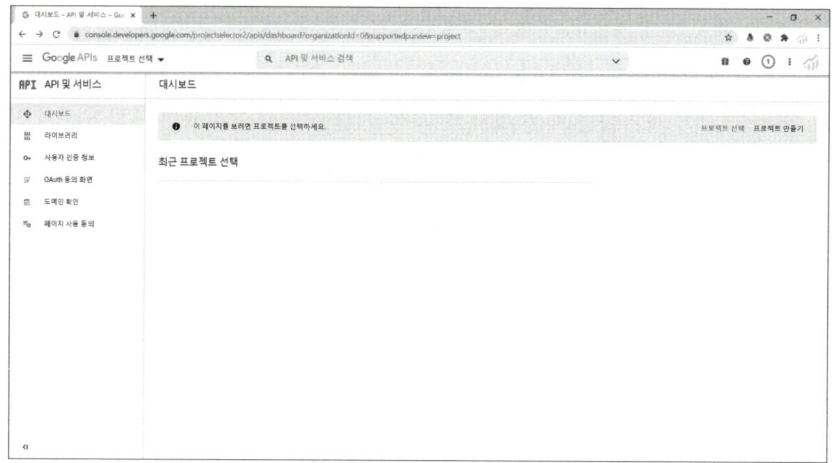

[그림 9-1] Google 개발자 콘솔

❷ 프로젝트 이름을 입력한 후 아래에 위치한 "만들기"를 클릭합니다.

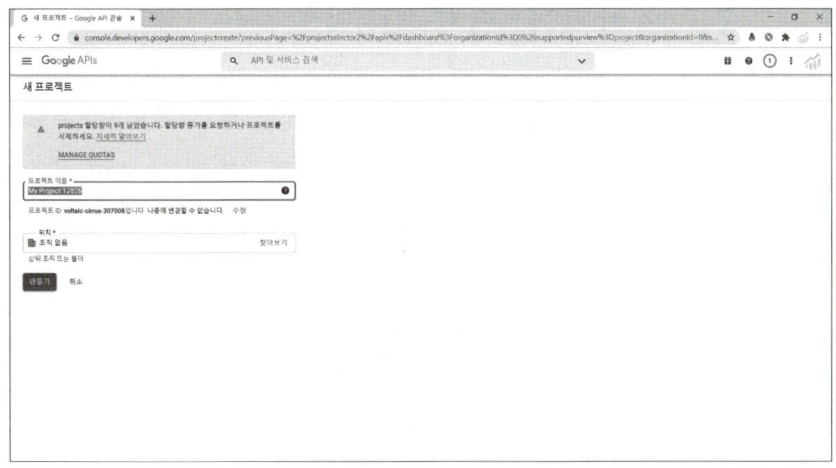

[그림 9-2] 새 프로젝트 생성

❸ 프로젝트 생성을 마치고 나면 [그림 9-3]과 같이 생성한 프로젝트가 나타납니다.

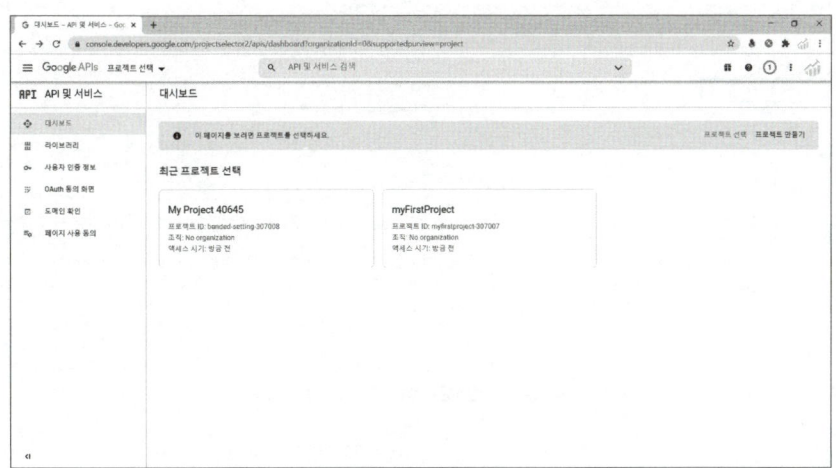

[그림 9-3] API 및 서비스 대시보드 화면

9.1.2 구글 OAuth 동의 화면 활성화하기

프로젝트를 생성했다면 구글 계정과 연동할 수 있도록 OAuth 동의 화면을 활성화해야 합니다. 정상적으로 활성화했을 경우 OAuth 2.0을 사용해서 Google 계정의 여러 액세스 범위에 대한 승인을 요청하며 Google에서 사용자에게 프로젝트 및 정책 요약과 요청된 액세스 범위가 포함된 동의 화면을 표시합니다.

직접 따라 하기 | 구글 OAuth 동의 화면 활성화하기

❶ 상단에 위치한 구글 API 로고 옆에서 특정 프로젝트를 선택할 수 있습니다. 앞에서 생성한 프로젝트를 선택합니다. 왼쪽 사이드바에 있는 "OAuth 동의 화면" 메뉴를 클릭합니다.

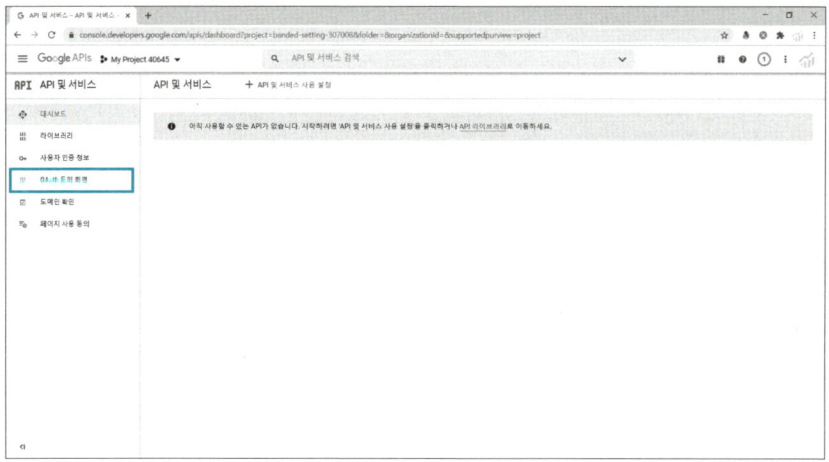

[그림 9-4] 프로젝트 선택 후 대시보드 화면

❷ OAuth 동의 화면을 클릭하여 User Type을 선택하면 활성화를 진행할 수 있습니다. 구글 계정이 있는 테스트 사용자를 추가하여 권한을 제공할 수 있게 User Type을 외부로 선택합니다.

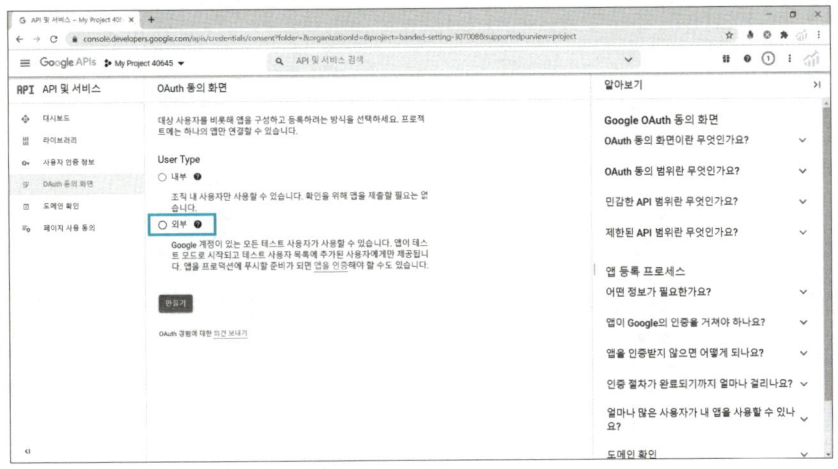

[그림 9-5] OAuth 동의 화면

❸ 앱 정보, 앱 도메인, 그리고 개발자 연락처 정보를 입력하고 저장한 후 계속해서 진행합니다. 앱 승인 요청 권한의 범위를 설정하고 마지막으로 테스트 사용자를 입력합니다. 이때 테스트 사용자 단계에서 로그인 계정을 추가해주어야 정상적으로 권한 인증을 수행할 수 있습니다.

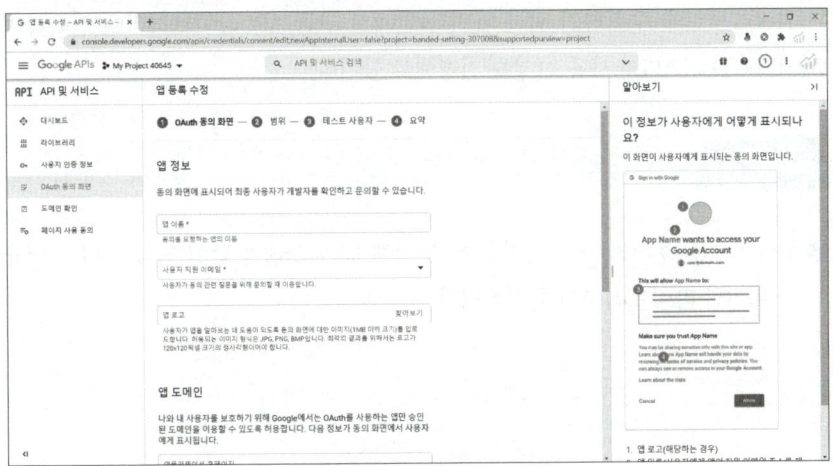

[그림 9-6] 앱 등록 수정(OAuth 동의 화면)

❹ 테스트 사용자까지 등록하고 나면 [그림 9-7]과 같은 화면이 나타납니다.

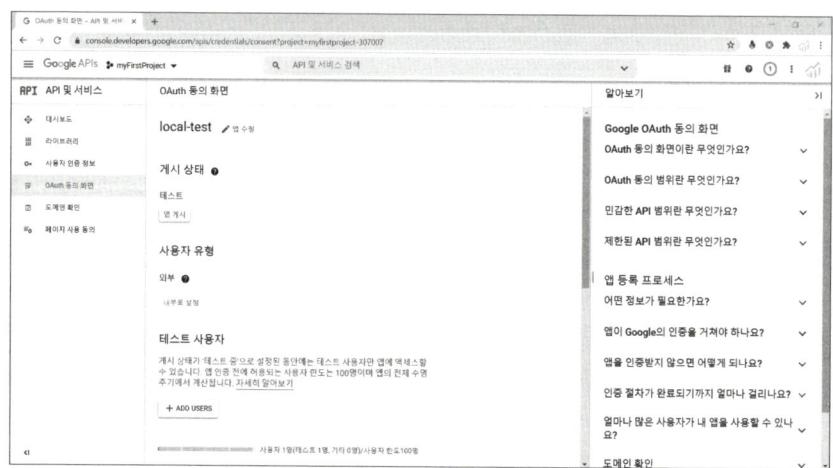

[그림 9-7] OAuth 동의 화면 생성 완료

9.1.3 YouTube Data API 사용 신청하기

YouTube 댓글을 수집하기 위한 마지막 단계로 구글 API 라이브러리에 접속하여 YouTube Data API의 사용 신청을 진행해야 합니다.

> 직접 따라 하기 YouTube Data API 사용 신청하기

❶ YouTube Data API 사용 신청을 하기 위해 [그림 9-8]과 같이 왼쪽 사이드 메뉴에 위치한 라이브러리를 클릭합니다.

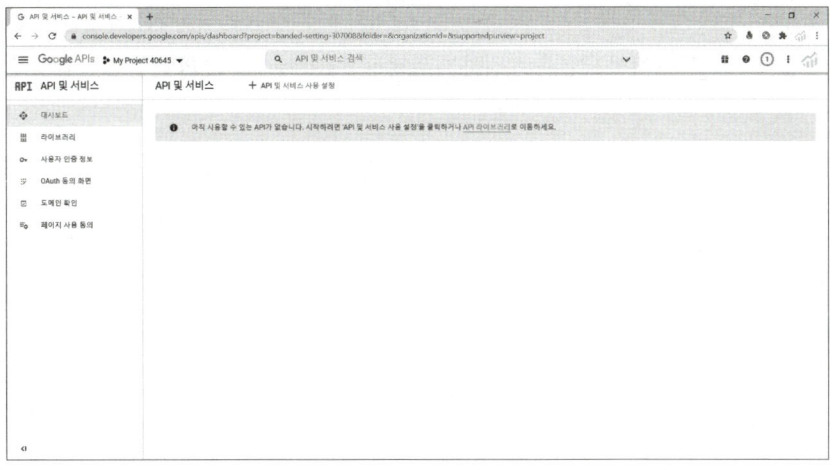

[그림 9-8] API 및 서비스 대시보드 화면

❷ API 라이브러리는 [그림 9-9]와 같이 나타납니다. 상단에 있는 API 및 서비스 검색 창에서 "YouTube"를 검색합니다.

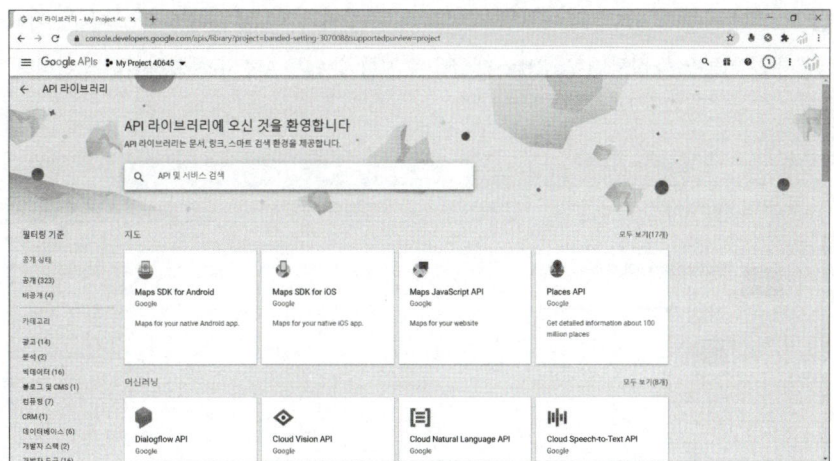

[그림 9-9] Google API 라이브러리

❸ "YouTube" 검색 결과 [그림 9-10]과 같이 4개의 API가 나타나는 것을 확인할 수 있습니다. 유튜브에서 댓글을 수집하기 위해서 YouTube Data API v3를 클릭합니다.

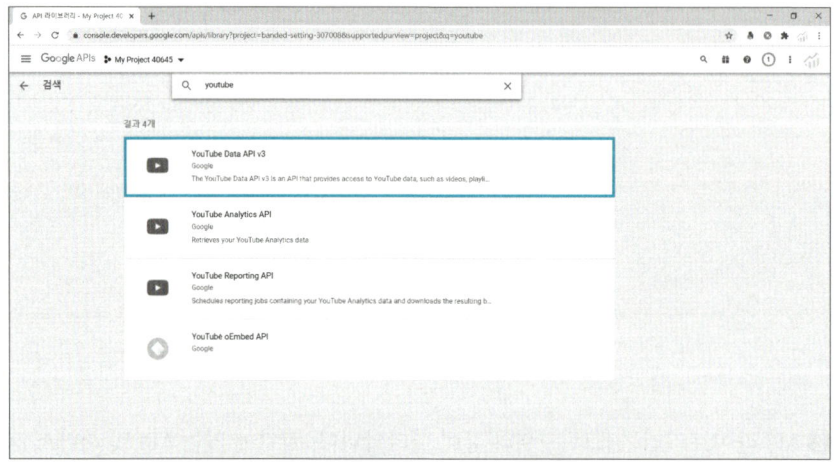

[그림 9-10] API 라이브러리에서의 "Youtube" 검색 결과

❹ YouTube Data API v3를 클릭하면 [그림 9-11]과 같이 화면이 나타납니다. 이때 "사용" 버튼을 클릭하면 YouTube 댓글을 수집할 수 있는 API 사용 신청이 완성됩니다.

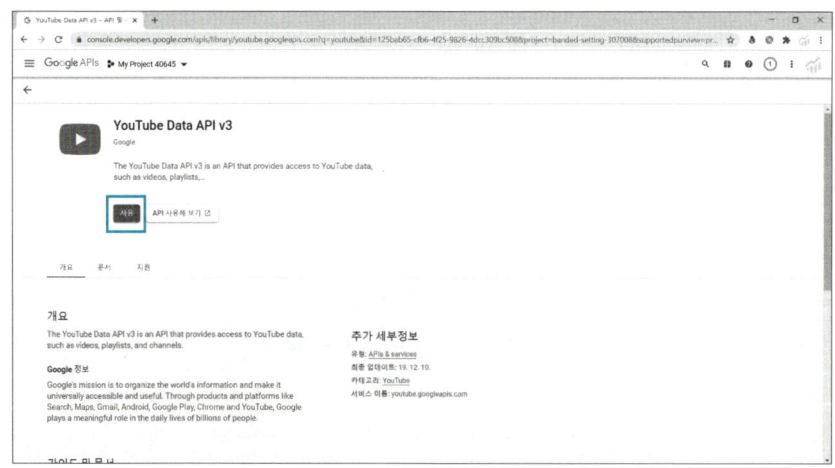

[그림 9-11] YouTube Data API v3 사용 신청 화면

❺ 최종 사용 신청이 완료된 후 다시 API 및 서비스 화면으로 넘어옵니다. 왼쪽 사이드 메뉴에 위치한 사용자 인증 정보를 클릭하면, API 및 OAuth 2.0 클라이언트 ID가 생성된 것을 확인할 수 있습니다.

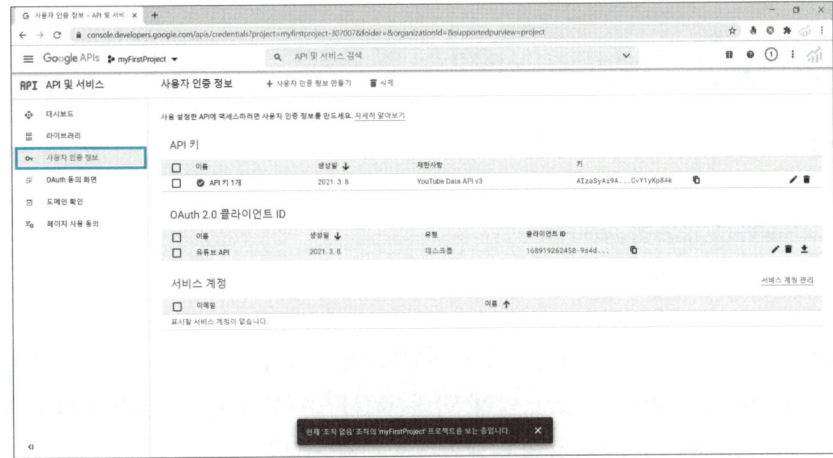

[그림 9-12] API 및 OAuth 2.0 세팅 완료 화면

9.2 YouTube 댓글 수집하기

YouTube Data API 준비가 완료되었다면 YouTube 댓글을 수집합니다. R에서 YouTube 댓글을 수집하기 위해 tuber 패키지를 사용합니다. tuber는 세팅이 완성된 곳에서 보다 쉽게 YouTube의 다양한 정보를 수집할 수 있는 패키지입니다.

9.2.1 OAuth 권한 연동하기

YouTube 댓글을 수집하기에 앞서 9.1.2 구글 OAuth 동의 화면 활성화하기에서 진행했던 OAuth 권한을 먼저 연동해야 합니다.

> **직접 따라 하기** OAuth 권한 연동하기

❶ tuber 패키지를 설치합니다.

```
> install.packages("tuber")
> library(tuber)
```

❷ [그림 9-13]에서 우측에 있는 클라이언트ID를 "ID 입력" 대신 넣어주고 클라이언트 보안 비밀은 "Secret 입력"을 대신해서 입력합니다. yt_oauth( ) 함수에 app_id와 app_secret 옵션 값을 채워준 후 실행합니다.

[그림 9-13] OAuth 2.0 클라이언트 ID 상세 화면

```
> app_id = "ID 입력"
> app_secret = "Secret 입력"

> yt_oauth(app_id = app_id,
+          app_secret = app_secret,
+          token = "")
Waiting for authentication in browser...
Press Esc/Ctrl + C to abort
```

❸ yt_oauth( ) 함수를 실행시키면 [그림 9-14]와 같이 계정을 선택하기 위한 인터넷 화면이 실행됩니다. **9.1.2 구글 OAuth 동의 화면 활성화하기**에서 OAuth 동의 화면을 활성화하는 과정에서 테스트 사용자에 이메일 계정을 정상적으로 추가했을 경우 다음 화면으로 진행됩니다.

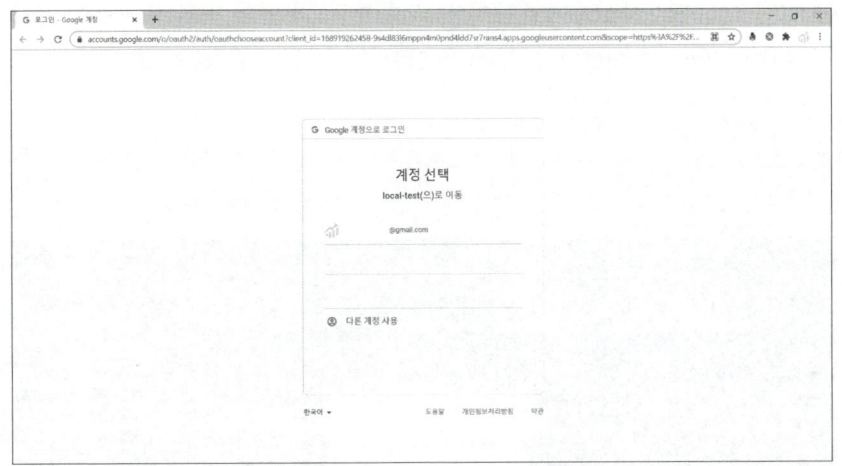

[그림 9-14] yt_oauth( ) 실행 시 계정 선택 화면

❹ Google에서 확인하지 않은 앱(테스트 중인 앱)에 대한 접근 권한을 제공했을 경우 계속 진행할 수 있습니다. "계속" 버튼을 클릭합니다.

[그림 9-15] 테스트 중인 앱 접근 화면

❺ [그림 9-16]과 같이 YouTube 동영상, 평가, 댓글, 자막, 보기, 수정 및 완전 삭제에 대한 권한을 부여할지를 선택하는 화면이 나타납니다. "허용" 버튼을 클릭합니다.

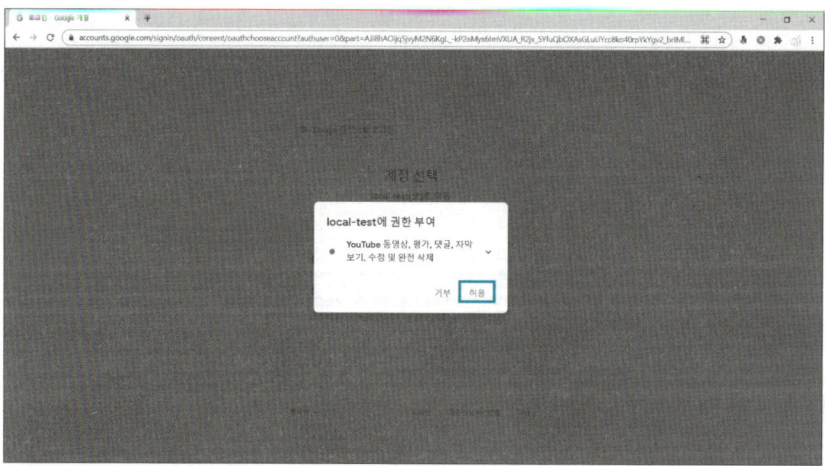

[그림 9-16] 권한 부여

❻ [그림 9-17]과 같이 앞에서 선택했던 선택사항을 확인한 후 하단에 위치한 "허용" 버튼을 클릭하면 인증을 마무리합니다.

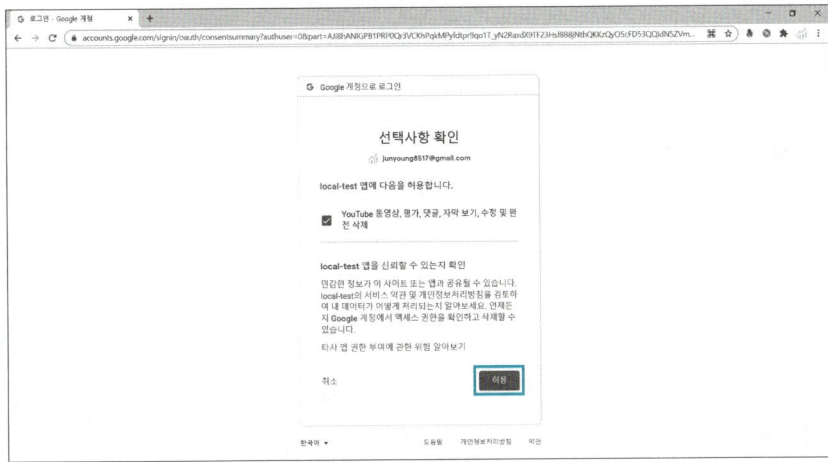

[그림 9-17] 선택사항 확인

❼ "Authentication complete. Please close this page and return to R." 메시지와 함께 OAuth 2.0 연동이 완료되었습니다.

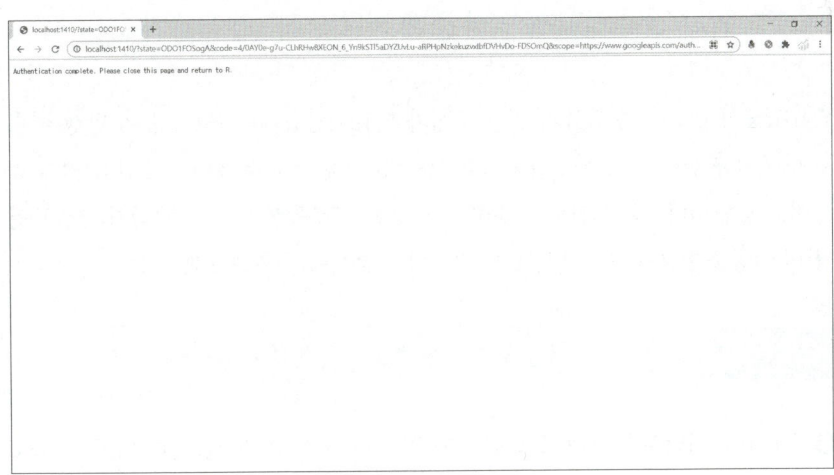

[그림 9-18] 권한 인증 완료

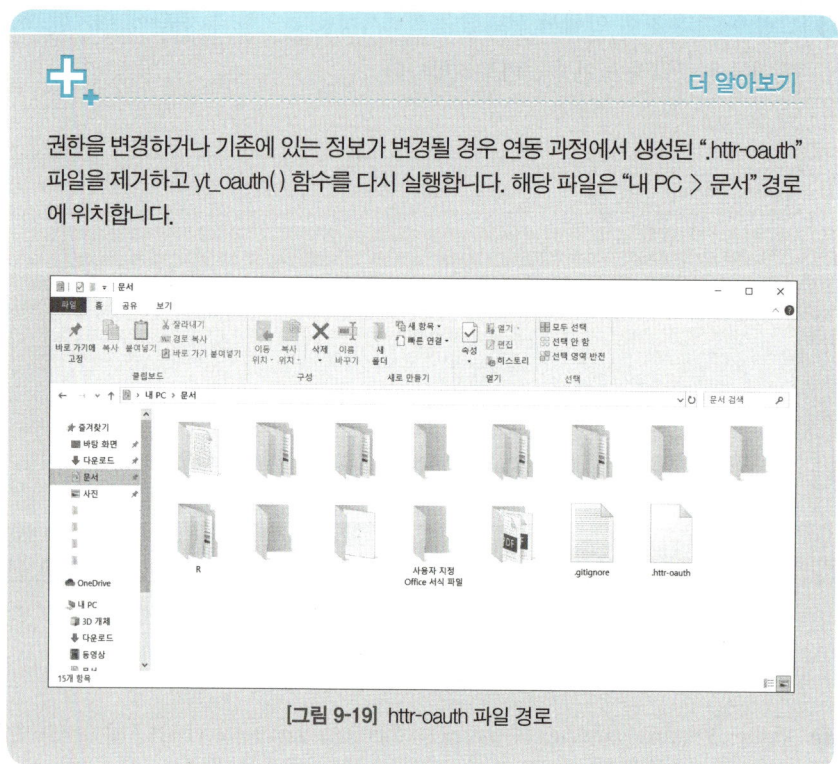

> **더 알아보기**
>
> 권한을 변경하거나 기존에 있는 정보가 변경될 경우 연동 과정에서 생성된 ".httr-oauth" 파일을 제거하고 yt_oauth( ) 함수를 다시 실행합니다. 해당 파일은 "내 PC 〉 문서" 경로에 위치합니다.

[그림 9-19] httr-oauth 파일 경로

9.2.2 YouTube 채널 및 영상 통계 정보 수집·분석하기

YouTube의 댓글을 수집하기 위한 준비가 완료되었습니다. 코로나19 발생 이후로 대중의 관심사가 경제로 집중되고 있으며, 경제 전문 유튜버들의 관심 역시 높아지고 있습니다. 경제 전문 유튜버 "슈카월드", "부동산 읽어주는 남자", "신사임당"의 영상을 활용해서 통계 정보를 수집하고 분석을 수행해보겠습니다.

직접 따라 하기 YouTube 채널 및 영상 통계 정보 수집 및 분석하기

❶ YouTube 채널의 통계 정보를 수집하려면 해당 채널 ID가 필요합니다. YouTube 채널 ID는 [그림 9-20]과 같이 특정 채널에 접속하면 URL에 채널 ID가 함께 나

타납니다. YouTube에서 경제 전문 유튜버 세 사람의 채널을 찾아봅니다.

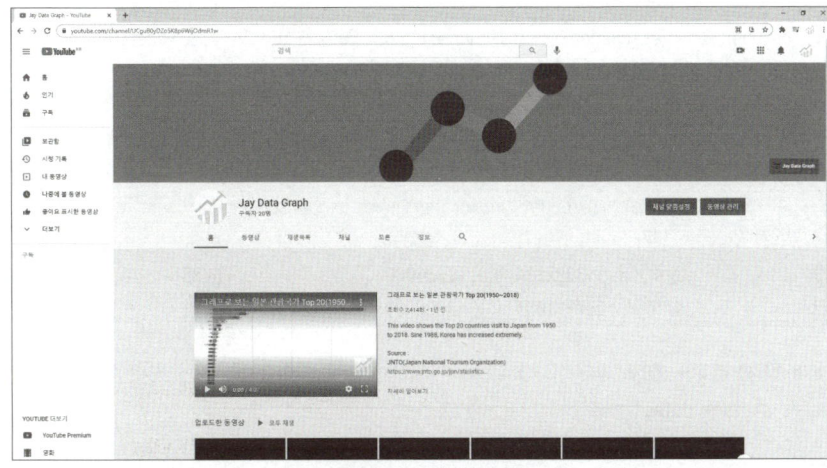

[그림 9-20] YouTube 채널

❷ 각 유튜버 채널에 접속하여 수집한 채널 데이터를 데이터 프레임 형태의 구조로 입력합니다.

```
> youtuber = data.frame(channel = c("부동산 읽어주는 남자",
+                                    "신사임당",
+                                    "슈카월드"),
+                       channel_id = c("UC2QeHNJFfuQWB4cy3M-745g",
+                                      "UCaJdckl6MBdDPDf75Ec_bJA",
+                                      "UCsJ6RuBiTVWRX156FVbeaGg"))
```

❸ 각 채널의 통계 정보를 확인하고자 tuber 패키지의 get_channel_stats( ) 함수를 이용하여 수집할 수 있습니다. 세 채널을 차례대로 수집합니다. 반복되는 작업은 for( ) 와 같은 반복문을 이용해서 처리할 수 있습니다.

```
# 세 차례 get_channel_stats() 함수를 이용해서 데이터 수집
> youtuber_1 = get_channel_stats(channel_id = "UC2QeHNJFfuQWB4cy3M-745g")
> yt1_stats = data.frame(channel = "부동산 읽어주는 남자", youtuber_1$statistics)
```

```
> youtuber_2 = get_channel_stats(channel_id = "UCaJdckl6MBdDPDf75Ec_bJA")
> yt2_stats = data.frame(channel = "신사임당", youtuber_2$statistics)

> youtuber_3 = get_channel_stats(channel_id = "UCsJ6RuBiTWWRX156FVbeaGg")
> yt3_stats = data.frame(channel = "슈카월드", youtuber_3$statistics)

> yt_stats = rbind(yt1_stats, yt2_stats, yt3_stats)
> yt_stats
          Channel  viewCount subscriberCount hiddenSubscriberCount videoCount
1 부동산 읽어주는 남자  52579571          565000                 FALSE        387
2          신사임당 152982384         1380000                 FALSE        769
3         슈카월드 167051057         1380000                 FALSE        780

# 반복문을 이용한 데이터 수집
> yt_stats = data.frame()
> for(i in 1:nrow(youtuber)){
+    yt_stat = data.frame(channel = youtuber$channel[i],
+                   get_channel_stats(youtuber$channel_id[i])$statistics)
+    yt_stats = rbind(yt_stats, yt_stat)
+ }

> yt_stats
          Channel  viewCount subscriberCount hiddenSubscriberCount videoCount
1 부동산 읽어주는 남자  52579571          565000                 FALSE        387
2          신사임당 152982384         1380000                 FALSE        769
3         슈카월드 167051057         1380000                 FALSE        780
```

❹ 각 채널별로 수집한 통계 정보를 시각화로 간단히 살펴보겠습니다. 세 채널 모두 약 5천만 뷰 이상을 달성한 것으로 나타났으며, 슈카월드와 신사임당 채널은 전체 시청 수, 구독자 수, 콘텐츠 수로 살펴봤을 때 규모가 유사한 것으로 나타납니다.

```
# 채널별 전체 시청 수 시각화
> ggplot(yt_stats, aes(x = channel, fill = channel)) +
+   geom_bar(aes(y = viewCount), stat = "identity") +
+   geom_text(aes(label = paste0(format(viewCount, big.mark = ","), " View"),
+             y = viewCount), stat = "identity", vjust = -0.5) +
```

```
+     labs(title = "채널별 전체 시청 수") +
+     xlab("") +
+     ylab("") +
+     theme(text = element_text(size = 15),
+           panel.background = element_blank(),
+           legend.position = "none",
+           axis.ticks = element_blank(),
+           axis.text.y = element_blank())

# 채널별 구독자 수 시각화
> ggplot(yt_stats, aes(x = channel, fill = channel)) +
+     geom_bar(aes(y = subscriberCount), stat = "identity") +
+     geom_text(aes(label = paste0(format(subscriberCount,
+                                         big.mark = ","), " View"),
+                   y = subscriberCount), stat = "identity", vjust = -0.5) +
+     labs(title = "채널별 구독자 수") +
+     xlab("") +
+     ylab("") +
+     theme(text = element_text(size = 15),
+           panel.background = element_blank(),
+           legend.position = "none",
+           axis.ticks = element_blank(),
+           axis.text.y = element_blank())

# 채널별 콘텐츠 수 시각화
> ggplot(yt_stats, aes(x = channel, fill = channel)) +
+     geom_bar(aes(y = videoCount), stat = "identity") +
+     geom_text(aes(label = paste0(format(videoCount,
+                                         big.mark = ","), " View"),
+                   y = videoCount), stat = "identity", vjust = -0.5) +
+     labs(title = "채널별 콘텐츠 수") +
+     xlab("") +
+     ylab("") +
+     theme(text = element_text(size = 15),
+           panel.background = element_blank(),
+           legend.position = "none",
+           axis.ticks = element_blank(),
+           axis.text.y = element_blank())
```

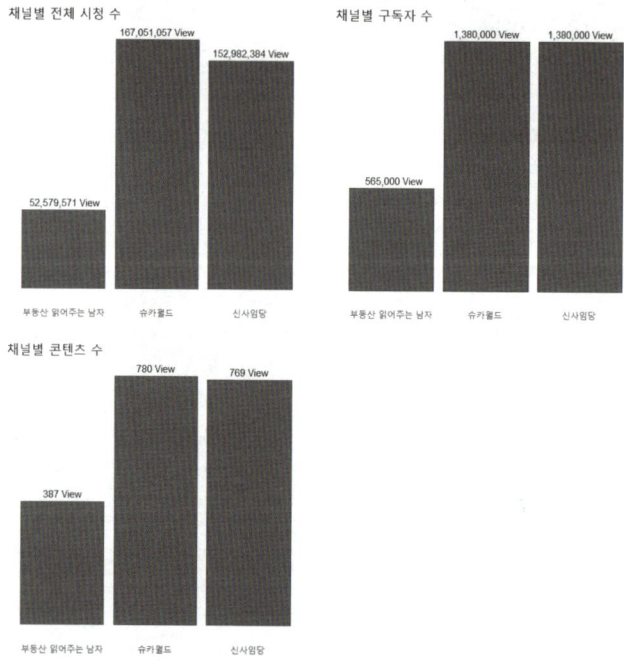

[그림 9-21] 채널별 통계 정보 시각화

❺ 각 채널에 접속하여 동영상 탭을 클릭합니다. 오른쪽에 있는 정렬 기준을 인기 동영상으로 선택하여 첫 번째로 나오는 영상을 클릭하면 URL에 콘텐츠 ID가 나타납니다. tuber 패키지의 get_stats() 함수를 이용하여 해당 영상에 대한 통계 정보를 수집합니다. id(YouTube 콘텐츠 ID), viewCount(조회수), likeCount(좋아요 수), dislikeCount(싫어요 수), favoriteCount, commentCount(댓글 수)의 정보가 수집됩니다. 현재 favoriteCount 정보는 Google Developers의 YouTube API 가이드 문서에서 빠져 있습니다.

```
> mstVideo1 = get_stats(video_id = "aeOMKD9t9H0")
> mstVideo1
$id
[1] "aeOMKD9t9H0"

$viewCount
```

```
[1] "1952370"

$likeCount
[1] "21368"

$dislikeCount
[1] "1066"

$commentCount
[1] "2130"

> mstVideo2 = get_stats(video_id = "x9mGWCcCJAE")
> mstVideo2
$id
[1] "x9mGWCcCJAE"

$viewCount
[1] "2502727"

$likeCount
[1] "18170"

$dislikeCount
[1] "2818"

$commentCount
[1] "1432"

> mstVideo3 = get_stats(video_id = "e6Qa05lBdEI")
> mstVideo3
$id
[1] "e6Qa05lBdEI"

$viewCount
[1] "2182905"

$likeCount
[1] "44616"
```

```
$dislikeCount
[1] "1454"

$commentCount
[1] "2199"
```

❻ 수집한 콘텐츠 통계 정보를 데이터 프레임 구조로 변형시키고 간단하게 시각화합니다. 숫자형 변수가 문자형 변수로 설정되어 있을 경우, format( ) 함수의 big.mark 옵션 적용이 불가능하므로 as.integer( ) 함수를 이용하여 숫자형 변수로 변환합니다. str( ) 함수를 이용하여 수집한 콘텐츠 통계 정보 데이터를 확인해보면 Count 열들이 숫자형 변수(int)로 변환된 것을 확인할 수 있습니다.

```
> mstv1df = data.frame(title = "쿠팡 1조원 적자에도 멈출 수 없는 이유",
                       mstVideo1)
> mstv2df = data.frame(title = "절대로 전세 살지 마라 1부 | 부동산읽어주는남자",
                       mstVideo2)
> mstV3df = data.frame(title = "부자는 알지만 가난한 사람은 모르는 것 (존리)",
                       mstVideo3)
> mstvdf = rbind(mstv1df, mstv2df, mstV3df)
> mstvdf[-1]
            id viewCount likeCount dislikeCount favoriteCount commentCount
1 aeOMKD9t9H0   1952370     21368         1066             0         2130
2 x9mGWCcCJAE   2502727     18170         2818             0         1432
3 e6Qa05lBdEI   2182905     44616         1454             0         2199

> mstvdf$viewCount = as.integer(mstvdf$viewCount)
> mstvdf$likeCount = as.integer(mstvdf$likeCount)
> mstvdf$dislikeCount = as.integer(mstvdf$dislikeCount)
> mstvdf$commentCount = as.integer(mstvdf$commentCount)

> str(mstvdf)
'data.frame':   3 obs. of  7 variables:
 $ title        : chr  "쿠팡 1조원 적자에도\n멈출 수 없는 이유" "절대로 전세 살지 마라 1부\n부동산읽어주는남자" "부자는 알지만\n가난한 사람은\n모르는 것 (존리)"
 $ id           : chr  "aeOMKD9t9H0" "x9mGWCcCJAE" "e6Qa05lBdEI"
```

```
$ viewCount     : int  1952370 2502727 2182905
$ likeCount     : int  21368 18170 44616
$ dislikeCount  : int  1066 2818 1454
$ commentCount  : int  2130 1432 2199
```

❼ ggplot( ) 함수를 이용하여 콘텐츠별 통계 정보를 시각화합니다. 시청 수와 싫어요 수는 "부동산 읽어주는 남자" 채널의 "절대로 전세 살지 마라 1부 | 부동산 읽어주는남자"가 가장 높은 것으로 나타났으며, 좋아요 수와 댓글 수는 "신사임당" 채널의 "부자는 알지만 가난한 사람은 모르는 것 (존리)"가 가장 높게 나타났습니다.

```
# 콘텐츠별 시청 수 시각화
ggplot(mstvdf, aes(x = title, fill = title)) +
+    geom_bar(aes(y = viewCount), stat = "identity") +
+    geom_text(aes(label = format(viewCount, big.mark = ","),
+                  y = viewCount), stat = "identity", vjust = -0.5) +
+    labs(title = "콘텐츠별 시청 수") +
+    xlab("") +
+    ylab("") +
+    theme(text = element_text(size = 15),
+          panel.background = element_blank(),
+          legend.position = "none",
+          axis.ticks = element_blank(),
+          axis.text.y = element_blank())

# 콘텐츠별 좋아요 수 시각화
ggplot(mstvdf, aes(x = title, fill = title)) +
+    geom_bar(aes(y = likeCount), stat = "identity") +
+    geom_text(aes(label = format(likeCount, big.mark = ","),
+                  y = likeCount), stat = "identity", vjust = -0.5) +
+    labs(title = "콘텐츠별 좋아요 수") +
+         xlab("") +
+         ylab("") +
+    theme(text = element_text(size = 15),
+          panel.background = element_blank(),
+          legend.position = "none",
```

```
+         axis.ticks = element_blank(),
+         axis.text.y = element_blank())

# 콘텐츠별 싫어요 수 시각화
ggplot(mstvdf, aes(x = title, fill = title)) +
+   geom_bar(aes(y = dislikeCount), stat = "identity") +
+   geom_text(aes(label = format(dislikeCount, big.mark = ","),
+                 y = dislikeCount), stat = "identity", vjust = -0.5) +
+   labs(title = "콘텐츠별 싫어요 수") +
+     xlab("") +
+     ylab("") +
+   theme(text = element_text(size = 15),
+         panel.background = element_blank(),
+         legend.position = "none",
+         axis.ticks = element_blank(),
+         axis.text.y = element_blank())

# 콘텐츠별 댓글 수 시각화
ggplot(mstvdf, aes(x = title, fill = title)) +
+   geom_bar(aes(y = commentCount), stat = "identity") +
+   geom_text(aes(label = format(commentCount, big.mark = ","),
+                 y = commentCount), stat = "identity", vjust = -0.5) +
+   labs(title = "콘텐츠별 댓글 수") +
+     xlab("") +
+     ylab("") +
+   theme(text = element_text(size = 15),
+         panel.background = element_blank(),
+         legend.position = "none",
+         axis.ticks = element_blank(),
+         axis.text.y = element_blank())
```

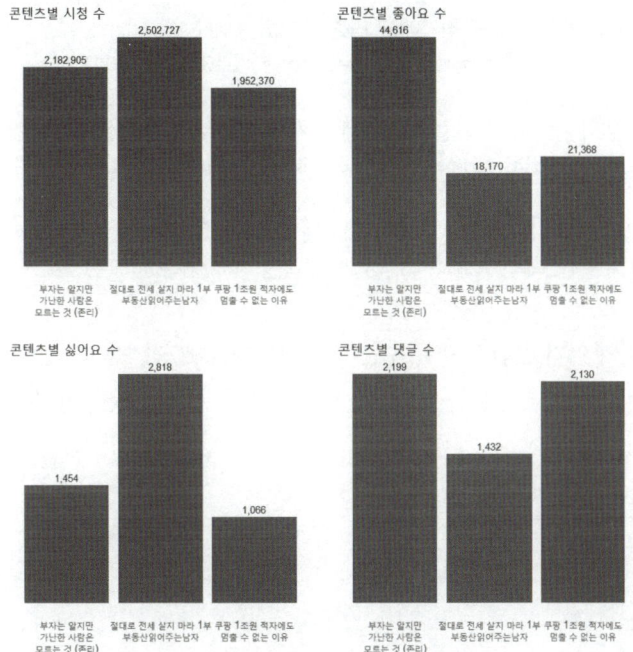

[그림 9-22] 콘텐츠별 통계 지표 시각화

9.2.3 YouTube 채널 및 영상 댓글 수집하기

9.2.2 YouTube 채널 및 영상 통계 정보 수집 및 분석하기에서 경제 전문 유튜버 "슈카월드", "부동산 읽어주는 남자", "신사임당" 세 사람의 영상을 활용해서 통계 정보를 수집하고 분석했습니다. 이 장에서는 세 사람의 영상 중에서 가장 시청 수가 높은 세 가지 영상을 선정하여 이들의 댓글을 수집합니다.

> 직접 따라 하기 YouTube 채널 및 영상 댓글 수집하기

❶ 세 콘텐츠 모두 댓글 수가 1,000개입니다. tuber 패키지의 get_all_comments( ) 함수를 이용해서 텍스트 분석에 앞서 세 콘텐츠에 작성된 댓글을 수집합니다.

```
# 슈카월드 - 쿠팡 1조원 적자에도 멈출 수 없는 이유
> cmt_1 = get_all_comments(video_id = "aeOMKD9t9H0")

# 부동산 읽어주는 남자 - 절대로 전세 살지 마라 1부 | 부동산읽어주는남자
> cmt_2 = get_all_comments(video_id = "x9mGWCcCJAE")

# 신사임당 - 부자는 알지만 가난한 사람은 모르는 것 (존리)
> cmt_3 = get_all_comments(video_id = "e6Qa05lBdEI")
```

❷ 세 채널의 인기 콘텐츠 댓글 수는 '슈카월드'가 1,877건, '신사임당'이 1,727건입니다. 마지막으로 '부동산 읽어주는 남자'의 댓글 수는 1,366건입니다.

```
> nrow(cmt_1)
[1] 1877

> nrow(cmt_2)
[1] 1366

> nrow(cmt_3)
[1] 1727
```

❸ [표 9-1]의 textOriginal이 텍스트 분석에 사용할 댓글입니다. 그리고 authorDisplayName는 작성자 닉네임입니다. 이 정보를 이용해서 텍스트 분석을 수행할 예정입니다.

구분	변수명	예시
1	videoId	aeOMKD9t9H0
2	textDisplay	야후는 살을 내주고 뼈를 취한 게 아니라, 금덩이를 취했네..
3	textOriginal	야후는 살을 내주고 뼈를 취한 게 아니라, 금덩이를 취했네..
4	authorDisplayName	Einstein Albert
5	authorProfileImageUrl	https://yt3.ggpht.com/ytc/AAUvwniB8X2kE0mbRh05uaHJiQ3PL20IXGS6Xoa7iWB0ow=s48-c-k-c0xffffffff-no-rj-mo

6	authorChannelUrl	http://www.youtube.com/channel/UCiguTs_09NKLuZruyYPfHXA
7	authorChannelId.value	UCiguTs_09NKLuZruyYPfHXA
8	canRate	TRUE
9	viewerRating	none
10	likeCount	0
11	publishedAt	2021-03-09T17:39:10Z
12	updatedAt	2021-03-09T17:39:10Z
13	id	UgyYPHYLITKsx1X4-bx4AaABAg
14	parentId	<NA>
15	moderationStatus	NA

[표 9-1] YouTube 콘텐츠 댓글 수집 항목

9.3 RcppMeCab 패키지를 이용하여 한글 자연어 처리하기

8장 오늘의 뉴스 키워드 분석하기에서는 KoNLP 패키지를 이용하여 형태소 분석을 수행했다면, 9장 YouTube 댓글 키워드를 활용하여 감성 분석하기에서는 RcppMeCab 패키지를 이용하여 형태소 분석을 진행합니다. 그동안 자연어 처리를 하고자 패키지로 KoNLP와 Sejong Dictionary를 사용해왔습니다.

9.3.1 RcppMeCab 패키지 설치하기

2013년 이용운, 유영호 두 분에 의해 은전한닢 프로젝트가 시작되었습니다. 일본어 형태소 분석기인 mecab에 한국어 말뭉치 사전을 학습시켜 만들어진 mecab-ko입니다. 기존에 사용하던 KoNLP 패키지에 비해 처리 속도가 대폭 향상되었으며 정확도 역시 상당히 개선된 것으로 알려져 있습니다. 9.2 YouTube 댓글 수집하기에서 수집한 세 유튜버의 가장 인기 있는 콘텐츠에 달린 댓글을 이용해서 형태소 분석을 진행합니다.

직접 따라 하기 RcppMeCab 패키지 설치하기

❶ mebab-ko 형태소 분석기를 사용하기 위해 Rcppmecab 패키지를 설치합니다. RcppMeCab 패키지 설치에 앞서 설치해야 할 파일이 있습니다. Rcppmecab 패키지의 Github 저장소(https://github.com/junhewk/RcppMeCab/blob/master/README_kr.md)에 접속하여 MeCab 프로그램과 사전을 다운받아 설치합니다.

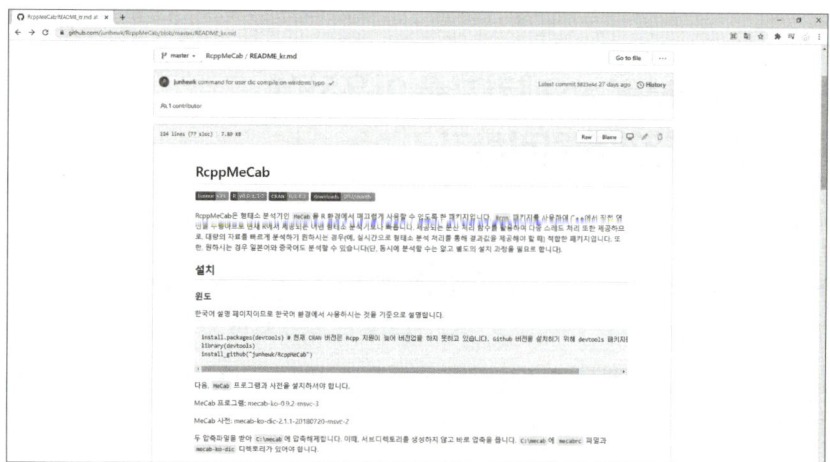

[그림 9-23] RcppMeCab 패키지 Github 저장소

❷ [그림 9-24]와 같이 MeCab 프로그램과 사전을 "c:\mecab" 경로에 설치합니다.

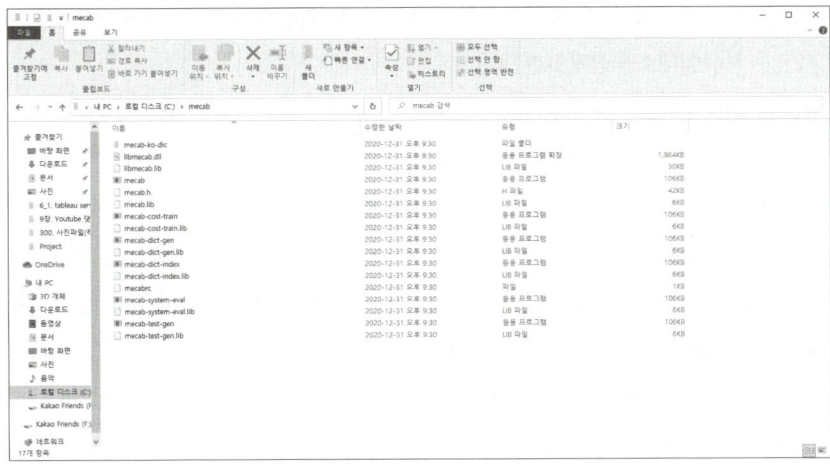

[그림 9-24] Mecab 설치 폴더

❸ 해당 패키지는 CRAN에 올라간 버전과 Github 버전이 차이가 있다고 합니다. 패키지를 설치하기 위해서는 MeCab 프로그램과 사전을 설치해야 합니다. Github 버전을 설치하려면 devtools 패키지를 실행해야 합니다. install_github( ) 함수를 이용하여 RcppMeCab 패키지를 설치합니다.

```
> library(remotes)

> install_github("junhewk/RcppMeCab")
> library(RcppMeCab)
```

9.3.2 RcppMeCab 패키지를 이용하여 형태소 분석하기

RcppMeCab 패키지에는 pos( ) 함수와 posParallel( ) 함수가 있습니다. pos( ) 함수는 MeCab을 이용하여 형태소를 분석하는 기본 함수이며, posParallel( ) 함수는 멀티스레딩(Multithreading)을 지원하는 함수입니다. 두 함수에는 join, format, sys_dic, user_dic의 4가지 옵션이 존재합니다.

- **join 옵션**: 분석된 형태소의 표시 유무를 선택하는 기능입니다. 기본적으로 옵션을 선택하지 않는 경우 형태소를 함께 표현합니다.
- **format 옵션**: 출력 형태를 선택하는 기능입니다. 기본적으로 옵션을 선택하지 않는 경우 리스트로 출력하며, "data.frame"으로 설정하여 데이터 프레임으로 출력할 수 있습니다.
- **sys_dic 옵션**: mecabrc 파일과 mecab-ko-dic을 찾아오는 기능입니다. 두 파일은 "c:\mecab" 경로에 설치를 진행하였습니다. 기본적으로 옵션을 선택하지 않을 경우에는 "c:\mecab" 경로가 세팅되어 있기 때문에 해당 폴더로 설치를 진행했습니다. 만약 다른 경로에 설치했을 경우에는 해당 파일의 경로를 입력해주어야 합니다.
- **user_dic 옵션**: 기본 사전 이외에 사용자가 추가로 정의한 사전을 불러오는 기능입니다. 단, dic 파일로 생성해야 하기 때문에 R이 아닌 텍스트 편집기를 이용해서 csv 파일을 만든 후 dic로 변환하는 작업을 진행해야 합니다.

직접 따라 하기 | RcppMeCab 패키지를 이용한 형태소 분석하기

❶ RcppMeCab 패키지의 pos( ) 함수를 이용하여 간단하게 형태소 분석을 진행합니다. Windows 운영체제에서 형태소 분석을 하려면 enc2utf8( ) 함수를 이용하여 기본 인코딩인 CP949(euc-kr)를 UTF-8로 변환해주어야 합니다.

```
> sentence = "안녕하세요"
> pos(sentence = sentence)
$'�ỹ\xe7\xc7\u03fc��\xe4'
[1] "�/SY"           "ỹ/SL"            "\xe7\xc7\xcf/SH"  "���\xe4/SY"

> sentence = enc2utf8("안녕하세요")
> pos(sentence = sentence)
$안녕하세요
[1] "안녕/NNG"    "하/XSV"       "세요/EP+EF"
```

❷ **9.2.3 YouTube 채널 및 영상 댓글 수집하기**에서 수집한 댓글을 이용해서 형태소 분석을 진행합니다. [표 9-2] YouTube 콘텐츠 댓글 수집 항목을 살펴보면 textOriginal 열에 댓글이 담긴 것을 알 수 있습니다. 댓글 수가 많으므로

posParallel( ) 함수를 이용하여 형태소 분석을 진행합니다.

```
# 슈카월드 인기 콘텐츠 댓글
> cmt_pos_1 = posParallel(sentence = cmt_1$textOriginal,
+                         format = "data.frame")

> head(cmt_pos_1)
  doc_id sentence_id token_id token  pos    subtype
1      1           1        1    야   IC
2      1           1        2    역시  MAJ
3      1           1        3    슈카  NNP       인명
4      1           1        4    루이  NNP       인명
5      1           1        5    싱    NNP       인명
6      1           1        6    커피  NNG

# 부동산 읽어주는 남자 인기 콘텐츠 댓글
> cmt_pos_2 = posParallel(sentence = cmt_2$textOriginal,
+                         format = "data.frame")

> head(cmt_pos_2)
  doc_id sentence_id token_id token  pos      subtype
1      1           1        1   절대로  MAG   성분부사/정도부사
2      1           1        2   전세    NNG
3      1           1        3   살      VV
4      1           1        4   지      EC
5      1           1        5   마      VX
6      1           1        6   라      EC

# 신사임당 인기 콘텐츠 댓글
> cmt_pos_3 = posParallel(sentence = cmt_3$textOriginal,
+                         format = "data.frame")

> head(cmt_pos_3)
  doc_id sentence_id token_id token  pos      subtype
1      1           1        1    오늘   MAG   성분부사/시간부사
2      1           1        2    만난   VV+ETM
3      1           1        3    사람   NNG
```

4	1	1	4	존리	NNP	인명
5	1	1	5	메리	NNP	인명
6	1	1	6	츠	NNP	인명

KoNLP와 RcppMeCab를 통해 형태소 분석을 진행할 경우 [표9-3]과 [표 9-4]와 같이 품사별로 태그를 함께 출력합니다. 태그를 활용해서 품사별로 키워드를 분석할 수 있습니다.

대분류(5언)	세종 품사 태그		mecab-ko-dic 품사 태그	
	태그	설명	태그	설명
체언	NNG	일반 명사	NNG	일반 명사
	NNP	고유 명사	NNP	고유 명사
	NNB	의존 명사	NNB	의존 명사
			NNBC	단위를 나타내는 명사
	NR	수사	NR	수사
	NP	대명사	NP	대명사
용언	VV	동사	VV	동사
	VA	형용사	VA	형용사
	VX	보조 용언	VX	보조 용언
	VCP	긍정 지정사	VCP	긍정 지정사
	VCN	부정 지정사	VCN	부정 지정사
수식언	MM	관형사	MM	관형사
	MAG	일반 부사	MAG	일반 부사
	MAJ	접속 부사	MAJ	접속 부사
독립언	IC	감탄사	IC	감탄사
관계언	JKS	주격 조사	JKS	주격 조사
	JKC	보격 조사	JKC	보격 조사
	JKG	관형격 조사	JKG	관형격 조사
	JKO	목적격 조사	JKO	목적격 조사
	JKB	부사격 조사	JKB	부사격 조사
	JKV	호격 조사	JKV	호격 조사
	JKQ	인용격 조사	JKQ	인용격 조사
	JX	보조사	JX	보조사
	JC	접속 조사	JC	접속 조사

[표 9-3] 5언 품사 태그

대분류(기타)	세종 품사 태그		mecab-ko-dic 품사 태그	
	태그	설명	태그	설명
선어말 어미	EP	선어말 어미	EP	선어말 어미
어말 어미	EF	종결 어미	EF	종결 어미
	EC	연결 어미	EC	연결 어미
	ETN	명사형 전성 어미	ETN	명사형 전성 어미
	ETM	관형형 전성 어미	ETM	관형형 전성 어미
접두사	XPN	체언 접두사	XPN	체언 접두사
접미사	XSN	명사 파생 접미사	XSN	명사 파생 접미사
	XSV	동사 파생 접미사	XSV	동사 파생 접미사
	XSA	형용사 파생 접미사	XSA	형용사 파생 접미사
어근	XR	어근	XR	어근
부호	SF	마침표, 물음표, 느낌표	SF	마침표, 물음표, 느낌표
	SE	줄임표	SE	줄임표 …
	SS	따옴표, 괄호표, 줄표	SSO	여는 괄호 (, [
			SSC	닫는 괄호),]
	SP	쉼표, 가운뎃점, 콜론, 빗금	SC	구분자 , · / :
	SO	붙임표(물결, 숨김, 빠짐)	SY	
	SW	기타기호(논리수학기호, 화폐기호)		
한글 이외	SL	외국어	SL	외국어
	SH	한자	SH	한자
	SN	숫자	SN	숫자

[표 9-4] 기타 품사 태그

❸ table( ) 함수를 이용하여 댓글별 형태소 분석으로 추출된 키워드의 수가 어떻게 분포하는지 살펴봅니다. "슈카월드" 채널의 인기 콘텐츠에 담긴 댓글들을 살펴보면 최대 721개의 키워드가 도출된 반면, "부동산 읽어주는 남자" 채널의 인기 콘텐츠에 담긴 댓글에는 최대 456개가 도출되었습니다. 마지막으로 "신사임당"의 인기 콘텐츠에는 657개의 키워드가 도출되었습니다. "슈카월드"와 "신사임당" 채널의 댓글이 "부동산 읽어주는 남자" 채널의 댓글보다 더 길다는 것을 알 수 있습니다.

```
> cmt_pos_1_cnt = data.frame(table(cmt_pos_1$doc_id))
> head(cmt_pos_1_cnt)
  Var1 Freq
1    1   11
2   10    5
3  100   25
4 1000   38
5 1001   23
6 1002   15
> summary(cmt_pos_1_cnt$Freq)
   Min. 1st Qu.  Median    Mean 3rd Qu.    Max.
   1.00    9.00   17.00   31.17   32.00  721.00

> cmt_pos_2_cnt = data.frame(table(cmt_pos_2$doc_id))
> head(cmt_pos_2_cnt)
  Var1 Freq
1    1   86
2   10  151
3  100   18
4 1000   13
5 1001   17
6 1002   90
> summary(cmt_pos_2_cnt$Freq)
   Min. 1st Qu.  Median    Mean 3rd Qu.    Max.
   1.00   10.00   21.00   38.87   46.00  456.00

> cmt_pos_3_cnt = data.frame(table(cmt_pos_3$doc_id))
> head(cmt_pos_3_cnt)
  Var1 Freq
1    1  122
2   10   36
3  100    4
4 1000   98
5 1001   15
6 1002    6
> summary(cmt_pos_3_cnt$Freq)
   Min. 1st Qu.  Median    Mean 3rd Qu.    Max.
   1.00   11.00   22.00   39.09   46.00  657.00
```

❹ ggplot2 패키지의 geom_histogram( )와 geom_boxplot( ) 함수를 이용하여 각 채널별 댓글의 키워드 수 분포를 확인합니다.

```
# 쿠팡 1조원 적자에도 멈출 수 없는 이유(히스토그램)
> ggplot(cmt_pos_1_cnt) +
+   geom_histogram(aes(Freq), bins = 100, fill = "#e56598", color = "white") +
+   scale_x_continuous(limits = c(0, 200)) +
+   scale_y_continuous(limits = c(0, 150)) +
+   labs(title = "쿠팡 1조원 적자에도 멈출 수 없는 이유") +
+   theme(legend.position = "none",
+         axis.ticks = element_blank(),
+         axis.title = element_blank(),
+         panel.background = element_blank())

# 쿠팡 1조원 적자에도 멈출 수 없는 이유(상자 그림)
> ggplot(cmt_pos_1_cnt) +
+   geom_boxplot(aes(y = Freq)) +
+   scale_y_continuous(limits = c(0, 650)) +
+   labs(title = NULL) +
+   theme(axis.ticks = element_blank(),
+         axis.text.x.bottom = element_blank(),
+         axis.title = element_blank(),
+         panel.background = element_blank())

# 절대로 전세 살지 마라 1부 | 부동산읽어주는남자(히스토그램)
> ggplot(cmt_pos_2_cnt) +
+   geom_histogram(aes(Freq), bins = 100, fill = "#161240", color = "white") +
+   scale_x_continuous(limits = c(0, 200)) +
+   scale_y_continuous(limits = c(0, 150)) +
+   labs(title = "절대로 전세 살지 마라 1부 | 부동산읽어주는남자") +
+   theme(axis.ticks = element_blank(),
+         axis.title = element_blank(),
+         panel.background = element_blank())

# 절대로 전세 살지 마라 1부 | 부동산읽어주는남자(상자 그림)
```

```
> ggplot(cmt_pos_2_cnt) +
+   geom_boxplot(aes(y = Freq)) +
+   scale_y_continuous(limits = c(0, 650)) +
+   labs(title = NULL) +
+   theme(axis.ticks = element_blank(),
+         axis.text.x.bottom = element_blank(),
+         axis.title = element_blank(),
+         panel.background = element_blank())

# 부자는 알지만 가난한 사람은 모르는 것 (존리)(히스토그램)
> ggplot(cmt_pos_3_cnt) +
+   geom_histogram(aes(Freq), bins = 100, fill = "#7da1d4", color = "white") +
+   scale_x_continuous(limits = c(0, 200)) +
+   scale_y_continuous(limits = c(0, 150)) +
+   labs(title = "부자는 알지만 가난한 사람은 모르는 것 (존리)") +
+   theme(axis.ticks = element_blank(),
+         axis.title = element_blank(),
+         panel.background = element_blank())


# 부자는 알지만 가난한 사람은 모르는 것 (존리)(상자 그림)
> ggplot(cmt_pos_3_cnt) +
+   geom_boxplot(aes(y = Freq)) +
+   scale_y_continuous(limits = c(0, 650)) +
+   labs(title = NULL) +
+   theme(axis.ticks = element_blank(),
+         axis.text.x.bottom = element_blank(),
+         axis.title = element_blank(),
+         panel.background = element_blank())
```

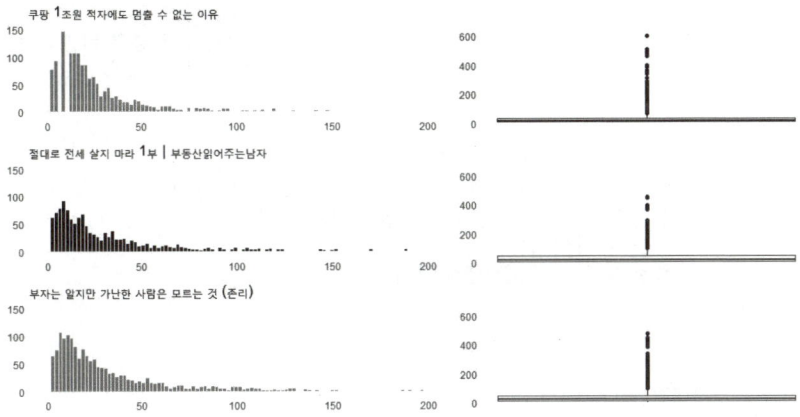

[그림 9-25] 콘텐츠별 키워드 수 분포

9.4 긍·부정 사전 구축하기

감성 분석(Sentimental Analysis)은 사용자의 감성과 관련된 정보를 분석하는 텍스트 분석 기법입니다. 온라인으로 상품을 판매하는 기업은 구매평으로 상품에 대한 피드백을 받을 수 있기에 감성 분석을 활용합니다. 감성 분석을 수행하기 위한 방법으로 긍정과 부정 사전을 구축하고 이를 바탕으로 문서의 긍정 및 부정 여부를 판단합니다. [그림 9-26]의 예시 글에서는 "못 버티다", "못 넣다", "비관적"이라는 부정 키워드와 "자금력", "투자비전", "좋다", "유익하다"라는 긍정 키워드가 쓰였습니다.

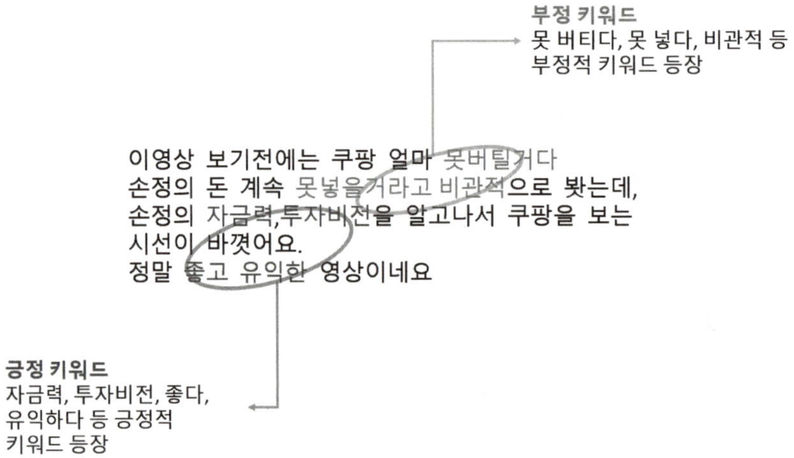

부정 키워드
못 버티다, 못 넣다, 비관적 등 부정적 키워드 등장

이영상 보기전에는 쿠팡 얼마 못버틸거다
손정의 돈 계속 못넣을거라고 비관적으로 봤는데,
손정의 자금력, 투자비젼을 알고나서 쿠팡을 보는
시선이 바꼇어요.
정말 좋고 유익한 영상이네요

긍정 키워드
자금력, 투자비전, 좋다, 유익하다 등 긍정적 키워드 등장

[그림 9-26] 감성 분석을 위한 긍·부정 키워드

긍·부정 사전을 구축하는 과정에서는 모든 단어를 사람이 직접 분류할 필요가 있습니다. 또한, 도메인에 따라 긍정과 부정에 대한 사전 정의가 다를 수 있기 때문에 실제로 긍·부정 사전을 구축하는 데 많은 자원과 시간을 필요로 합니다.

실제 프로젝트에서 긍·부정 사전을 활용할 경우 이전에 개발된 사전을 기반으로 구축하되, 해당 프로젝트 도메인에 따라 보완하여 활용합니다.

2018년 군산대학교에서 구축한 KNU 한국어 감성사전이 최근까지 많이 활용되고 있습니다. 표준국어대사전 기반의 KNU 한국어 감성사전은 영어 감성사전을 번역하기도 했습니다. 그 외에도 어구, 축약어, 이모티콘 등의 긍·부정 표현을 담았습니다. 또, 실제 구축한 키워드에 대한 설문 조사를 바탕으로 평가를 했다는 점에서 높은 가치를 지니며 도메인에 치우친 사전이 아닌 보편적인 긍·부정 사전입니다.

9.5 긍·부정 사전을 이용하여 감성 분석하기

KNU 한국어 감성 사전을 활용해서 "슈카월드", "부동산 읽어주는 남자", "신사임당" 세 유튜버의 인기 콘텐츠 댓글 반응을 파악해봅니다. 감성 사전은 KNU 한국어 감성 사전 github 저장소(https://github.com/park1200656/KnuSentiLex)의 긍·부정 사전을 활용합니다.

직접 따라 하기 — 긍·부정 사전을 이용한 감성 분석하기

❶ KNU 한국어 감성 사전 github 저장소에 접속하여 초록색 배경의 "Code" 버튼을 클릭합니다. 이때 나타나는 팝업 창 아래의 "Download ZIP"을 클릭해서 사전을 다운로드합니다.

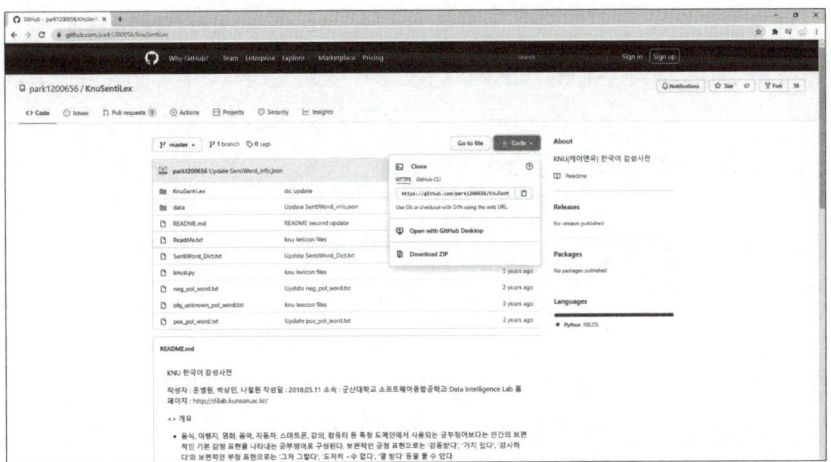

[그림 9-27] KNU 한국어 감성 사전 github 저장소

❷ neg_pol_word.txt 파일과 pos_pol_word.txt 파일을 실행하여 상단의 부가 정보를 제거하고 키워드만 존재하도록 변환해줍니다.

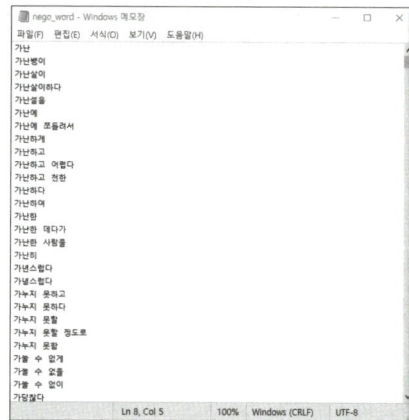

[그림 9-28] neg_pol_word.txt 파일 원본   [그림 9-29] 수정된 부정 사전

❸ 수정된 긍·부정 사전의 경로를 파악하고, R에서 긍정 사전과 부정 사전을 불러옵니다. readLines( ) 함수를 사용하여 txt 파일을 불러옵니다. 이때 txt 파일은 다양한 형태의 문자 인코딩으로 저장되어 있으며, 문자 인코딩이 다른 상태에서 불러오게 될 경우 글자가 깨지게 됩니다. 긍·부정 사전의 경우에는 "UTF-8"로 만들어졌기 때문에 encoding 옵션을 "UTF-8"로 설정해주어야 합니다.

```
> nego = readLines("nego_word.txt",
+                  encoding = "UTF-8")

> posi = readLines("posi_word.txt",
+                  encoding = "UTF-8")
```

❹ 세 명의 유튜버가 제작한 콘텐츠 중 가장 인기 있는 콘텐츠의 댓글과 긍·부정 사전을 결합하여 감성 분석을 진행하겠습니다. 긍·부정 사전의 데이터 구조를 데이터 프레임으로 변경한 후 부정 사전에는 -1을, 긍정 사전에는 1을 value에 담아서 재구성합니다.

```
> negoWord = data.frame(keyword = nego,
+                       value = -1)
```

```
> posiWord = data.frame(keyword = posi,
+                       value = 1)
```

❺ **9.3 RcppMeCab 패키지를 이용하여 한글 자연어 처리하기**에서 처리한 댓글과 긍·부정 사전을 조합하기 위해 merge.data.frame( ) 함수를 사용합니다. 두 데이터 안에서 공통된 칼럼명이 없을 경우에는 by.x와 by.y 옵션을 이용해서 x값의 "token" 칼럼과 y 값의 "keyword"를 서로 비교하도록 만들어줍니다.

```
# 슈카월드 "쿠팡 1조원 적자에도 멈출 수 없는 이유"
# 댓글 감성 분석
> neg_1 = merge.data.frame(x = cmt_pos_1,
+                          y = negoWord,
+                          by.x = "token",
+                          by.y = "keyword")


> pos_1 = merge.data.frame(x = cmt_pos_1,
+                          y = posiWord,
+                          by.x = "token",
+                          by.y = "keyword")


> sentiment_1 = rbind(neg_1, pos_1)

# 부동산 읽어주는 남자 "절대로 전세 살지 마라 1부 | 부동산읽어주는남자"
# 댓글 감성 분석
> neg_2 = merge.data.frame(x = cmt_pos_2,
+                          y = negoWord,
+                          by.x = "token",
+                          by.y = "keyword")


> pos_2 = merge.data.frame(x = cmt_pos_2,
+                          y = posiWord,
+                          by.x = "token",
+                          by.y = "keyword")
```

```
> sentiment_2 = rbind(neg_2, pos_2)

# 신사임당 "부자는 알지만 가난한 사람은 모르는 것 (존리)"
# 댓글 감성 분석
> neg_3 = merge.data.frame(x = cmt_pos_3,
+                          y = negoWord,
+                          by.x = "token",
+                          by.y = "keyword")

> pos_3 = merge.data.frame(x = cmt_pos_3,
+                          y = posiWord,
+                          by.x = "token",
+                          by.y = "keyword")

> sentiment_3 = rbind(neg_3, pos_3)
```

❻ 댓글별로 등장한 긍정 키워드와 부정 키워드의 숫자를 더해 댓글별로 긍·부정을 분류합니다. aggregate( ) 함수를 이용하여 집계한 후, 반복문과 조건문을 이용해서 해당 댓글의 "긍정", "중립", "부정"을 표현합니다. function( ) 함수로 만드는 사용자 지정 함수 내에 반복문을 활용합니다.

```
> score = function(sent){
+   sent_sum = aggregate(value ~ doc_id, sent, sum)
+
+   for(i in 1:nrow(sent_sum)){
+     if(sent_sum$value[i]>0){
+       sent_sum$senti[i] = "긍정"
+     }else if(sent_sum$value[i]<0){
+       sent_sum$senti[i] = "부정"
+     }else sent_sum$senti[i] = "중립"
+   }
+   return(sent_sum)
+}
```

❼ 사용자 정의 함수인 score( ) 함수를 불러와서 각 채널별 인기 콘텐츠의 댓글을 평가합니다. 각 콘텐츠들의 댓글을 살펴보면 긍정적인 댓글이 부정적인 댓글보다 더 많이 나타나는 것을 알 수 있습니다.

```
# 슈카월드 "쿠팡 1조원 적자에도 멈출 수 없는 이유"
> sent_1 = score(sentiment_1)
> table(sent_1$senti)

긍정 부정 중립
 427  259   72

# 부동산 읽어주는 남자 "절대로 전세 살지 마라 1부 | 부동산읽어주는남자"
> sent_2 = score(sentiment_2)
> table(sent_2$senti)

긍정 부정 중립
 387  216   72

# 신사임당 "부자는 알지만 가난한 사람은 모르는 것 (존리)"
> sent_3 = score(sentiment_3)
> table(sent_3$senti)

긍정 부정 중립
 664  249  123
```

Chapter
04

네 번째 챕터에서는 지금까지 배운 모든 내용을 종합하여 정리합니다. 10장에서는 논문 분석 시스템을 구축하기 위한 데이터 분석 프로젝트 기획과 시스템에 대한 설계를 진행하고 공공 API를 이용하여 논문을 수집합니다. 수집한 논문과 메타 정보를 분석하여 결과를 웹 화면으로 구축하는 과정을 진행합니다.

데이터 분석 기획부터 시각화까지

10장 | R 패키지를 활용한 논문 분석 시스템 구축하기

10

R 패키지를 활용한
논문 분석 시스템 구축하기

논문은 공학, 교육, 의약학, 자연과학, 사회과학 등의 다양한 학술분야별 연구 종사자가 연구를 수행하고 각각의 연구 성과를 발표한 자료입니다. 이렇듯 논문에는 다양한 기술이 요약되어 있기 때문에 논문의 분석 가치는 상당히 높습니다. 디지털 시대로 전환됨에 따라 학술정보 데이터베이스 구축 및 접근이 쉬워졌기에 다양한 방면으로 활용할 수 있다는 점에서도 의미가 있습니다. 10장에서는 R 패키지를 활용한 논문 분석 시스템 구축 과정을 이해합니다.

10.1 분석 서비스 기획하기

논문 분석 시스템을 구축하기 전에 프로젝트를 수행하기 위한 서비스 기획부터 해야 합니다. 먼저 분석 프로젝트를 수행하는 곳의 비즈니스를 파악합니다. 특정 산업군에 종사하는 분석가라면 동일한 산업군의 비즈니스에 대한 이해도가 높을 것입니다. 반면, 이해도가 낮은 산업군에 투입되어 프로젝트를 수행하는 분석가라면 비즈니스를 이해하는 데 상당한 시간이 소요될 것입니다. 이 과정에서 비즈니스에 대한 이해를 넘어 정해진 기간과 비용에 맞는 프로젝트 범위를 결정해야 합니다.

실제 프로젝트를 수행할 때 가장 먼저 고객의 니즈에 맞춰 분석 범위를 정합니다. 본서에서는 분석 범위를 과학기술 영역으로 한정하고 공공 데이터 포털에서 제공하는 공공 데이터를 활용합니다. 분석을 진행할 데이터는 국가과학기술정보센터(National Digital Science Library; NDSL)에서 제공하는 논문 DB입니다. 현재 NDSL은 논문 외에도 저널, 특허, 국내 연구 개발 보고서, 분석 리포트, 동향 등을 서비스 하고 있습니다. 해당 논문 DB는 한국과학기술정보연구원(KISTI)에서 과학기술정보를 개방하면서 생긴 서비스로 과학기술분야에 관한 정보를 활용하여 부가가치를 창출하기 위한 목적이 있습니다.

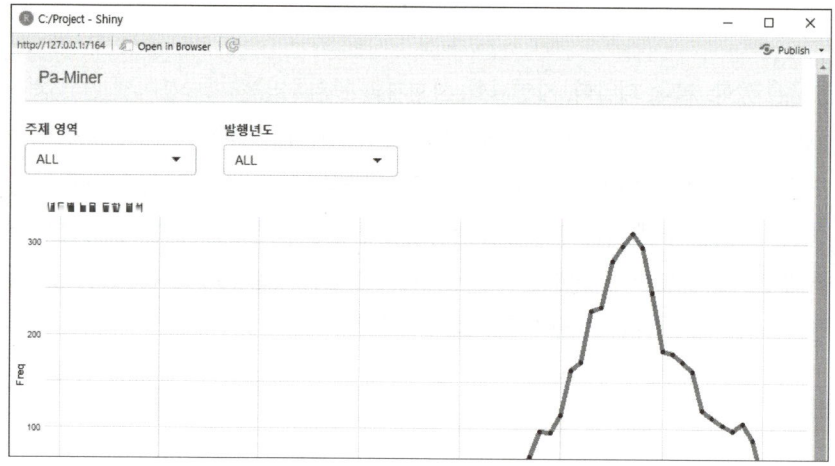

[그림 10-1] 한국과학기술정보연구원 Open Service

프로젝트의 범위를 선정했다면 개발 결과물을 사용하게 될 사용자의 요구사항을 수집합니다. As-Is와 To-Be의 차이 분석을 통해 현황을 파악하고, 새롭게 도입되는 프로젝트 결과물 간의 분석도 함께 진행합니다. 요구사항 분석을 통해 논문 분석 시스템의 상세 기능을 도출합니다. 요구사항 명세서에 한 줄로 간단하게 요구사항을 정리하기도 하고 필요에 따라 자세하게 기록하기도 합니다.

실제로 개발해야 할 상세 기능을 정한 후에는 해당 업무에 대한 일정을 계획합니다. 프로젝트의 장소와 크기 규모에 구애받지 않고 모든 프로젝트의 일정을 관리하면서 리스크를 미연에 방지합니다. 이 과정에서 작업 분할 구조도(Work Breakdown Structure; WBS)를 작성합니다. WBS를 작성하면 현재 진행 중인 프로젝트 업무 내역을 확인할 수 있고, 프로젝트 수행원들의 업무 영역과 범위를 명확히 나타낼 수 있으므로 일정 관리에 유용합니다. [그림 10-2]와 같이 간트 차트를 이용해서 WBS를 작성합니다.

구분	업무	담당자	시작일	종료일	기간
1	업무 및 요구사항 분석	PM	21.01.04	21.01.22	15
2	화면 설계	기획자	21.01.18	21.01.29	10
3	환경 세팅	개발자1,2	21.01.18	21.01.29	10
4	데이터 파이프라인 구축	개발자1	21.02.01	21.02.10	8
5	EDA 및 분석 주제 도출	분석가1,2	21.02.08	21.02.26	13
6	주제1 분석 및 알고리즘 개발	분석가1	21.02.22	21.03.19	20
7	주제2 분석 및 알고리즘 개발	분석가2	21.02.22	21.03.19	20
8	시각화 포탈 구축	개발자1,2	21.02.01	21.04.09	38
9	시각화(영역 1)	분석가1	21.03.22	21.04.09	15
10	시각화(영역 2)	분석가2	21.03.22	21.04.09	15
11	시스템 통합 테스트	ALL	21.04.12	21.04.30	15

[그림 10-2] WBS 작성 샘플

더 알아보기

프로젝트의 시작일과 종료일이 바뀌는 경우도 있고 프로젝트를 요청한 고객의 추가 요청으로 진행 과정에서 여러 사항이 변동될 수 있습니다. 이러한 경우 프로젝트를 총괄하는 PM과 수행 담당자가 함께 의견을 나누어야 합니다. 프로젝트를 무사히 마치기 위해서는 프로젝트의 비용과 시간, 고객의 만족도 등 여러 기준을 만족시켜야 하므로 한 가지 목적에만 초점을 맞추면 절대 프로젝트를 성공시킬 수 없다는 것을 명심해야 합니다.

요구사항 분석을 마치고 작업 분할 구조도(WBS)를 작성했다면 구현해야 할 항목이 생깁니다. 구현이 필요한 기능들을 단위별로 나눈 후 단계별로 어떤 프로세스가 존재하는지 도식화하여 정리합니다. 이때 프로세스 다이어그램을 작성하여 개발자와 구현 가능 여부를 검토하고 실제 사용하게 될 사용자들과 함께 흐름을 정리합니다. [그림 10-3]은 사용자가 논문 분석 시스템에서 문서를 조회하는 과정을 프로세스 다이어그램으로 정리한 것입니다. 상세하게 작성할수록 기능을 구현하는 데 도움이 됩니다.

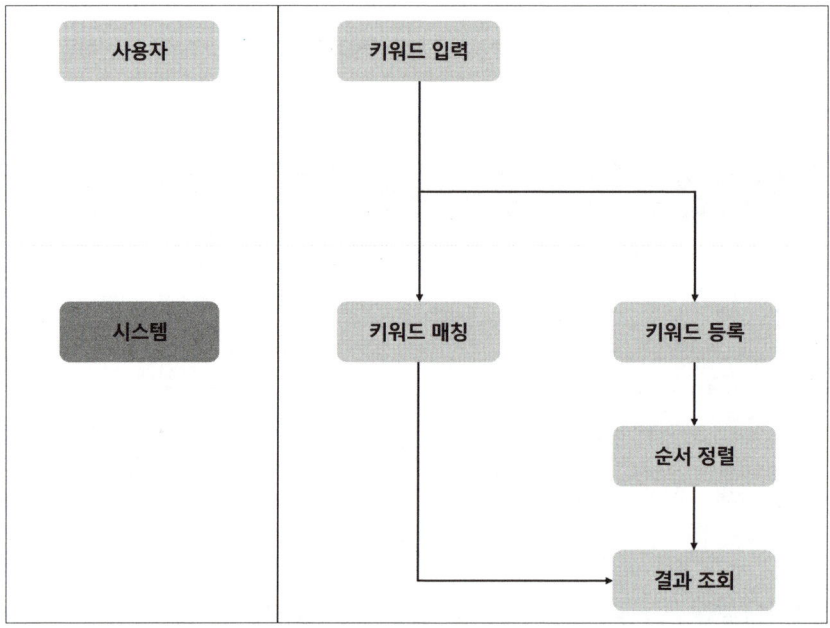

[그림 10-3] 프로세스 다이어그램

요구사항 분석과 프로세스 다이어그램이 완성되면 상세 화면을 기획합니다. 상세 화면을 기획 시 요구사항에 담긴 기능과 프로세스 다이어그램을 기반으로 작성합니다. 이때 설계하는 화면들을 '스토리보드' 또는 '화면정의서'라고 부릅니다. 작성하는 과정에서 실제 사용하게 될 대상자들과 함께 리뷰를 진행해야 최종적인 결과물이 나왔을 때 프로젝트에 대한 만족도를 높일 수 있습니다. 이렇게 기획한 상세 화면을 바탕으로 디자인 작업과 시스템 구축을 수행합니다.

10.2 논문 분석 시스템 설계하기

논문 분석 시스템을 구축하기에 앞서 시스템을 어떻게 구성할 것인지 환경을 먼저 설계해야 합니다. 가장 먼저 네트워크와 서버 구성도를 설계합니다. 기존에 가지고 있는 장비를 활용해서 구축을 할지 아니면 새로운 장비를 도입할 것인지를 결정하고 이에 따라 구성합니다. 이 과정이 끝나면 새롭게 개발하는 논문 분석 시스템을 어떻게 구성할 것인지 IT 담당자와 협의를 진행합니다.

시스템 구성도는 단위별로 몇 개의 시스템이 구성되어 있는지 나타내는 문서입니다. 각각의 단위 시스템들 간 연동에 대한 정의와 연동된 시스템 간의 관계를 한눈에 파악할 수 있습니다. 시스템 구성도에 따라 필요한 자원을 발주한 다음 소프트웨어를 설치하게 됩니다.

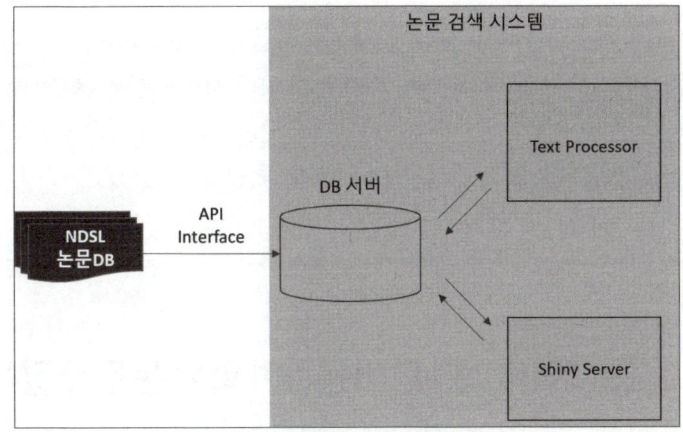

[그림 10-4] 논문 분석 시스템 구성도

논문 분석 시스템의 핵심 데이터는 NDSL 논문 DB를 활용합니다. NDSL 논문 DB는 오픈 API를 이용해서 논문 검색 시스템의 DB 서버에 적재합니다. 적재된 논문은 Text Processor를 통해 논문의 정형 데이터와 비정형 데이터를 분석하고 그 결과를 다시 DB서버에 적재합니다. 분석을 마치면 Shiny Server에서 분석 결과를 바탕으로 시각화합니다.

시스템을 구성하는 과정에서 구축하고자 하는 시스템의 규모와 관계없이 크게 3가지를 고려합니다.

먼저, 서버나 네트워크의 장애로부터 자유롭고 정상적인 서비스를 제공할 수 있도록 가용성이 높고 장애 발생에 유연하게 대처할 수 있는 아키텍처를 가지고 있어야 합니다. 실제 서비스에 장애가 발생할 경우 막대한 비용의 손실이 발생할 수 있기 때문에 서버를 이중화로 관리하고 이슈 발생 리포트 또는 모니터링 화면을 이용하여 즉각 대응이 가능하도록 합니다. 시스템의 가용성과 관리의 편리성은 고려해야 할 사항 중 하나입니다.

다음으로 고려해야 할 사항은 성능입니다. 구축한 시스템은 사용자로 하여금 불편함이 없어야 합니다. 또한, 실행 시 걸리는 시간이 만족도와 직결되고 항상 동일한 품질을 제공해야 사용자로부터 신뢰를 얻을 수 있습니다.

마지막으로 비용을 고려해야 합니다. 새롭게 도입하는 시스템에는 하드웨어나 소프트웨어의 비용도 포함되어 있지만, 구축하고 나서 시스템을 운용하는 데 필요한 교육 및 유지보수 비용까지 포함됩니다. 특히 한 번 구축한 시스템의 전체 프로세스 자동화를 통해 반복 작업을 해소할 수 있어야 합니다.

10.3 공공 데이터 API를 이용하여 학위 논문 수집하기

논문 분석 시스템의 상세 기능과 시스템 구성도가 완성되었다면 데이터 파이프라인을 구축해야 합니다. 내부 데이터를 활용할 경우 손쉽게 처리할 수 있지만 외부 데이터를 수집할 경우에는 데이터가 지속적으로 내부 시스템에 들어올 수 있도록 파이프라인을 구축해야 합니다. 우리나라에는 공공기관에서 만들어내는 데이터를 누구나 쉽게 수집할 수 있도록 통합 관리하는 공공 데이터 포털(www.data.

go.kr) 사이트가 있습니다. 이곳에서는 공공 데이터를 파일 데이터로 제공하기도 하고 오픈 API를 이용해서 전달하기도 합니다.

10.3.1 공공 데이터 API 인증키 발급하기

공공 데이터 포털에 접속하여 공공 데이터 사용 가이드를 받을 수 있습니다. 공공 데이터 사용 가이드를 활용해서 파일 데이터를 직접 다운로드하여 사용하거나 오픈 API를 제공받을 수 있습니다. 오픈 API를 활용하는 방법에 대해 안내합니다.

> **직접 따라 하기** 공공 데이터 API 인증키 발급하기

❶ 포털사이트에서 "공공 데이터 포털"을 검색하여 공공 데이터 포털에 접속합니다.

[그림 10-5] 공공 데이터 포털

❷ 논문 검색 시스템의 핵심 데이터를 수집하기 위해 "논문"을 검색합니다. 스크롤을 내려 수집하기에 적합한 논문을 확인합니다.

[그림 10-6] 공공 데이터 포털 "논문" 검색 결과

❸ 오픈 API를 살펴보면 공공기관에서 발행한 논문 정보들을 볼 수 있습니다. 우리는 NDSL 논문 DB를 찾아 클릭합니다. 해당 DB를 사용하기 위해서는 오픈 API 정보에 적힌 URL에 접속해야 합니다.

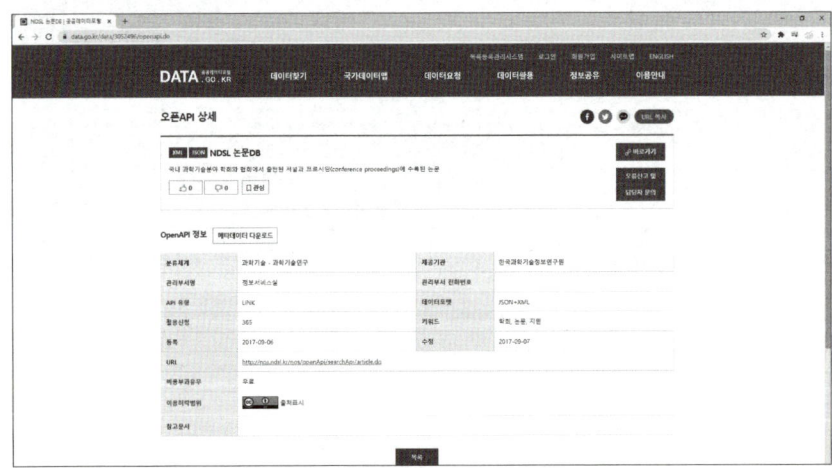

[그림 10-7] NDSL 논문 DB 상세페이지

❹ 해당 URL을 클릭하면 과학기술분야 개방형 유통 플랫폼(NOS) 페이지가 열립니다. 오픈 API를 사용하기 위해 요청 URL인 http://openapi.ndsl.kr/itemsearch.do를 사용합니다.

[그림 10-8] NOS(NDSL Open Service) 접속 화면

❺ 오픈 API 왼쪽 메뉴 탭에 있는 '인증서 신청/관리'를 클릭합니다. 화면 하단에 '나의 인증키 발급현황'에서 인증키 발급신청을 클릭합니다.

[그림 10-9] NOS 인증키 신청

❻ '인증키 신청/관리'에서 기관명, 신청자명, 휴대폰, 유선전화, 이메일, 개발 사이트 URL, 개발 사이트 이름을 입력한 후 '확인'을 클릭합니다. 정상적으로 신청이 완료되었으면 '나의 인증키 발급현황'에 인증키가 나타납니다.

[그림 10-10] NOS 인증키 신청서 작성

오픈 API를 전달할 때 반드시 4가지(keyValue, version, target, query) 요청 변수를 함께 전달해야 합니다. 필수로 입력할 요청 변수 외에도 추가로 세팅이 가능한 변수들이 있습니다. [표 10-1]을 참고하여 데이터를 수집합니다.

요청 변수	필수여부	기본값	설명
keyValue	Y	―	인증키
target	Y	―	검색 대상 콘텐츠 논문 전체: ARTI 학위논문을 제외한 논문 전체: NART 국내 논문: JAKO 해외 논문: JAFO 국내 회의자료: CFKO 해외 회의자료: CFFO 국내 학위논문: DIKO

searchField	N	—	검색 항목 제목: TI, 초록: AB, 발행기관: PB 저자명: AU, 저널명: SO, ISSN: SN ISBN: BN, 키워드: KW, 발행년도: PY 발행언어: LA, 저널번호(게재지번호): JO DDC분류: SU, 과학기술표준분류: KU 저자소속기관: AO
displayCount	N	기본값 10 최댓값 100	검색결과 출력건수
startPosition	N	기본값 1 최댓값 100	검색의 시작위치 출력건수 x 페이지 번호 (단, displayCount가 10인 경우)
sortby	N	—	정렬 항목 발행일: pubYear 논문명: title 저널명: jtitle
returnType	N	—	검색결과 출력방식(xml/json)
responseGroup	N	—	검색결과 출력범위(simple, advance)
query	Y	—	검색 질의어, UTF-8 인코딩
callback	Y (조건부)	—	콜백함수 (returnType이 json인 경우 반드시 필요)

[표 10-1] NDSL 논문 DB API 요청 변수

API를 사용하는 과정에서 다양한 에러가 발생할 수 있습니다. 이와 관련해서 과학기술분야 개방형 유통 플랫폼 NOS는 다음과 같이 몇 가지 에러를 서술하고 있습니다. 각각의 이슈가 발생할 경우에 해당 조치 방안에 따라 해결합니다.

에러 코드	에러 메시지	조치 방안
E0001	필수항목 미입력 오류	오류 메세지에 표기된 필수항목을 입력하시오.
E0002	Open API 버전 오류	OpenAPI의 버전을 입력하십시오.
E0003	인증받지 않은 Key	인증 key가 아닙니다. OpenAPI Key를 발급받으시기 바랍니다.
E0004	미등록 target	등록되지 않은 DB target입니다. 매뉴얼을 참조하여 정확한 DB코드를 입력하십시오.
E0005	미등록 datatype	등록되지 않은 datatype입니다. 매뉴얼을 참조하여 정확한 datatype을 입력하십시오.

E0006	승인 대기 중인 key	미승인 Key입니다. 관리자의 승인이 필요합니다.
E0007	이용 중지 중인 key	이용이 중지된 Key입니다. 관리자에게 재승인을 요청하십시오.
E0008	존재하지 않는 ID	존재하지 않는 ID입니다. 등록 ID가 맞는지 확인하시기 바랍니다.
E0010	주제검색 결과 없음	주제검색 결과가 없습니다. 다른 주제를 입력하십시오.
E0011	검색결과가 없음	검색결과가 없습니다. 검색식을 변경하시기 바랍니다.
E0012	숫자 필드입력유형 오류	숫자필드에 문자가 입력되었습니다. 확인 후 재검색하시기 바랍니다.
E0013	발급되지 않은 Token	발급되지 않은 token입니다.
E0014	미승인 DB	접근권한이 없는 DB입니다. 관리자에게 추가 승인을 요청하시기 바랍니다.
E0015	검색 중 오류 발생	검색 중 검색엔진 또는 다른 여러 가지 문제로 에러가 발생했습니다. 다시 시도하시기 바랍니다.
E0099	알 수 없는 오류	요청하신 작업을 수행하던 중 알 수 없는 오류가 발생하였습니다.

10.3.2 오픈 API 호출하기

10.3.1 공공 데이터 API 인증키 발급하기에서 발급받은 인증키를 활용해서 NDSL 논문 데이터를 수집합니다. NDSL 논문 DB API를 사용할 때 [표 10-1] NDSL 논문 DB API 요청 변수를 참고하여 필수 요청 변수를 입력해야 정상적으로 수집됩니다.

직접 따라 하기 오픈 API 호출하기

❶ NDSL 논문 DB 오픈 API를 호출하기 위해 httr 패키지를 설치해줍니다. 이미 설치되었다면 바로 library( ) 함수를 이용하여 httr 패키지를 불러옵니다. 수집한 데이터를 파싱하기 위해 rvest 패키지를 설치합니다.

```
# httr 패키지 설치 및 실행하기
> install.packages("httr")
> library(httr)

# rvest 패키지 설치 및 실행하기
> install.packages("rvest")
> library(rvest)
```

❷ 요청 변수를 고려해서 디스플레이와 관련된 논문을 수집합니다. keyValue에는 앞에서 신청하여 받은 NDSL 논문 DB 인증키를 입력합니다. URL에는 오픈 API URL 주소를 입력합니다. 디스플레이와 관련된 키워드인 "CRT", "PDP", "LCD", "OLED"를 search에 입력하면 해당 키워드와 관련된 논문을 조회해서 가져오는 형태의 API입니다.

```
# 발급받은 인증키를 "인증키 입력하기"에 넣어줍니다.
> keyValue = "인증키 입력하기"

# 오픈 API URL 정보
> URL = "http://openapi.ndsl.kr/itemsearch.do"

# 검색 키워드
> search1 = "LCD"
> search2 = "CRT"
> search3 = "PDP"
> search4 = "OLED"
```

❸ GET( ) 함수를 이용하여 NDSL 논문 DB를 수집합니다. 필수로 요청해야 하는 일부 변수를 포함하여 API를 불러옵니다. 데이터가 XML 형식으로 수집되었으므로 XML을 처리해야 합니다.

```
> paper = GET(URL,
+           query = list(keyValue = keyValue,
+                       version = 2.0,
+                       target = "ARTI",
+                       query = search,
+                       searchField = "TI",
+                       displayCount = 10,
+                       startPosition = 1,
+                       sortby = "title",
+                       responseGroup = "simple",
+                       returnType = "xml"))
```

❹ 수집된 데이터를 실행시키면 "Response […]"와 같이 API 요청에 따른 응답 결과를 제공합니다.

```
> paper
Response[http://openapi.ndsl.kr/itemsearch.do?keyValue="인증키_입력
하기"&version=2&target=ARTI&query=LCD&searchField=TI&displayCount=
10&startPosition=100&sortby=title&responseGroup=simple&returnType
=xml]
  Date: 2021-03-19 17:41
  Status: 200
  Content-Type: text/xml;charset=utf-8
  Size: 22.6 kB
<?xml version="1.0" encoding="UTF-8"?>
<MetaData>
<resultSummary>
<totalCount>12011</totalCount>
<processingTime>0.075</processingTime>
<token>23282180467936780179012295</token>
</resultSummary>
<inputData>
<responsegroup>simple</responsegroup>
<searchfield>TI</searchfield>
...
```

10.3.3 오픈 API 호출 결과 파싱하기

수집한 오픈 API는 요청 변수에 따라 JSON 형식 또는 XML 형식으로 제공받을 수 있습니다. 각각의 형태에 맞춰 제공받은 정보를 분석 가능한 형태로 가공해야 하는데 이를 데이터 파싱이라고 합니다.

직접 따라 하기   오픈 API 호출 결과 파싱하기

❶ XML로 변환된 데이터는 크게 'resultSummary', 'inputData', 'outputData'로 구성됩니다. resultSummary는 수집과 관련된 내용인 검색 결과 수, API를 처리한 시간, 인증 token으로 구성되어 있습니다. inputData에는 GET( ) 함수에서 사용했던 요청 변수들이 나타납니다. 실제로 분석에 사용할 데이터는 outputData에 담겨 있습니다.

```
> content(paper)
{xml_document}
<MetaData>
[1]  <resultSummary>\n             <totalCount>12011</totalCount>\n
<processingTime>0.075</processingTime>\n
<token>23282180467936780179012295375829 3166707< ...
[2]  <inputData>\n         <responsegroup>simple</responsegroup>\n
<searchfield>TI</searchfield>\n         <returntype>xml</returntype>\n
<target>ARTI</target> ...
[3]  <outputData>\n    <record dbCode="JAKO" kistiID="JAKO200809906409890"
number="1" rank="">\n       <journalInfo kistiID="NJOU00295476">\n        <publ ...
```

❷ XML 데이터를 분석 가능한 형태의 데이터로 변경하기에 앞서 html_structure( ) 함수를 이용하여 XML 구조를 파악해야 합니다. outputData 안에는 'record' 노드가 있습니다. 'record' 노드는 다시 'journalInfo' 노드와 'articleInfo' 노드로 분리됩니다. 'info'로 끝나는 노드에는 하위 노드가 있습니다. 이런 것들을 주의하여 데이터를 파싱합니다.

```
> content(paper) %>% html_structure()
[[1]]
<record [dbCode, kistiID, number, rank]>
  <journalInfo [kistiID]>
    <publisher>
    <journalTitleInfo>
    <edt>
    <issninfo>
    <isbninfo>
    <volume [seqno]>
    <issue>
    <year>
    <pdate>
  <articleInfo [kistiID]>
    <articleTitleInfo>
    <abstractInfo>
    <authorInfo>
    <page>
    <doi>
    <deeplink>
    <mobilelink>
    <sciencesub>
    <keyword>
```

❸ html_nodes( ) 함수를 이용하여 'outputData' 노드를 태깅하고 html_children( ) 함수를 이용하여 해당 노드의 하위 데이터를 result 객체에 저장합니다. result 객체를 확인해보면 xml_nodeset 데이터가 저장되어 있습니다.

```
> result = content(paper) %>%
+   html_nodes("outputData") %>%
+   html_children()

> result
{xml_nodeset (10)}
 [1] <record dbCode="JAKO" kistiID="JAKO2008099906409890" number="1" rank= …
 [2] <record dbCode="CFKO" kistiID="NPAP08132223" number="2" rank="">\n   …
 [3] <record dbCode="JAKO" kistiID="ART001223542" number="3" rank="">\n   …
```

```
[4]  <record dbCode="DIKO" kistiID="DIKO00012164804" number="4" rank="">\n ...
[5]  <record dbCode="JAKO" kistiID="JAKO2003736058122447" number="5" rank= ...
[6]  <record dbCode="JAKO" kistiID="JAKO200817238889103" number="6" rank= ...
[7]  <record dbCode="JAKO" kistiID="ART001402689" number="7" rank="">\n ...
[8]  <record dbCode="DIKO" kistiID="DIKO00015767262" number="8" rank="">\n ...
[9]  <record dbCode="JAKO" kistiID="JAKO201128764977663" number="9" rank= ...
[10] <record dbCode="JAKO" kistiID="NART50316307" number="10" rank="">\n
```

❹ result의 첫 번째 노드를 불러와 해당 노드의 하위 데이터를 살펴보면 두 개의 하위 XML 노드로 구성되어 있는 것을 확인할 수 있습니다. html_children( ) 함수를 이용하여 한 단계 하위 항목을 더 살펴봅니다.

```
> result[1] %>%
+   html_children()
{xml_nodeset (2)}
[1] <journalInfo kistiID="NJOU00295476">\n  <publisher>대한전기학회</publish ...
[2] <articleInfo kistiID="JAKO200809906409890">\n  <articleTitleInfo>\n ...


> result[1] %>%
+   html_children() %>%
+   html_children()
{xml_nodeset (18)}
 [1] <publisher>대한전기학회</publisher>
 [2] <journalTitleInfo>\n  <journalTitle><![CDATA[전기학회논문지 = The ...
 [3] <edt>2020-04-28</edt>
 [4] <issninfo>\n  <issn>1975-8359</issn>\n  <issn/>\n</issninfo>
 [5] <isbninfo>\n  <isbn/>\n</isbninfo>
 [6] <volume seqno="14">57</volume>
 [7] <issue>2</issue>
 [8] <year>2008</year>
 [9] <pdate>20080201</pdate>
[10] <articleTitleInfo>\n  <articleTitle><![CDATA[패턴 비교를 통한 TFT-LCD ...
[11] <abstractInfo>\n  <abstract><![CDATA[In this paper, we propose a novel ...
[12] <authorInfo>\n  <author number="1">이경민</author>\n  <author number ...
[13] <page>pp.307-313</page>
[14] <doi/>
```

[15] <deeplink>http://click.ndsl.kr/servlet/OpenAPIDetailView?keyValue=003562 …
[16] <mobilelink>http://click.ndsl.kr/servlet/OpenAPIDetailView?keyValue=00356 …
[17] <sciencesub>EC0200</sciencesub>
[18] <keyword>검출 . 결함 . 베지어 . 패널 . 패턴</keyword>

❺ result의 하위 노드는 html_text( ) 함수를 이용하여 텍스트만 추출합니다. 이렇게 추출한 데이터를 한 행으로 정렬하고자 matrix( ) 함수를 이용하여 정리하고 분석하기 쉽도록 데이터 프레임으로 변환합니다. 만약 matrix( ) 함수를 사용하지 않고 data.frame( ) 함수만을 이용해서 변환할 경우 한 열의 데이터가 생성됩니다.

```
> resultText = result[1] %>%
+     html_children() %>%
+     html_children() %>%
+     html_text()

> resultTextMat = matrix(resultText, nrow = 1)

> resultTextdf = data.frame(resultTextMat)
```

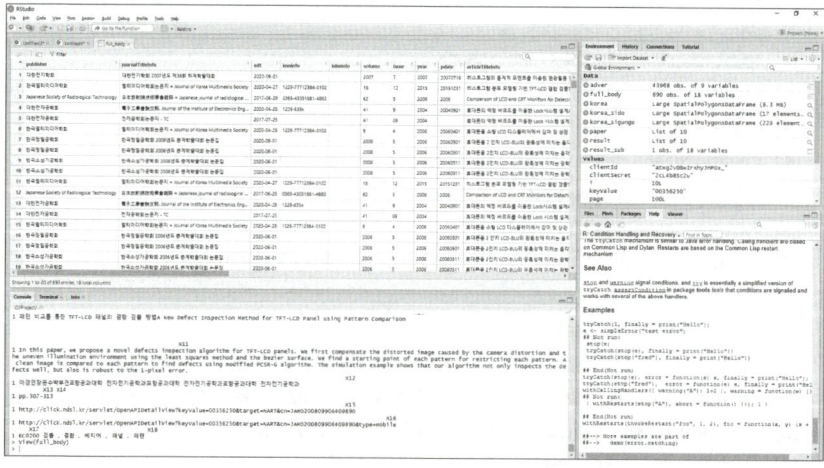

[그림 10-11] 수집한 논문 DB 샘플

10.4 논문 정형 데이터 분석하기

10.3 공공 데이터 API를 이용하여 학위 논문 수집하기에서 수집한 논문 데이터에는 논문의 정보를 나타내는 정형 데이터와 제목과 초록과 같은 비정형 텍스트 데이터가 존재합니다. 출판사, 저널 이름, 게재일, ISSN 번호, ISBN 번호, 저자 등은 정형 데이터에 해당하며, 우리는 정형 데이터를 살펴보겠습니다.

10.4.1 자료 구분별 논문 데이터 분석하기

API로 수집한 NDSL 논문은 국내논문, 해외논문, 국내 회의자료, 해외 회의자료, 그리고 국내 학위논문의 5가지로 자료를 구분하고 있습니다. 첫 번째 정형 데이터 분석으로 자료 구분별로 논문 데이터 분석을 진행합니다.

직접 따라 하기 — 자료 구분별 논문 데이터 분석하기

❶ NDSL 논문을 다섯 가지 자료로 구분하고 있습니다. 자료 구분에 따라 논문 데이터를 분석하기 위해 엑셀로 저장된 논문 데이터 paper.xlsx를 불러와서 paper 객체에 입력합니다.

```
> library(readxl)
> paper = read_xlsx("paper.xlsx")
```

❷ 디스플레이와 관련된 키워드 "CRT", "PDP", "LCD", "OLED"가 포함된 논문을 검색한 후 데이터의 규격에 맞춰 4,348건의 논문을 수집하였습니다. NDSL 논문 DB에서는 논문을 국내논문(JAKO), 해외논문(JAFO), 국내 회의자료(CFKO), 해외 회의자료(CFFO), 국내 학위논문(DIKO) 이렇게 5가지로 분류합니다. 수집된 논문은 해외논문, 국내논문, 국내 회의자료 순으로 많은 것으로 나타났습니다.

```
> nrow(paper)
[1] 4348

> table(paper$dbCode)

CFFO CFKO DIKO JAFO JAKO
 486  614  609 1813  826
```

❸ 막대 그래프로 나타내봅시다. ggplot( ) 함수를 사용하기 위해 ggplot2 패키지를 불러옵니다. 막대 그래프로 표현하기 쉽도록 데이터 프레임 구조로 변환합니다.

```
> df_dbCode = data.frame(table(paper$dbCode))

> df_dbCode
  Var1 Freq
1 CFFO  486
2 CFKO  614
3 DIKO  609
4 JAFO 1813
5 JAKO  826
```

❹ ggplot( ) 함수를 이용하여 어떤 형태의 논문이 있는지 확인해봅니다. X축에 reorder( ) 함수를 사용하여 크기 순으로 정렬해주면 보기 쉽게 표현할 수 있습니다.

```
> ggplot(df_dbCode,
+        aes(x = reorder(Var1, -Freq), y = Freq, fill = Var1)) +
+   geom_bar(stat = "identity") +
+   labs(title = "자료 구분별 논문 건수") +
+   scale_fill_manual(values = c("#FFDFBA", "#BAFFC9", "#BAE1FF",
+                                "#FFB3BA", "#FFFFBA")) +
+   theme(title = element_text(size = 14, face = "bold"),
+         legend.position = "none",
+         axis.ticks = element_blank(),
```

```
+          axis.title = element_blank(),
+          panel.background = element_blank())
```

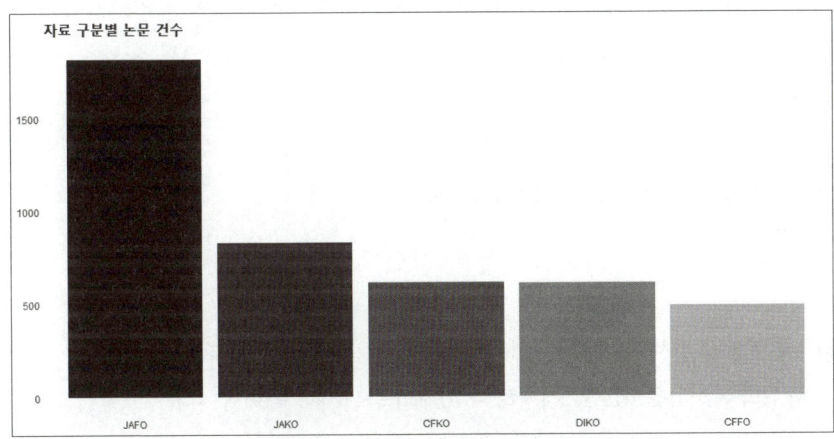

[그림 10-12] 자료 구분별 논문 건수

10.4.2 학술 출판사에 따라 논문 데이터 분석하기

학위 논문을 제외한 다른 종류의 자료는 어디에서 출판했는지 작성되어 있습니다. 출판하는 곳은 주로 학회이거나 학술 출판사입니다. 두 번째 정형 데이터 분석으로 어떤 곳에서 출판했는지 확인하고 디스플레이 4가지 키워드의 영향력이 높은 곳이 어디인지도 확인해봅시다.

🔍 직접 따라 하기 학술 출판사별 논문 데이터 분석하기

❶ 키워드에 따라 영향력 높은 학술 출판사를 확인하고 학술 출판사별 논문 데이터 분석해 보겠습니다. 엑셀로 저장된 논문 데이터 paper.xlsx를 불러와서 paper 객체에 입력합니다.

```
> library(readxl)
> paper = read_xlsx("paper.xlsx")
```

❷ 디스플레이 4개 키워드를 검색하여 수집한 논문들을 출판한 곳이 어디인지 확인해봅시다. unique( ) 함수를 이용해서 중복을 제거한 출판사는 총 468개인 것으로 확인됩니다.

```
> uniPub = unique(paper$publisher)
> length(uniPub)
[1] 468
```

❸ 468개의 출판사 중에서 head( ) 함수를 활용하여 일부를 확인합니다. head( ) 함수의 옵션 n을 10으로 지정하여 10개의 출판사를 출력합니다.

```
> head(uniPub, n = 10)
 [1] "한국전기전자재료학회"
 [2] "대한설비공학회"
 [3] "대한전기학회"
 [4] "한국소음진동공학회"
 [5] "한국전자정보통신산업진흥회"
 [6] "한국과학기술단체총연합회"
 [7] "한국마린엔지니어링학회"
 [8] "한국재료학회"
 [9] "대한전자공학회"
[10] "한국화학공학회"
```

❹ 468개의 출판사들 중에서 가장 영향력이 높은 출판사는 어디인지 확인해봅시다. table( ) 함수를 이용하여 출판사별로 몇 개의 논문을 발행했는지 추출한 후 데이터 프레임 구조로 변환시켜줍니다. order( ) 함수를 이용해서 정렬합니다.

```
> tbPub = data.frame(table(paper$publisher))
> tbPub = tbPub[order(tbPub$Freq, decreasing = TRUE),]
```

❺ publisher 칼럼에 비어 있는 데이터가 1,860건이나 있는 것으로 나타납니다. 출판사 표현이 없는 학위 논문(DIKO)의 경우에는 609건이지만 그 외에도 1,251건의 논문에 출판사 표기가 되지 않은 것을 확인할 수 있습니다.

```
> head(tbPub, 10)
                                    Var1  Freq
1                                          1860
430                       한국전기전자재료학회     165
313                             대한전기학회     122
68                                 Elsevier    112
243    The Korean Infomation Display Society    104
314                             대한전자공학회      89
370                              한국광학회      82
278               Wiley (John WileySons)      65
449                              한국진공학회      58
96                                    IEEE      56
```

❻ publisher 정보가 없는 한 줄을 제거하고 다시 확인합니다. '한국전기전자재료학회', '대한전기학회', 'Elsevier', 'The Korean Information Display Society' 순으로 많이 논문을 발행한 것으로 나타났습니다. 그 외에도 '대한전자공학회', '한국광학회' 등이 있습니다.

```
> tbPub = tbPub[-1,]
> head(tbPub, 10)
                                    Var1  Freq
430                       한국전기전자재료학회     165
313                             대한전기학회     122
68                                 Elsevier    112
243    The Korean Infomation Display Society    104
314                             대한전자공학회      89
370                              한국광학회      82
278               Wiley (John WileySons)      65
449                              한국진공학회      58
96                                    IEEE      56
254                      THE PRACTITTONER      55
```

10.4.3 정규 표현식을 이용한 정형 데이터 분석

일부 정형 데이터를 분석할 때에도 같은 의미를 나타내야 하는데 문자열의 패턴이 다를 경우에 [표 10-2]~[표 10-4]에 정리된 정규 표현식을 활용하여 전처리한 후 데이터 분석을 진행합니다.

표현식	의미
.	개행 문자를 제외한 모든 문자(단, 공백 포함)
\w 또는 [A-Za-z0-9_]	영문, 숫자, _(언더바)
\W	영문, 숫자, _(언더바)를 제외한 모든 문자
\d 또는 [0-9]	숫자
\D	숫자를 제외한 모든 문자
\s 또는 [:space:]	공백, 탭, 개행
\S	공백, 탭, 개행을 제외한 모든 문자
[abc]	a, b 또는 c
[^abc]	a, b, c를 제외한 모두
[a-z]	a부터 z까지 모두
[가-힣]	한글 완성형(자음 또는 모음은 태깅이 안됨)
[^가-힣]	한글을 제외한 모든 문자

[표 10-2] 문자열 형태표현 정규 표현식

문자열 형태표현 정규 표현식과 함께 반복을 나타내는 수량자 정규 표현식을 사용하여 특수한 패턴을 찾을 수 있습니다.

표현식	의미
+	1회 이상 해당 패턴을 만족
*	0회 이상 해당 패턴을 만족
{3}	해당 패턴을 3회 연속 만족
{1,3}	해당 패턴을 1회에서 3회까지 연속 만족
?	해당 패턴을 0 또는 1회 만족

[표 10-3] 수량자 정규 표현식

앵커 정규 표현식을 활용해서 특정 문자의 위치를 고정하여 특수한 케이스의 문자열 패턴을 추출할 수 있습니다.

표현식	의미
^	문서의 처음 위치
$	문서의 마지막 위치
₩b	음절의 처음 위치
₩B	음절의 마지막 위치

[표 10-4] 앵커 정규 표현식

문자열을 처리하는 과정에서 정규 표현식을 활용하여 사용 가능한 함수들이 있으며, nchar와 paste0 함수와 같이 바로 사용 가능한 함수들이 존재합니다. 이 함수들을 활용하여 텍스트 분석 결과를 개선할 수 있습니다.

함수	설명
grep	패턴이 포함된 단어의 결과값 반환
grepl	패턴이 포함된 단어를 TRUE/FALSE로 반환
nchar	글자 수 세기
regexpr	특정 패턴이 나타나는 첫 번째 문자열에서 위치 찾기
gregexpr	모든 문자열에서 위치 찾기
sub	특정 패턴이 나타나는 첫 번째 문자열에서 문자 변경하기
gsub	모든 문자열에서 문자 변경하기
paste0	띄어쓰기 없이 붙이기

[표 10-5] 문자열 처리 함수

더 알아보기

정규 표현식은 특정한 패턴을 가진 문자열의 집합을 표현할 때 사용합니다. 예를 들어 특정 문자를 포함한 모든 단어를 찾거나 대체 시 수많은 단어를 한 번에 처리할 수 있습니다. 프로그래밍 언어에 따라 다소 차이가 있을 수 있으나 표준으로 사용하는 일부 정규 표현식들이 있습니다. 이 기능을 이해하면 텍스트 데이터 전처리 과정 시 큰 도움이 됩니다.

세 번째 정형 데이터 분석으로 4가지 키워드와 관련된 학위 논문을 가장 많이 작성한 학교와 석사 학위 논문, 박사 학위 논문의 비율을 확인해봅시다.

🔍 직접 따라 하기 | 학위 논문 분석하기

❶ 키워드와 관련된 학위 논문을 많이 발행한 학교와 석/박사 비율을 확인해 보겠습니다. 엑셀로 저장된 논문 데이터 paper.xlsx를 불러와서 paper 객체에 입력합니다.

```
> library(readxl)
> paper = read_xlsx("paper.xlsx")
```

❷ 학위 논문은 dbCode가 'DIKO'인 논문들로 609건의 논문을 수집했습니다. 전체 논문 4,348건 중에서 학위 논문만 분류합니다. unique() 함수를 이용하여 학교 리스트를 출력합니다. 176개의 학교 이름이 나타났으며, 학교 이름을 표현하는 방식이 다양합니다. 한글, 한자, 영문으로 표현하고 있기 때문에 정제하는 작업이 필요합니다.

```
> dfDissertation = paper[paper$dbCode == "DIKO",]
> unique(dfDissertation$schoolName)
  [1] "아주대학교"                                  "釜山大學校"
  [3] "충북대학교 대학원"                            "서경대학교대학원"
  [5] "中央大學校 大學院"                            "포항공과대학교"
  [7] "숭실대학교 일반대학원"                        "KAIST"
  [9] "광운대학교 대학원"                            "부산대학교"
 [11] "세종대학교 대학원"
 [12] "Korea Advanced Institute of Science and Technology"
 [13] "한국과학기술원"                               "연세대학교 대학원"
 [15] "曉園大學校 大學院"
 [16] "The University of Seoul"
 [17] "경북대학교 대학원"                            "배재대학교 대학원"
 [19] "釜慶大學校 大學院"                            "동아대학교 대학원"
```

학교 이름을 표현하는 방식을 정리한 결과 네 가지의 패턴을 도출할 수 있었습니다. 이러한 문자열 패턴은 [표 10-2], [표 10-3], 그리고 [표 10-4]와 같은 정규 표현식(Regular Expression)을 사용하여 추출하고 학교 이름을 변경하였습니다. 경우에 따라서 csv 파일로 저장하여 편집한 후 다시 불러오는 것이 빠를 수 있습니다.

- Case1: 한자
- Case2: 영어
- Case3: XXX대학교 YY대학원
- Case4: XXX대학교 또는 ZZZ기술원

❸ 첫 번째 패턴인 'Case1: 한자'를 처리하기 위해 gsub( ) 함수를 사용하여 한자를 한글로 변환시켜줍니다. 변환할 한자가 많기 때문에 function( ) 함수를 이용하여 사용자 지정 함수인 trans 함수를 생성합니다. trans( ) 함수를 이용하여 학위 논문 데이터에서 'schoolName'의 한자를 전부 변환시켜줍니다.

```
> trans = function(name){
+   name = gsub("大學校|大學敎", "대학교", name)
+   name = gsub("大學院", "대학원", name)
+   name = gsub("釜山", "부산", name)
+   name = gsub("暻園", "경원", name)
+   name = gsub("慶北", "경북", name)
+   name = gsub("高麗", "고려", name)
+   name = gsub("亞洲", "아주", name)
+   name = gsub("順天鄕", "순천향", name)
+   name = gsub("國民", "국민", name)
+   name = gsub("漢陽", "한양", name)
+   name = gsub("嶺南", "영남", name)
+   name = gsub("忠南", "충남", name)
+   name = gsub("忠北", "충북", name)
+   name = gsub("忠州", "충주", name)
+   name = gsub("慶雲", "경운", name)
+   name = gsub("水原", "수원", name)
```

```
+     name = gsub("世宗", "세종", name)
+     name = gsub("淸州", "청주", name)
+     name = gsub("濟州", "제주", name)
+     name = gsub("釜慶", "부경", name)
+     name = gsub("成均館", "성균관", name)
+     name = gsub("中央", "중앙", name)
+     name = gsub("建國", "건국", name)
+     name = gsub("尙州", "상주", name)
+     name = gsub("翰林", "한림", name)
+     name = gsub("京畿", "경기", name)
+     name = gsub("韓南", "한남", name)
+     name = gsub("市立", "시립", name)
+     return(name)
+ }

> dfDissertation$schoolName = trans(dfDissertation$schoolName)
```

❹ 두 번째 패턴인 'Case2: 영어'는 영어로 표현된 학교 이름입니다. 해당 학교를 포털 사이트에 검색하여 한글명을 찾아 기존에 XXX대학교 또는 ZZZ기술원으로 표현된 값과 비교하여 수기로 입력합니다.

```
> school = unique(dfDissertation$schoolName)
> schoolEng = data.frame(origin = grep("[A-z]", school, value = T))
                                                origin
1                                                KAIST
2       Korea Advanced Institute of Science and Technology
3                            The University of Seoul
4               Pohang Univ. of Science and Technology
5                                한국과학기술원(KAIST)
6                     Graduate School, Korea University
7                     Graduate School, Yonsei University

> schoolEng$fixed = c("한국과학기술원", "한국과학기술원",
+                    "서울시립대학교", "포항공과대학교",
+                    "한국과학기술원", "고려대학교", "연세대학교")

> schoolEng
```

```
                                               origin          fixed
1                                               KAIST   한국과학기술원
2 Korea Advanced Institute of Science and Technology   한국과학기술원
3                         The University of Seoul   서울시립대학교
4             Pohang Univ. of Science and Technology   포항공과대학교
5                           한국과학기술원(KAIST)   한국과학기술원
6                    Graduate School, Korea University   고려대학교
7                   Graduate School, Yonsei University   연세대학교
```

❺ 세 번째 패턴은 학교 이름에 대학원까지 붙은 경우입니다. 대학원을 삭제하고 학교 이름으로 통합합니다. 이때 과학기술연합대학원대학교와 같이 학교 이름 안에 대학원이 포함되어 있는 경우도 있기 때문에 gsub( ) 함수를 이용해서 "대학원"을 공백으로 변경할 수 없습니다. 이때 정규 표현식을 이용하여 대학원으로 종료하는 키워드만 추출합니다. strsplit( ) 함수를 사용하면 대학교 이름과 대학원 사이에 공백이 있어야 처리가 가능하기 때문에 'XXX대학교대학원'으로 표기되어 있으면 처리하기 어렵습니다.

```
> dicSchool1 = data.frame(origin = grep("대학원$", school, value = T))

> for(i in 1:nrow(dicSchool1)){
> split = strsplit(dicSchool1$origin, split = " ")
> lapply(split, function(x) {x[1]})
```

❻ 네 번째 패턴은 우리가 통일하고자 하는 학교 이름 표현 방법입니다. 대학교 이름만 나타나므로 학교별 논문 수를 확인하기에 적합한 표현 방식입니다. 각 패턴별로 origin과 fixed를 만들었으므로 네 번째 패턴도 origin과 fixed로 구성합니다.

```
> dicSchool2 = data.frame(origin = grep("대학교$|기술원$", school, value = T),
+                         fixed = grep("대학교$|기술원$", school, value = T))
```

❼ rbind( ) 함수를 이용하여 최종적으로 다음과 같은 학교 사전을 생성합니다.

```
> dictSchool = rbind(schoolEng, dicSchool1, dicSchool2)
> dictSchool
                     origin           fixed
1            충북대학교 대학원       충북대학교
2            서경대학교대학원        서경대학교
3            중앙대학교 대학원        중앙대학교
4          숭실대학교 일반대학원        숭실대학교
5            광운대학교 대학원        광운대학교
6            세종대학교 대학원        세종대학교
7            연세대학교 대학원        연세대학교
8            경원대학교 대학원        경원대학교
9            경북대학교 대학원        경북대학교
10           배재대학교 대학원        배재대학교
11           부경대학교 대학원        부경대학교
12           동아대학교 대학원        동아대학교
13          성균관대학교 대학원       성균관대학교
14           부산대학교 대학원        부산대학교
15           서울대학교 대학원        서울대학교
```

❽ merge( ) 함수를 이용하여 학위 논문에 적힌 학교 이름의 표현을 통일해줍니다.

```
> Dissertation = merge(x = dfDissertation,
+                      y = dictSchool,
+                      by.x = "schoolName",
+                      by.y = "origin",
+                      all.x = TRUE)
```

❾ 디스플레이 4개 키워드를 검색하여 수집한 학위 논문 저자들의 출신 학교가 어디인지 확인해봅시다. unique( ) 함수를 이용하여 중복을 제거해보면 총 72개의 대학이 있는 것으로 확인됩니다.

```
> uniSchool = unique(Dissertation$fixed)
> length(uniSchool)
[1] 72
```

⓾ 72개의 대학 중 가장 영향력이 높은 대학은 어디인지 확인해봅시다. table( ) 함수를 이용하여 대학별로 몇 개의 논문을 발행했는지 추출한 후 데이터 프레임 구조로 변환시켜줍니다. order( ) 함수를 이용하여 정렬합니다.

```
> dfSchool = data.frame(table(Dissertation$fixed))
> dfSchool = dfSchool[order(dfSchool$Freq, decreasing = TRUE),]
```

⓫ 학위 논문은 '한양대학교', '경북대학교', '부산대학교' 순으로 많이 발행한 것으로 나타났습니다. 그 외에도 '성균관대학교', '서울대학교' 등이 있습니다.

```
> head(dfSchool, 10)
        Var1       Freq
71    한양대학교     59
6     경북대학교     49
25    부산대학교     48
33    성균관대학교    37
29    서울대학교     33
10    경희대학교     30
59    한국과학기술원   23
16    광운대학교     22
12    고려대학교     18
57    포항공과대학교   18
```

⓬ 석사 과정과 박사 과정을 마친 저자가 작성한 학위 논문들의 비중이 얼마나 차지하는지 확인해봅시다. 전체 학위 논문 중 86.86%가 석사 과정을 마친 저자가 작성한 논문인 것으로 나타났습니다.

```
> table(Dissertation$degree)

국내박사 국내석사
    80      529
```

연도별로 발행된 논문의 흐름을 파악하면 최근에는 어떤 연구가 많이 진행되고 있는지, 좀 더 유망한 논문 주제는 무엇인지 등을 파악할 수 있습니다.

연도별 논문 분석하기

❶ 연도별로 어떤 종류의 연구가 진행되고 있는지 확인해 보겠습니다. 연도별 논문 분석을 위해 엑셀로 저장된 논문 데이터 paper.xlsx를 불러와서 paper 객체에 입력합니다.

```
> library(readxl)
> paper = read_xlsx("paper.xlsx")
```

❷ 선 그래프를 그리기 위해 데이터의 구조를 변형시켜줍니다. geom_line( ) 함수를 사용하기 위해 데이터의 연도를 숫자형 변수로 변환시킵니다. 그리고 각 키워드를 다른 형태의 선으로 표현하기 위해 숫자형 변수로 변경합니다.

```
> year = data.frame(table(paper$year, paper$search),
+                   stringAsFactor = FALSE)

> year$Var1 = as.character(year$Var1)
> year$Var1 = as.integer(year$Var1)
> year$type = as.integer(year$Var2)
```

❸ ggplot( )을 이용하여 키워드별로 발생한 논문을 확인해봅니다. 디스플레이와 관련된 연구는 2000년대 초반에 활발했던 것으로 나타났습니다.

```
> ggplot(year, aes(x = Var1, y = Freq, color = Var2)) +
+   geom_line(stat = "identity",
+             linetype = year$type,
+             size = year$type/4) +
+   scale_color_manual(values = c("#000000", "#333333",
+                                 "#666666", "#999999")) +
+   labs(title = "4가지 검색 키워드별 논문 트렌드") +
+   theme(title = element_text(size = 14, face = "bold"),
+         axis.ticks = element_blank(),
```

```
+       axis.title = element_blank(),
+       panel.background = element_blank())
```

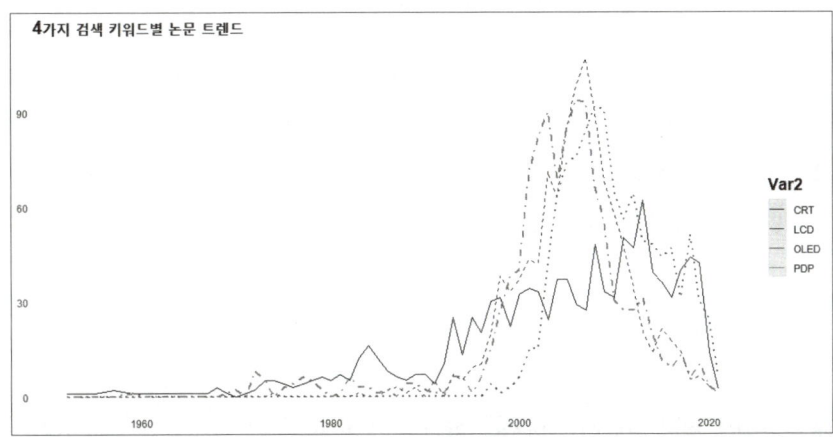

[그림 10-13] 키워드별 논문 트렌드

10.5 논문 비정형 데이터 분석하기

10.3 공공 데이터 API를 이용하여 학위 논문 수집하기에서 수집한 논문 데이터에는 소속, 저자, 학위, 출판사, 발행년도 등의 메타 정보를 나타내는 정형 데이터와 제목과 초록과 같은 비정형 텍스트 데이터가 존재합니다. 비정형 텍스트 데이터인 제목과 초록을 이용해서 비정형 데이터를 어떻게 처리하는지 살펴보겠습니다.

10.5.1 논문 제목 분석하기

제목의 사전적 의미는 "작품이나 강연, 보고 따위에서, 그것을 대표하거나 내용을 보이기 위하여 붙이는 이름"입니다. 즉, 논문의 제목에는 논문의 내용을 대표할 수 있는 내용이 포함되므로 제목은 텍스트를 분석할 때 중요한 요소 중 하나입니다.

예제 파일: paper.xlsx
다운로드 링크: https://github.com/bjpublic/R_data

직접 따라 하기 비정형 데이터 분석1(논문 제목 분석하기)

❶ 논문의 핵심 내용이 담겨 있는 제목을 분석해 보겠습니다. 엑셀로 저장된 논문 데이터 paper.xlsx를 불러와서 paper 객체에 입력합니다.

```
> library(readxl)
> paper = read_excel("paper.xlsx")
```

❷ 논문에는 해외 저널이 포함되어 있기도 하고 영문으로 작성된 논문도 있습니다. 일반적으로 영어 자연어 처리를 할 때와 한글 자연어 처리를 할 때 NLP를 다르게 사용합니다. 전체 논문 4,348건 중에서 제목에 한글이 포함된 논문과 영어만 있는 논문의 비중이 얼마나 되는지 확인해보겠습니다.

```
# 제목에 한글이 포함된 논문 수
> length(grep("[가-힣]", paper$title))
[1] 1897

# 영문 제목의 논문 비율
> (1-length(grep("[가-힣]", paper$title))/length(paper$title))*100
[1] 56.37075
```

❸ 4,348건 중 한글이 사용된 논문은 1,897건이고 영문으로만 작성된 논문은 2,451건입니다. 영문으로만 작성된 논문이 56.37%로 절반 이상을 차지하기 때문에 한글이 포함된 논문과 영문 논문을 분리해서 분석을 수행해야 합니다. grep( ) 함수를 이용하여 한글이 포함된 식을 찾은 후 제목에 한글이 포함된 논문과 영문 논문을 분리합니다.

```
# 한글이 포함된 논문
> korTitle = paper[grep("[가-힣]", paper$title), 15]

# 영문 논문
> engTitle = paper[-grep("[가-힣]", paper$title), 15]
```

❹ KoNLP 패키지의 extractNoun( ) 함수를 이용하여 한글이 포함된 논문의 키워드를 추출합니다. 한 글자일 경우 의미를 알 수 없기 때문에 제거합니다.

```
# 한글이 포함된 논문
> library(KoNLP)
> korextNoun = unlist(extractNoun(korTitle))
> kenOver1 = korextNoun[nchar(korextNoun)>1]
```

❺ 한글이 포함된 논문 제목에서 가장 많이 등장한 키워드 리스트를 확인해봅니다. 가장 많이 등장한 키워드를 확인하고자 order( ) 함수를 이용해서 내림차순으로 정렬합니다. Top10 키워드를 살펴보면 앞서 검색에 사용했던 핵심 키워드인 "LCD", "PDP", "OLED"가 등장하는 것을 알 수 있습니다. "of", "for", "the", "on", "and" 등의 단일 키워드로 의미를 파악하기 어려운 관사, 접속사, 전치사 등의 영어 단어도 포함되어 있습니다.

```
> kenDf = data.frame(table(kenOver1))
> kenDf = kenDf[order(kenDf$Freq, decreasing = TRUE),]

> head(kenDf, n = 10)
     kenOver1 Freq
1366      LCD 1070
1670       of  902
1786      PDP  549
1679     OLED  544
1024      for  425
4615       이용  389
2522      the  344
1686       on  299
```

```
5271        특성    280
179         and    275
```

❻ 제거 대상이 되는 불용어 리스트(Stopwords)를 생성하여 제목에서 제거한 뒤 다시 Top 10 키워드 리스트를 도출하기 위해 재구성합니다.

```
# 불용어 리스트
> stopword = "of|for|the|on|in|and|with|by|an"

# 키워드 재구성
> kenEli = gsub(pattern = stopword, "", kenOver1)
> kenDf2 = data.frame(table(kenEli))
> kenDf2 = kenDf2[order(kenDf2$Freq, decreasing = TRUE),]
```

❼ 한글이 포함된 논문 제목에서는 "LCD", "PDP", "OLED"가 가장 많으며, 그 외에도 PC나 모바일 화면을 만드는 데 사용하는 "박막 트랜지스터(TFT)"나 PDP의 한 종류인 "AC"와 같은 키워드가 등장하였습니다.

```
> head(kenDf2, 10)
       kenEli Freq
1337      LCD 1070
1748      PDP  549
1647     OLED  544
4581       이용 389
5237       특성 280
2487      TFT  257
88         AC  213
2371    Study  130
2633      usg  128
3341   디스플레이 127
```

❽ 영문 논문의 경우 strsplit( ) 함수를 이용하여 키워드를 분리합니다. 한글과 동일하게 한 글자일 경우 의미를 알 수 없기 때문에 제거합니다. 컴퓨터는 영어의 대소문자를 구별해서 인식하기 때문에 모든 언어를 대문자 또는 소문자로 변경

해주어야 합니다. 대문자로 변경할 경우에는 toupper( ) 함수를, 소문자로 변경할 경우에는 tolower( ) 함수를 사용합니다.

```
# 영어 논문
> engextNoun = unlist(strsplit(engTitle, " "))
> eenOver1 = engextNoun[nchar(engextNoun) > 1]
> eenOver1 = toupper(eenOver1)
```

❾ 영문 논문 제목에서 가장 많이 등장한 키워드 리스트를 확인해봅니다. 한글이 포함된 논문 제목과 같이 의미를 파악하기 어려운 단어들이 존재합니다.

```
> eenDf = data.frame(table(eenOver1))
> eenDf = eenDf[order(eenDf$Freq, decreasing = TRUE),]

> head(eenDf)
     eenOver1 Freq
5013       OF 2363
7315      THE 1478
1061      AND 1328
3239      FOR 1311
3759       IN 1099
2123      CRT  829
```

❿ 제거 대상이 되는 불용어 리스트(Stopwords)를 생성하여 제목에서 제거한 뒤 다시 Top 10 키워드 리스트를 도출하기 위해 재구성합니다.

```
# 불용어 리스트
> stopword = "of|for|the|on|in|and|with|by|to|an"

# 키워드 재구성
> eenEli = gsub(pattern = stopword, "", eenOver1)
> eenDf2 = data.frame(table(eenEli))
> eenDf2 = eenDf2[order(eenDf2$Freq, decreasing = TRUE),]
```

⓫ 영문 논문의 제목에서는 "CRT", "OLED", "PDP", "LCD"가 가장 많으며, "DISPLAY", "USG", "STUDY" 등과 같은 단어들이 함께 등장하였습니다.

```
> head(eenDf2, 10)
            eenEli Freq
1969           CRT  986
4766          OLED  763
5031           PDP  584
2447       DISPLAY  407
3867           LCD  325
7514           USG  260
6708         STUDY  200
4995      PATIENTS  148
5734          RAPY  135
1633 CHARACTERISTICS 132
```

10.5.2 논문 초록 분석하기

논문의 초록은 중요한 내용만을 추출해서 작성한 것이기 때문에 내용을 파악하는 차원에서 텍스트를 분석할 때 중요한 요소 중 하나입니다. 더욱이 초록을 작성하는 일정한 형식이 있으므로 유의미한 정보를 추출할 수 있습니다.

🔍 **직접 따라 하기** 비정형 데이터 분석2(논문 초록 분석하기)

❶ 제목에 담긴 내용보다 더 자세한 내용이 담긴 논문 초록을 분석해 보겠습니다. 엑셀로 저장된 논문 데이터 paper.xlsx를 불러와 paper 객체에 입력합니다.

예제 파일: paper.xlsx
다운로드 링크: https://github.com/bjpublic/R_data

```
> library(readxl)
> paper = read_excel("paper.xlsx")
```

❷ 논문에는 해외 저널이 포함되어 있기도 하고 영문으로만 작성된 논문도 있습니다. 일반적으로 영어 자연어 처리를 할 때와 한글 자연어 처리를 할 때 NLP를 다르게 사용합니다. 전체 논문 4,348건 중에서 초록에 한글이 포함된 논문과 영어만 있는 논문의 비중이 얼마나 되는지 확인해보겠습니다.

```
# 초록에 한글이 포함된 논문 수
> length(grep("[가-힣]", paper$abstractInfo))
[1] 674

# 영문 초록의 논문 비율
> (1-length(grep("[가-힣]", paper$abstractInfo))/length(paper$abstractInfo))*100
[1] 84.49862
```

❸ 4,348건 중에서 674건의 논문에서 한글이 사용되었고, 약 84.5%인 3,674건의 논문은 영문으로만 작성되었습니다. 한글이 포함된 논문과 영문 논문을 분리해서 분석을 수행해야 합니다. grep() 함수를 이용하여 한글이 포함된 식을 찾은 후 초록에 한글이 포함된 논문과 영문 논문을 분리합니다.

```
# 한글이 포함된 논문
> korAbs = paper[grep("[가-힣]", paper$ abstractInfo), 4]

# 영문 논문
> engAbs = paper[-grep("[가-힣]", paper$abstractInfo), 4]
```

❹ 한글이 포함된 논문은 KoNLP패키지의 extractNoun() 함수를 이용하여 키워드를 추출합니다. 한 글자일 경우 의미를 알 수 없기 때문에 제거합니다.

```
# 한글이 포함된 논문
> library(KoNLP)
> korextNoun = unlist(extractNoun(korAbs))
> kenOver1 = korextNoun[nchar(korextNoun) > 1]
```

❺ 한글이 포함된 논문의 초록에서 가장 많이 등장한 키워드 리스트를 확인해봅니다. 가장 많이 등장한 키워드를 확인하고자 order( ) 함수를 이용해서 내림차순으로 정렬합니다. Top10에 등장한 키워드를 살펴보면 앞서 검색에 사용했던 핵심 키워드 "LCD", "OLED"가 등장하는 것을 알 수 있으며, "사용", "이용", "제안", "결과"처럼 논문에서 일반적인 용어로 사용되는 키워드도 나타납니다.

```
> kenDf = data.frame(table(kenOver1))
> kenDf = kenDf[order(kenDf$Freq, decreasing = TRUE),]

> head(kenDf, n = 10)
        kenOver1  Freq
7087        사용   874
10209       특성   785
2992        LCD   771
8657        이용   719
8143        연구   665
9356        제안   572
6047    디스플레이   518
5384        구조   515
4954        결과   509
3394       OLED   497
```

❻ 영문 논문은 strsplit( ) 함수를 이용하여 키워드를 추출합니다. 한글과 동일하게 한 글자일 경우 의미를 알 수 없기 때문에 제거합니다. 컴퓨터는 영어의 대소문자를 구별해서 인식하므로 모든 언어를 대문자 또는 소문자로 변경해주어야 합니다. 대문자로 변경할 경우에는 toupper( ) 함수를, 소문자로 변경할 경우에는 tolower( ) 함수를 사용합니다.

```
# 영어 논문
> engextNoun = unlist(strsplit(engAbs, " "))
> eenOver1 = engextNoun[nchar(engextNoun) > 1]
> eenOver1 = toupper(eenOver1)
```

❼ 영문 논문의 초록에서 가장 많이 등장한 키워드 리스트를 확인해봅니다. 한글이 포함된 논문 초록과 같이 의미를 파악하기 어려운 단어들이 존재합니다.

```
> eenDf = data.frame(table(eenOver1))
> eenDf = eenDf[order(eenDf$Freq, decreasing = TRUE),]

> head(eenDf)
      eenOver1  Freq
24588      THE  15554
18584       OF   9287
6928       AND   7048
24855       TO   4320
14775       IN   4171
15479       IS   2782
```

❽ 제거 대상이 되는 불용어 리스트(Stopwords)를 생성하여 제목에서 제거한 뒤 다시 Top 10 키워드 리스트를 도출하기 위해 재구성합니다.

```
# 불용어 리스트
> Stopword = c("of", "for", "the", "on", "in", "and",
+              "with", "by", "to", "an", "is","was",
+              "as", "that", "using", "which", "high",
+              "can", "has", "been", "were", "are",
+              "we", "be", "this", "at", "from", "it",
+              "have", "or", "used")

# 불용어 변환
> pattern = paste0(paste0("^", toupper(stopword), "$"),
+                  collapse = "|")

# 키워드 재구성
> eenEli = gsub(pattern = pattern, "", eenOver1)
> eenDf2 = data.frame(table(eenEli))
> eenDf2 = eenDf2[order(eenDf2$Freq, decreasing = TRUE),]
```

❾ 영문 논문의 제목에서는 "OLED", "CRT", "LCD"가 가장 많으며, "DISPLAY", "USG", "STUDY" 등과 같은 단어들이 함께 등장하였습니다.

```
> head(eenDf2, 11)
           eenEli Freq
18609        OLED  629
11192     DISPLAY  575
10042         CRT  569
11753  EFFICIENCY  511
16002         LCD  501
17096      METHOD  475
16202       LIGHT  445
18812     ORGANIC  444
15959       LAYER  442
8747  CHARACTERISTICS 403
```

10.6 tm 패키지를 이용하여 Term Document Matrix 생성하기

비정형 텍스트 데이터를 수집하여 분석하는 과정에서 컴퓨터가 자연어를 이해하는 단어 표현 방식이 여러 개 있습니다. 텍스트 데이터에서 추출한 키워드를 특정한 숫자에 매핑하여 사용하는 방법이 있는 반면, 주변에 등장한 키워드를 바탕으로 단어를 표현하기도 합니다. 단어를 표현하면 문서들 간의 유사도를 측정하여 유사 문서를 추천하는 데 활용할 수 있고, 분류 모형을 이용하면 문서를 자동으로 분류하는 데 활용할 수 있습니다.

컴퓨터가 이해 가능한 언어로 표현하기 위한 방법으로 빈도를 활용하는 방법이 있습니다. 이 표현 방식에는 대표적으로 Bag of Words(BoW), 문서 단어 행렬(Document-term Matrix), TF-IDF(Term Frequency-Inverse Document Frequency)가 있습니다.

10.6.1 Bag-of-words

Bag of Words는 흔히 단어 주머니라고도 불리는데, 단어의 순서는 고려하지 않고 등장했던 빈도를 이용해서 단어를 표현합니다. 예시 문장을 이용해서 BoW를 만들어봅시다.

> 🔍 직접 따라 하기 **단어 표현하기(Bag-of-words)**

❶ Bag-of-words를 만들기 위한 문장 1, 2, 3이 있습니다. 각 문장을 text1, text2, text3 객체에 입력합니다.

- 문장1: "우리 아파트가 생기고 나서 우리 지역의 인구는 어떻게 변했을까?"
- 문장2: "우리 가게 근처엔 어떤 연령대 사람들이 살고 있지?"
- 문장3: "전체 인구는 얼마나 될까?"

```
> text1 = "우리 아파트가 생기고 나서 우리 지역의 인구는 어떻게 변했을까?"
> text2 = "우리 가게 근처엔 어떤 연령대 사람들이 살고 있지?"
> text3 = "전체 인구는 얼마나 될까?"
```

❷ 각 문장별로 Bag-of-Words를 만들기 위해 tm 패키지를 설치합니다. 만약 tm 패키지를 설치한 이력이 없다면 install.packages( ) 함수를 이용하여 설치합니다.

```
> install.packages("tm")
> library(tm)
```

❸ 각 문장은 한글로 작성되어 있기에 인코딩을 UTF-8로 변경할 필요가 있으므로 enc2utf8( ) 함수를 사용하겠습니다. Encoding( ) 함수를 이용하여 인코딩이 변경된 것을 확인합니다.

```
> cvEnc1 = enc2utf8(text1)
> Encoding(cvEnc1)
[1] "UTF-8"

> cvEnc2 = enc2utf8(text2)
> Encoding(cvEnc2)
[1] "UTF-8"

> cvEnc3 = enc2utf8(text3)
> Encoding(cvEnc3)
[1] "UTF-8"
```

❹ tm 패키지에서는 termFreq( ) 함수를 사용하여 Bag-of-words를 생성합니다. termFreq( ) 함수를 사용하기에 앞서 패키지는 다양한 옵션을 설정할 수 있도록 구성되어 있습니다. 단어의 길이가 2글자 이상인 경우를 가져오기 위해 wordLengths 옵션을 2에서부터 무한대까지 올 수 있도록 설정해줍니다.

```
> ctrl = list(wordLengths = c(2, Inf))
```

❺ termFreq( ) 함수의 옵션 값을 활용하여 문장1의 BoW를 생성합니다. 그림 [표 10-6]과 같은 결과가 나타납니다.

```
> termFreq(cvEnc1,
+          control = ctrl)
    나서  변했을까?    생기고   아파트가    어떻게      우리    인구는    지역의
     1         1         1         1         1         2         1         1
attr(,"class")
[1] "term_frequency" "integer"
```

나서	변했을까?	생기고	아파트가	어떻게	우리	인구는	지역의
1	1	1	1	1	2	1	1

[표 10-6] 문장1의 Bag-of-words 결과

❻ termFreq( ) 함수의 옵션 값을 활용하여 문장2의 BoW를 생성합니다. [표 10-7]
과 같은 결과가 나타납니다.

```
> termFreq(cvEnc2,
+          control = ctrl)
     가게   근처엔  사람들이    살고    어떤   연령대    우리   있지?
      1      1       1        1      1      1       1      1
attr(,"class")
[1] "term_frequency" "integer"
```

가게	근처엔	사람들이	살고	어떤	연령대	우리	있지?
1	1	1	1	1	1	1	1

[표 10-7] 문장2의 Bag-of-words 결과

❼ termFreq( ) 함수의 옵션 값을 활용하여 문장3의 BoW를 생성합니다. [표 10-8]
과 같은 결과가 나타납니다.

```
> termFreq(cvEnc3,
+          control = ctrl)
 될까?  얼마나   인구는    전체
   1     1       1       1
attr(,"class")
[1] "term_frequency" "integer"
```

될까?	얼마나	인구는	전체
1	1	1	1

[표 10-8] 문장3의 Bag-of-words 결과

문장에 담긴 키워드의 숫자가 많으면 많을수록 생성되는 BoW의 사이즈는 점점 늘어날 수밖에 없습니다. BoW의 데이터 사이즈가 클수록 자세한 정보를 담을 수 있으므로 컴퓨터에게 좋은 데이터가 될 수 있습니다. 하지만 데이터의 사이즈가 크다는 것은 결국 처리를 위해 리소스를 많이 활용해야 한다는 뜻이며 처리하는 데 드는 시간도 늘어납니다.

10.6.2 문서 단어 행렬(Document-Term Matrix)

BoW 개념을 바탕으로 문서들을 결합하여 만든 형태의 단어 표현 방식이 있습니다. 이를 문서 단어 행렬이라고 하는데, 경우에 따라 문서 단어 행렬의 행과 열을 반대로 만들어 구성하는 단어 문서 행렬(Term-Document Matrix)를 만들어서 사용하기도 합니다.

> 🔍 직접 따라 하기 **단어 표현하기(Document-Term Matrix)**

❶ 문서 단어 행렬을 만들기 위한 네 개의 문서가 있습니다. 네 개의 문서를 text 객체에 입력합니다.

- 문서 1: 올해 서울에서는 99년만에 가장 빨리 벚꽃이 피었습니다
- 문서 2: 서울의 벚꽃 개화 시점은 서울기상관측소에 있는 왕벚나무를 기준
- 문서 3: 서울 지역에 따라 이보다 더 빨리 벚꽃이 핀 지역도 있을 수 있습니다
- 문서 4: 여의도 윤중로의 관측목은 아직 꽃망울을 터뜨리지 않았습니다

```
> text = c("올해 서울에서는 99년만에 가장 빨리 벚꽃이 피었습니다",
+          "서울의 벚꽃 개화 시점은 서울기상관측소에 있는 왕벚나무를 기준",
+          "서울 지역에 따라 이보다 더 빨리 벚꽃이 핀 지역도 있을 수 있습니다",
+          "여의도 윤중로의 관측목은 아직 꽃망울을 터뜨리지 않았습니다")
```

❷ 네 개의 문서는 한글로 작성되어 있기에 인코딩을 UTF-8로 변경할 필요가 있으므로 enc2utf8( ) 함수를 사용하겠습니다. Encoding( ) 함수를 이용하여 인코딩이 변경된 것을 확인합니다.

```
> cvEnc = enc2utf8(text)
> Encoding(cvEnc)
[1] "UTF-8"
```

❸ tm 패키지의 Corpus( ) 함수를 이용하여 네 문서의 말뭉치를 생성합니다. Corpus( ) 함수는 텍스트 형식의 데이터를 바로 처리할 수 없으므로 VectorSource( ) 함수를 이용하여 Vector Source로 데이터 유형을 변경하여 말뭉치를 생성합니다.

```
> vs = VectorSource(cvEnc)
> cps = Corpus(vs)
> cps
<<SimpleCorpus>>
Metadata:  corpus specific: 1, document level (indexed): 0
Content:  documents: 4
```

❹ DocumentTermMatrix( ) 함수를 이용하여 문서 단어 행렬을 구성합니다. 완성된 문서 단어 행렬에 inspect( ) 함수를 이용하여 요약된 정보를 확인합니다.

```
> dtm = DocumentTermMatrix(cps)

> inspect(dtm)
<<DocumentTermMatrix (documents: 4, terms: 32)>>
Non-/sparse entries: 34/94
Sparsity            : 73%
Maximal term length: 8
Weighting           : term frequency (tf)
Sample              :
    Terms
Docs 99년만에 가장 개화 기준 벚꽃 벚꽃이 빨리 서울에서는 올해 피었습니다
   1     1    1   0    0    0    1    1    1      1    1
   2     0    0   1    1    1    0    0    0      0    0
   3     0    0   0    0    0    1    1    0      0    0
   4     0    0   0    0    0    0    0    0      0    0
```

이 문서의 형태소 분석과 불용어를 처리하고 난 이후 문서 단어 행렬을 구성해보

면 [표 10-9]와 같이 나타낼 수 있습니다. 행 간의 비교를 통해 서로 얼마나 유사한 문서인지 확인하는 데 의의를 가집니다.

구분	99년만에	가장	개화	기준	벚꽃	벚꽃이	빨리	서울에서는	올해	피었습니다
문서1	0	0	0	0	1	1	0	0	1	0
문서2	1	0	1	0	1	1	1	0	0	0
문서3	0	0	0	0	1	1	0	0	0	0
문서4	0	1	0	1	0	0	0	1	0	1

[표 10-9] 예시 문서 문서 단어 행렬 결과

10.6.3 TF-IDF(Term Frequency-Inverse Document Frequency)

문서 단어 행렬은 키워드가 등장한 경우엔 숫자를 표현하지만 대부분의 값은 0으로 표현하는 원-핫 벡터(one-hot vector) 방식을 사용합니다. 원-핫 벡터 방식을 사용하면 텍스트 데이터를 컴퓨터가 이해하기 쉬운 숫자 데이터로 쉽게 변형할 수 있다는 장점이 있습니다.

원-핫 벡터를 이용해서 단어를 표현하면 등장한 키워드의 수가 증가할수록 불필요한 공간을 사용하고 연산하는 데 많은 자원을 사용하게 됩니다. 이런 한계점을 극복하기 위해 특수 문자 제거, 영어의 대소문자 통일, 불용어 제거 등의 전처리 과정을 통해 단어를 정제해야 합니다. 문서에 등장하는 빈도를 기반으로 만들어지는 행렬이기 때문에 모든 문서에서 자주 등장할 경우 문서 간의 유사도가 높다고 판단할 수 있습니다.

TF-IDF(Term Frequency-Inverse Document Frequency)는 문서 단어 행렬의 한계를 개선하기 위한 단어 표현 방법입니다. TF-IDF는 문서의 유사도를 측정할 때 활용하기 때문에 검색 시스템에서 검색 결과와 유사도가 높은 값을 출력하는 데 중요한 역할을 합니다.

TF-IDF는 단어의 빈도(TF)에 문서의 빈도(DF) 역수를 곱하여 계산합니다. 단어 빈도는 특정 문서 내에 등장한 특정 키워드의 빈도 수이고, 문서 빈도는 전체 문서 내에 등장하는 특정 키워드의 빈도 수입니다.

$$tf(d,t) = 특정\ 문서\ d에\ 등장한\ 특정\ 키워드\ t의\ 빈도\ 수$$
$$df(t) = 특정\ 키워드\ t가\ 등장한\ 문서\ 수$$
$$idf(d,t) = df(t)의\ 역수$$

문서 빈도의 역수를 구하는 과정에서 단순히 특정 키워드 t가 등장한 문서 수의 역수를 계산하게 된다면 총 문서(n)가 커질수록 역문서 빈도가 커집니다. 따라서 컴퓨터는 자주 사용하지 않는 키워드와 자주 등장하는 키워드가 수 배 이상 차이나는 것처럼 인식하게 됩니다. 이러한 이슈를 줄이기 위해 log를 이용합니다.

$$idf(d,t) = \log\frac{n}{1+df(t)}$$

Document-Term Matrix를 구성했던 네 개의 예시 문서를 이용해서 TF-IDF를 계산해보겠습니다. 이미 Document-Term Matrix에는 tf(d, t)가 계산되어 있으므로 각 키워드별로 idf(d, t)를 계산한 후 Document-Term Matrix와 곱해줍니다.

10.6.2 문서 단어 행렬(Document-Term Matrix)에서 사용했던 네 개의 문서를 이용하여 TF-IDF를 계산하는 방법을 수행합니다. DocumentTermMatrix( ) 함수의 옵션 값을 변경하는 것 외에는 문서 단어 행렬을 만드는 과정과 거의 동일합니다.

직접 따라 하기 　단어 표현하기(TF-IDF)

❶ 문서 단어 행렬을 만들기 위한 네 개의 문서가 있습니다. 네 개의 문서를 text 객체에 입력합니다.

- 문서 1: 올해 서울에서는 99년만에 가장 빨리 벚꽃이 피었습니다
- 문서 2: 서울의 벚꽃 개화 시점은 서울기상관측소에 있는 왕벚나무를 기준
- 문서 3: 서울 지역에 따라 이보다 더 빨리 벚꽃이 핀 지역도 있을 수 있습니다
- 문서 4: 여의도 윤중로의 관측목은 아직 꽃망울을 터뜨리지 않았습니다

```
> text = c("올해 서울에서는 99년만에 가장 빨리 벚꽃이 피었습니다",
+          "서울의 벚꽃 개화 시점은 서울기상관측소에 있는 왕벚나무를 기준",
+          "서울 지역에 따라 이보다 더 빨리 벚꽃이 핀 지역도 있을 수 있습니다",
+          "여의도 윤중로의 관측목은 아직 꽃망울을 터뜨리지 않았습니다")
```

❷ tm 패키지를 이용하여 tfidf를 생성할 경우 한글이 깨지는 것을 볼 수 있습니다. 이를 해결하기 위해 네 문서의 한글 인코딩을 UTF-8로 변경할 필요가 있으므로 enc2utf8( ) 함수를 사용하겠습니다. Encoding( ) 함수를 이용하여 인코딩이 변경된 것을 확인합니다.

```
> cvEnc = enc2utf8(text)
> Encoding(cvEnc)
[1] "UTF-8"
```

❸ tm 패키지의 Corpus( ) 함수를 이용하여 네 문서의 말뭉치를 생성합니다. Corpus( ) 함수는 텍스트 형식의 데이터를 바로 처리할 수 없으므로 VectorSource( ) 함수를 이용하여 Vector Source로 데이터 유형을 변경하여 말뭉치를 생성합니다.

```
> vs = VectorSource(cvEnc)
> cps = Corpus(vs)
> cps
```

```
<<SimpleCorpus>>
Metadata:  corpus specific: 1, document level (indexed): 0
Content:  documents: 4
```

❹ 길이가 2글자 이상인 단어를 가져오기 위해 wordLengths 옵션을 2 이상의 숫자가 오도록 설정한 후 weighting을 TF-IDF로 설정해줍니다.

```
> ctrl = list(wordLengths = c(2, Inf),
+             weighting = function(x){
+                weightTfIdf(x, normalize = TRUE)}
+            )
```

❺ DocumentTermMatrix( ) 함수를 이용하여 TF-IDF를 [표 10-10]과 같이 구성할 수 있습니다.

```
> tfidf = DocumentTermMatrix(cps,
+                            control = ctrl)

> tfidf
<<DocumentTermMatrix (documents: 4, terms: 32)>>
Non-/sparse entries: 34/94
Sparsity           : 73%
Maximal term length: 8
Weighting          : term frequency - inverse document frequency
(normalized) (tf-idf)

> round(as.matrix(tfidf)[,1:8], 3)
    Terms
Docs 99년만에 가장  벚꽃이 빨리  서울에서는 올해  피었습니다 개화
   1  0.286 0.286 0.143 0.143 0.286 0.286 0.286 0.00
   2  0.000 0.000 0.000 0.000 0.000 0.000 0.000 0.25
   3  0.000 0.000 0.083 0.083 0.000 0.000 0.000 0.00
   4  0.000 0.000 0.000 0.000 0.000 0.000 0.000 0.00
```

구분	88년만에	가장	벚꽃이	빨리	서울에서는	올해	피었습니다	개화
문서1	0.286	0.286	0.143	0.143	0.286	0.286	0.286	0
문서2	0	0	0	0	0	0	0	0.250
문서3	0	0	0.083	0.083	0	0	0	0
문서4	0	0	0	0	0	0	0	0

[표 10-10] 예시 문서 TF-IDF 결과

10.7 LDA Topic modeling을 이용하여 논문 주제 도출하기

네 가지의 디스플레이 관련 키워드를 이용하여 논문을 수집하였습니다. 네 가지 키워드는 화면에서 사용할 수 있는 것일 뿐 아니라 실제로 다양한 형태로 연구가 가능합니다. 문서를 읽어보기 전까지는 논문이 어떤 의미로 작성되었는지 알 수 없기 때문에 효율화를 높이기 위해 텍스트 분석을 수행합니다. LDA 토픽 모델링(Topic Modeling)을 이용하여 논문 주제를 도출하는 과정을 이해해봅시다.

토픽 모델링은 문서로부터 추상적인 주제를 도출하는 통계적인 모델입니다. 사람처럼 문서를 읽은 후에 "이 문서는 어떠한 주제를 가지고 있습니다."라고 할 수 없기에 여러 문서에 동시에 등장하는 키워드가 아닌 특정 문서에 담긴 고유 키워드 위주로 주제를 추상적으로 도출합니다. 토픽 모델링에는 잠재 의미 분석(LSI), 확률적 잠재 의미 인덱싱(PLSI), 잠재 디리클레 할당(LDA) 등이 존재합니다. LSI는 DTM을 기반으로 한 최초의 모형이며, PLSI는 Document-term matrix에서 출현 빈도를 확률로 대체한 모형입니다. LDA는 가장 많이 활용하는 모델로 PLSI의 일반화된 버전입니다.

> **직접 따라 하기**   LDA 토픽 모델링을 이용하여 주제 도출하기

❶ LDA 토픽 모델링을 수행하기 위해 topicmodels 패키지를 설치합니다.

```
> install.packages("topicmodels")
> library(topicmodels)
```

❷ 논문 데이터 paper를 불러옵니다. 논문 데이터는 엑셀 파일이기 때문에 readxl 패키지를 사용합니다.

예제 파일: paper.xlsx
다운로드 링크: https://github.com/bjpublic/R_data

```
> library(readxl)
> paper = read_xlsx(path = "paper.xlsx")
```

❸ 논문 제목에 한글이 섞여 있기 때문에 enc2utf8( ) 함수를 이용하여 인코딩을 UTF-8 로 변환해줍니다. 10.6.2 문서 단어 행렬(Document-Term Matrix)에서 문서 단어 행렬을 만들기 위해 생성한 말뭉치를 만들어줍니다.

```
> cvTitle = enc2utf8(paper$title)
> cpsTitle = Corpus(VectorSource(unlist(cvTitle)))
> cpsTitle
<<SimpleCorpus>>
Metadata:  corpus specific: 1, document level (indexed): 0
Content:  documents: 4348
```

❹ 말뭉치를 활용해서 문서 단어 행렬을 생성합니다. 4,348개의 문서와 14,218개의 키워드가 담겨 있습니다.

```
> dtmTitle = DocumentTermMatrix(cpsTitle,
+                               control = list(minWordLength = 3))
> dtmTitle
<<DocumentTermMatrix (documents: 4348, terms: 14218)>>
Non-/sparse entries: 51254/61768610
Sparsity           : 100%
Maximal term length: 169
Weighting          : term frequency (tf)
```

❺ topicmodels 패키지에는 토픽 모델링을 위한 가장 중요한 함수 두 가지가 있습니다. 바로 LDA( ) 함수와 CTM( ) 함수입니다. CMT( ) 함수를 사용한 토픽 모델링은 "VEM" 방법론을 사용하고, LDA( ) 함수는 "VEM"과 "Gibbs" 방법론을 모두 사용할 수 있습니다. 이번에는 LDA( ) 함수를 이용하여 토픽 모델링을 진행합니다. LDA( ) 함수의 옵션 중 k는 1보다 큰 자연수를 설정해야 하며, k의 숫자에 따라 토픽 모델링에서의 토픽의 수를 결정합니다.

```
> ldaTitle = LDA(dtmTitle,
+                k = 10,
+                control = list(seed = 0214))
> ldaTitle
A LDA_VEM topic model with 10 topics.
```

❻ 생성된 토픽 모델의 토픽 정보를 확인하고자 topic( ) 함수를 사용합니다. topic( ) 함수는 LDA 토픽 모델링을 통해 도출된 각 문장의 토픽 결과를 보여줍니다.

```
> topic = topics(ldaTitle)

> head(topics(ldaTitle), 10)
 1  2  3  4  5  6  7  8  9 10
 9  9  4 10 10 10  2  2  2  2
```

❼ 생성된 토픽 모델의 토픽별 상세 키워드를 확인하기 위해 terms( ) 함수를 사용합니다. terms( ) 함수의 옵션에 숫자를 넣음으로써 상세 키워드를 몇 개씩 보여

줄지를 정할 수 있습니다.

```
> Terms = terms(ldaTitle, 10)

> Terms[,1:10]
      Topic 1         Topic 2            Topic 3       Topic 4      Topic 5
 [1,] "oled"          "the"              "and"         "crt"        "연구"
 [2,] "for"           "and"              "with"        "for"        "및"
 [3,] "and"           "crt"              "the"         "the"        "관한"
 [4,] "properties"    "for"              "cancer"      "and"        "이용한"
 [5,] "organic"       "lcd"              "(crt)"       "with"       "위한"
 [6,] "with"          "pdp"              "for"         "display"    "특성"
 [7,] "layer"         "characteristics"  "color"       "lcd"        "oled"
 [8,] "light"         "study"            "crt"         "system"     "pdp"
 [9,] "emitting"      "oled"             "lcd"         "response"   "tft-lcd"
[10,] "thin"          "optical"          "patients"    "crt-d"      "설계"

      Topic 6         Topic 7            Topic 8       Topic 9      Topic 10
 [1,] "pdp"           "and"              "the"         "lcd"        "for"
 [2,] "for"           "for"              "crt"         "이용한"      "and"
 [3,] "the"           "therapy"          "for"         "tft-lcd"    "oled"
 [4,] "with"          "the"              "pdp"         "using"      "pdp"
 [5,] "study"         "with"             "effect"      "for"        "display"
 [6,] "lcd"           "crt"              "your"        "angle"      "lcd"
 [7,] "관한"           "oled"             "and"         "및"          "process"
 [8,] "discharge"     "conformal"        "study"       "crystal"    "using"
 [9,] "mgo"           "performance"      "color"       "large"      "panel"
[10,] "연구"           "patients"         "put"         "위한"        "tft"
```

10.8 shiny 패키지를 이용하여 논문 분석 시스템 웹 화면 구축하기

오픈 API를 이용해서 NDSL 논문 DB를 수집하였습니다. 논문에서는 정형 데이터와 비정형 데이터가 함께 수집되었으며, 각각의 분석 방법에 따라 기본적인 인사이트를 도출할 수 있었습니다. 인사이트를 바탕으로 논문 분석 시스템의 웹 화면을 구축합니다.

R에는 웹 화면에서 인터랙티브하게 분석 결과를 확인할 수 있도록 제공하는 패키지가 있습니다. 이 패키지에 대해 간단히 이해한 후 논문 분석 시스템의 화면을 구축하겠습니다.

10.8.1 shiny란

shiny는 R에서 분석한 결과를 웹 화면으로 쉽게 구성하기 위한 패키지입니다. 웹으로 구현한 화면에서 사용자가 자유롭게 핸들링할 수 있기 때문에 데이터 분석 스토리를 만들기에 훌륭합니다. shiny는 웹 화면에서 독립적으로 활용도 가능하지만 R 마크다운에도 임베딩할 수 있습니다. shiny는 CSS나 html 위젯 등을 활용하여 확장도 가능하도록 구성되어 있습니다.

> 직접 따라 하기 **shiny 패키지 이해하기**

❶ 간단한 예제를 이용해서 shiny 패키지를 이해합니다. shiny 패키지에는 11개의 예제가 내장되어 있습니다. 먼저 shiny 패키지 설치를 진행합니다. shiny 패키지를 설치한 후 runExample( ) 함수를 이용해서 예제를 실행시켜봅니다.

```
> install.packages("shiny")
> library(shiny)

> runExample("01_hello")
```

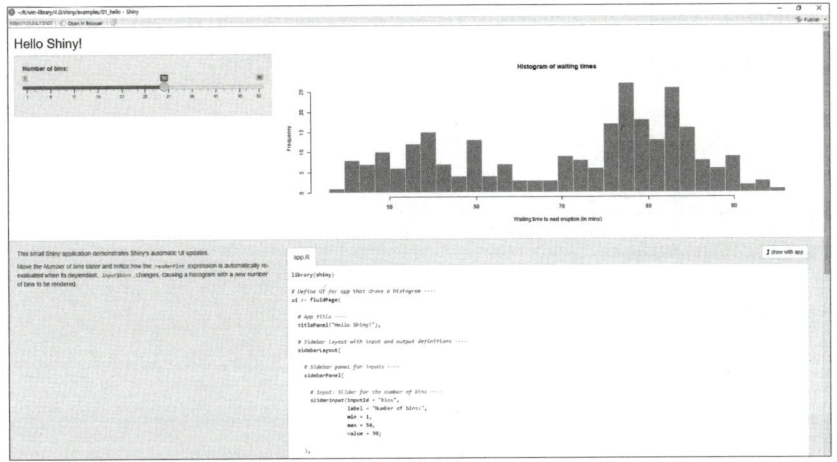

[그림 10-14] shiny 예제 1번 실행 화면

❷ "01_hello" 예제 이외에도 10가지의 추가 예제가 있습니다. 시각화와 표뿐만 아니라 다양한 위젯을 사용하여 사용자가 클릭하거나 설정하였을 때 결과물이 변화할 수 있도록 구성이 가능합니다. 각 예제를 활용하여 다양한 형태의 웹 화면을 구성할 수 있습니다.

- **01_hello**: 히스토그램 시각화
- **02_text**: 표
- **03_reactivity**: 반응형 표현
- **04_mpg**: 글로벌 변수
- **05_sliders**: 슬라이드 버튼
- **06_tabsets**: 라디오 박스 버튼
- **07_widgets**: 도움말과 업데이트 버튼
- **08_html**: HTML에 shiny 앱 임베딩
- **09_upload**: 파일 업로드 위젯
- **10_download**: 파일 다운로드 위젯
- **11_timer**: 알람 설정

❸ shiny의 기본적인 구성 방식에는 UI 영역과 Server 영역이 있습니다. 두 영역을 구축하고 shinyApp( ) 함수를 이용하여 앱을 실행시킵니다.

```
> library(shiny)

# UI 영역
> ui = fluidPage()

# Server 영역
> server = function(input, output){ }

# App 실행
> shinyApp(ui = ui, server = server)
```

❹ UI 영역은 화면에 노출되는 영역을 정의하는 곳으로, 다양한 입력 기능과 출력 기능, 그리고 위젯 기능을 구현하는 프런트엔드(Front-end)입니다. 입력 기능과 위젯을 이용해서 화면을 구성할 수 있으나 독립적으로는 사용할 수 없기에 Server 영역과 유기적으로 데이터를 주고받아야 합니다.

```
> ui = fluidPage(
+   fluidRow(
+     textInput("name", "당신의 이름은 무엇인가요?"),
+     numericInput("age", "당신의 나이는 어떻게 됩니까?",
+                  value = 0, min = 0, max = 100),
+     dateInput("birth", "태어난 날은 언제인가요?"),
+     selectInput(
+       "search", "관심 분야는?", unique(paper$search),
+       multiple = TRUE),
+     textAreaInput("intro", "자기소개"),
+     fileInput("upload", "본인의 포트폴리오를 게시하십시오")
+   ),
+   fluidRow(
+     actionButton("click", "저장", class = "btn-save"),
+     actionButton("click", "취소", class = "btn-cancel")
```

```
+    )
+  )
> server = function(input, output, session) {}
> shinyApp(ui, server)
```

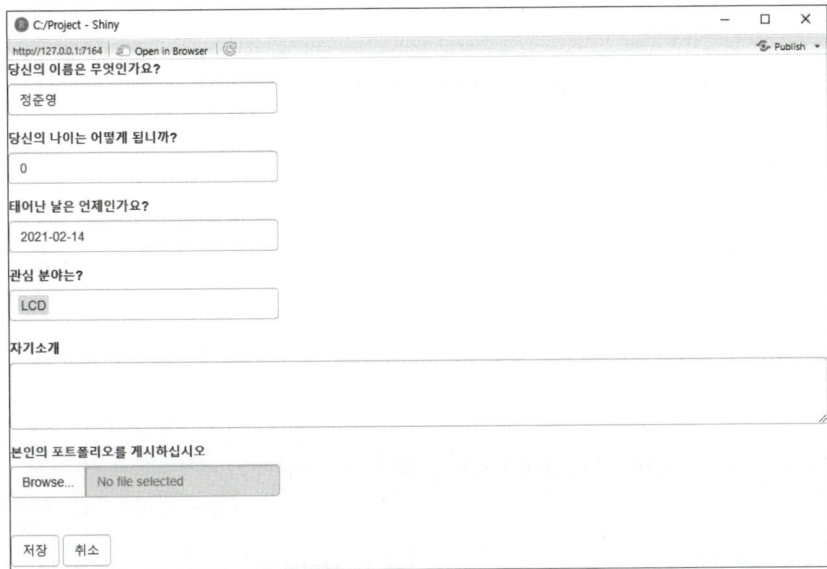

[그림 10-15] UI 영역 테스트 결과

❺ Server 영역은 화면에 출력하거나, 입력받은 값을 처리하기 위한 곳으로 백엔드(Back-end)입니다. 수집한 논문 데이터를 불러온 후 화면에 테이블을 출력하였습니다. Server 영역도 UI 영역과 마찬가지로 서로 유기적으로 데이터를 주고받아야 합니다.

```
> library(readxl)
> paper = read_xlsx(path = "paper.xlsx")

> target = subset.data.frame(paper,
+                            select = c("title, "year", "publisher",
```

```
+                                               "search", "affiliation")

> ui = fluidPage(
+   textOutput("text"),
+   verbatimTextOutput("code"),
+   dataTableOutput("dynamic")
+ )

> server = function(input, output, session) {
+   output$text = renderText({
+     "디스플레이 동향 분석"
+   })
+   output$code = renderPrint(paste0(nrow(paper), "건"))
+   output$dynamic = renderDataTable(, options = list(pageLength = 5))
+ }

> shinyApp(ui, server)
```

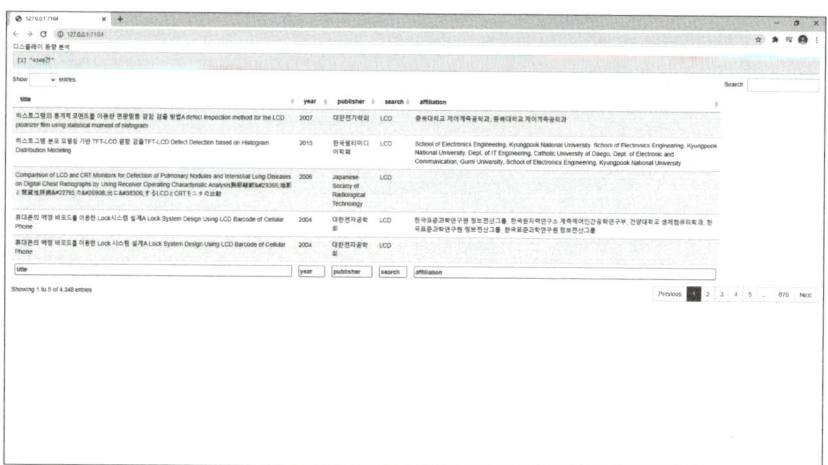

[그림 10-16] Server 영역 테스트 결과

10.8.2 논문 분석 시스템 구축하기

실제로 프로젝트를 수행하는 경우라면 서비스 기획과 함께 WBS 일정에 따라 논문 분석 시스템을 구축합니다. 서비스 기획 과정에서 화면 UI에 대한 상세 설계가 진행됩니다. [그림 10-17]은 논문 분석 시스템의 일부를 간단하게 구성한 화면입니다. R에서 shiny 패키지를 활용하여 화면을 구성해보겠습니다.

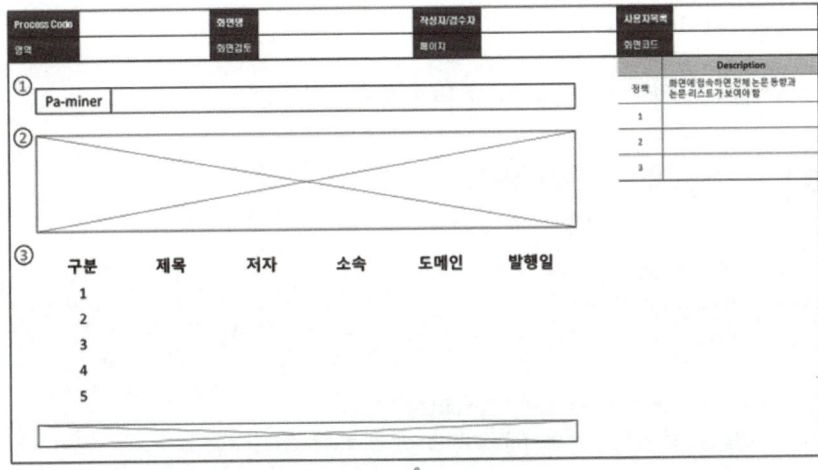

[그림 10-17] UI Planning 샘플

직접 따라 하기 : 논문 분석 시스템 구축하기

❶ 텍스트 분석을 위한 패키지와 엑셀을 불러오는 패키지를 불러온 후, 논문 분석 시스템의 핵심 데이터인 NDSL 논문 데이터를 불러옵니다.

예제 파일: paper.xlsx
다운로드 링크: https://github.com/bjpublic/R_data

```
> library(readxl)
> library(shiny)
```

```
> library(KoNLP)

> paper = read_xlsx(path = "paper.xlsx")
```

❷ UI Planning 샘플과 같은 레이아웃을 구성하기 전에 shiny를 구동하기 위한 기본 골격을 먼저 구성합니다. shinyApp( ) 함수를 이용하여 구성된 UI 정보와 Server 정보를 출력할 수 있습니다.

```
> ui = fluidPage()

> server = function(input, output(session){ }
```

❸ 화면에 논문 리스트를 출력합니다.

```
> ui = fluidPage(
+   tableOutput("data")
+ )

> server = function(input, output){
+   output$data = renderTable(subset.data.frame(paper,
+                                               select = c("title",
+                                                          "search",
+                                                          "year")))
+ }
```

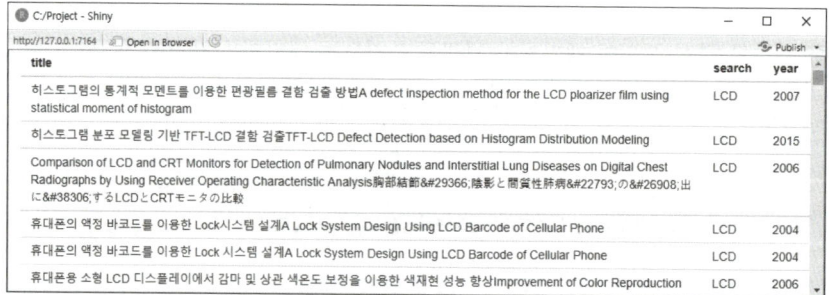

[그림 10-18] 논문 리스트 출력 결과

❹ 검색을 보다 편리하게 만들고자 필터를 생성합니다. UI 영역에서 selectInput( ) 함수를 이용하여 필터를 생성할 수 있습니다. 생성한 필터들을 선택할 경우 테이블에 담긴 정보가 필터가 될 수 있도록 subset.data.frame( ) 함수를 사용합니다.

```
> ui = fluidPage(selectInput("search", "주제 영역",
+                            choices = unique(paper$search)),
+                selectInput("year", "발행년도",
+                            choices = unique(paper$year)),
+                tableOutput("data"))

> server = function(input, output){
+     output$data = renderTable(subset.data.frame(paper,
+                               subset = c(paper$search == input$search &
+                                          paper$year == input$year),
+                               select = c("title", "search", "year")))
+ }

> shinyApp(ui, server)
```

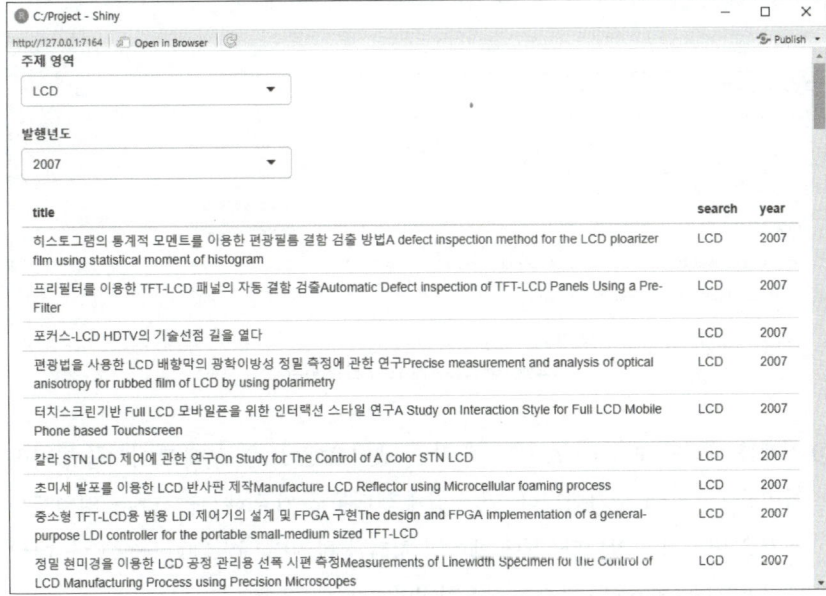

[그림 10-19] 필터를 이용한 테이블 조회 화면 구성

❺ 현재 레이아웃은 선택할 수 있는 필터가 많을수록 화면이 아래로 길어지는 구조입니다. 이를 조금이라도 줄이기 위해 fluidRow( ) 함수를 이용해서 필터를 마친 행에 놓아야 합니다.

```
> ui = fluidPage(fluidRow(column(width = 3,
+                                selectInput("search", "주제 영역",
+                                            choices = unique(paper$search))),
+                         column(width = 3,
+                                selectInput("year", "발행년도",
+                                            choices = sort(unique(paper$year))))),
+                tableOutput("data"))

> server = function(input, output){
+   output$data = renderTable(subset.data.frame(paper,
+                                               subset = c(paper$search == input$search &
+                                                          paper$year == input$year),
+                                               select = c("title", "search", "year")))
+ }

> shinyApp(ui, server)
```

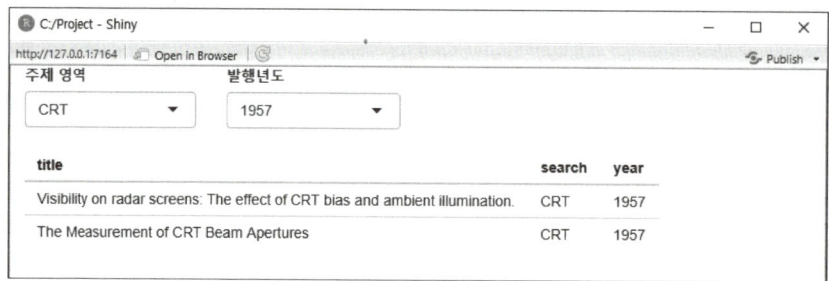

[그림 10-20] 상단 필터 변경 결과

❻ 전체를 선택할 수 있는 "ALL" 선택 기능, 행이 많은 표를 볼 때 페이지를 넘기며 확인하는 기능을 추가합니다. 먼저 전체 선택을 하기 위해서는 Server 영역에서 조건을 변경해야 합니다. 표에 페이징 처리를 하려면 tableOutput( ) 함수 대신에 dataTableOutput( ) 함수를 사용합니다.

```
> ui = fluidPage(fluidRow(column(width = 3,
+                                selectInput("search", "주제 영역",
+                                            choices = c("ALL",
+                                                        unique(paper$search)))),
+                         column(width = 3,
+                                selectInput("year", "발행년도",
+                                            choices = c("ALL",
+                                                        sort(unique(paper$year),
+                                                             decreasing = TRUE))))),
+                dataTableOutput("data"))

> server = function(input, output){
+   output$data = renderDataTable(
+     if(input$search == "ALL" & input$year == "ALL"){
+       subset.data.frame(paper,
+                         select = c("search", "title", "year",
+                                    "author", "publisher"))
+     }else if(input$search == "ALL"){
+       subset.data.frame(paper,
+                         subset = c(paper$year == input$year),
+                         select = c("search", "title", "year",
+                                    "author", "publisher"))
+     }else if(input$year == "ALL"){
+       subset.data.frame(paper,
+                         subset = c(paper$search == input$search),
+                         select = c("search", "title", "year",
+                                    "author", "publisher"))
+     }else{
+       subset.data.frame(paper,
+                         subset = c(paper$search == input$search &
+                                    paper$year == input$year),
+                         select = c("search", "title", "year",
+                                    "author", "publisher"))
+     }, options = list(pageLength = 5))
+ }
```

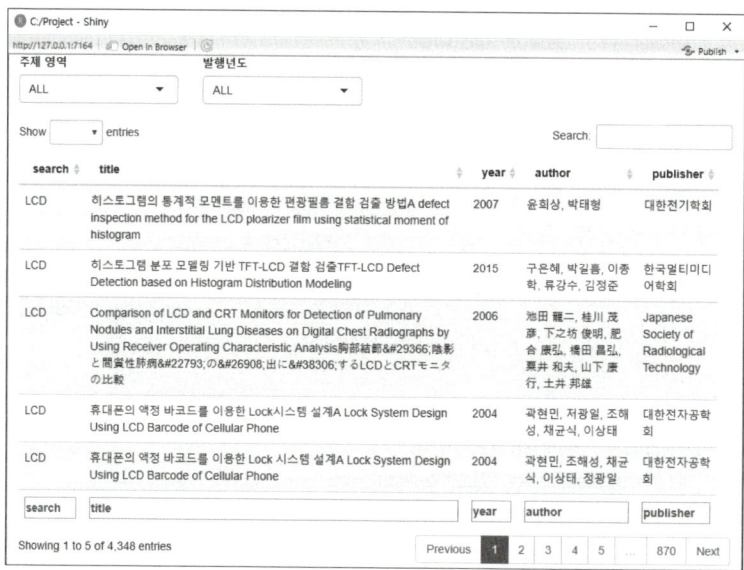

[그림 10-21] 필터 전체 선택 및 테이블 페이징 처리 결과

❼ 주제 영역을 선택할 때마다 선택된 주제 영역의 논문 트렌트를 함께 확인할 수 있는 보조 도구로 활용하고자 동향 분석 트렌드 그래프를 넣어줍니다. UI 영역에서 plotOutput( ) 함수를 이용하여 그래프를 표현할 수 있습니다.

```
> ui = fluidPage(
+   navbarPage("Pa-Miner"),
+   fluidRow(
+     column(width = 3,
+            selectInput("search", "주제 영역",
+                        choices = c("ALL", unique(paper$search)))),
+     column(width = 3,
+            selectInput("year", "발행년도",
+                        choices = c("ALL",
+                        sort(unique(paper$year),
+                             decreasing = TRUE))))),
+   fluidRow(
+     plotOutput("plot"),
+     column(width = 12,
+            dataTableOutput("table"))))
```

❽ 상단 주제 영역 필터를 클릭했을 때 그래프가 바뀔 수 있도록 Server 영역에 트렌드 시각화를 넣어준 후, shinyApp( ) 함수를 이용해서 실행시켜봅니다.

```r
> server = function(input, output){
+   output$plot = renderPlot(
+     if(input$search == "ALL"){
+       ggplot(subset.data.frame(paper,
+                                select = c("search", "title", "year",
+                                           "author", "publisher")), aes(x = year)) +
+         geom_line(stat = "count", size = 2, color = "#3CAEA3") +
+         geom_point(stat = "count", size = 2, color = "#173F5F") +
+         labs(title = "년도별 논문 동향 분석") +
+         theme(title = element_text(size = 15),
+               panel.background = element_blank())
+
+     }else{
+       ggplot(subset.data.frame(paper,
+                                subset = c(paper$search == input$search),
+                                select = c("search", "title", "year",
+                                           "author", "publisher")), aes(x = year)) +
+         geom_line(stat = "count", size = 2, color = "#3CAEA3") +
+         geom_point(stat = "count", size = 2, color = "#173F5F") +
+         labs(title = "년도별 논문 동향 분석") +
+         theme(title = element_text(size = 15),
+               panel.background = element_blank())
+     })
+
+   output$data = renderDataTable(
+     if(input$search == "ALL" & input$year == "ALL"){
+       data = subset.data.frame(paper,
+                                select = c("search", "title", "year",
+                                           "author", "publisher"))
+     }else if(input$search == "ALL"){
+       data = subset.data.frame(paper,
+                                subset = c(paper$year == input$year),
+                                select = c("search", "title", "year",
+                                           "author", "publisher"))
```

```
+     }else if(input$year == "ALL"){
+       data = subset.data.frame(paper,
+                                subset = c(paper$search == input$search),
+                                select = c("search", "title", "year",
+                                           "author", "publisher"))
+     }else{
+       data = subset.data.frame(paper,
+                                subset = c(paper$search == input$search &
+                                           paper$year == input$year),
+                                select = c("search", "title", "year",
+                                           "author", "publisher"))
+     }, options = list(pageLength = 5))
+ }
```

주제 영역별로 선택할 때마다 트렌드와 아래의 논문 목록이 자유롭게 바뀌는 것을 알 수 있습니다. 트렌드 분석 이외에도 10.4 논문 정형 데이터 분석하기와 10.5 논문 비정형 데이터 분석하기 과정에서 분석한 결과들을 함께 배치하면 논문 분석 시스템 구축의 기대효과를 충족시킬 수 있습니다.

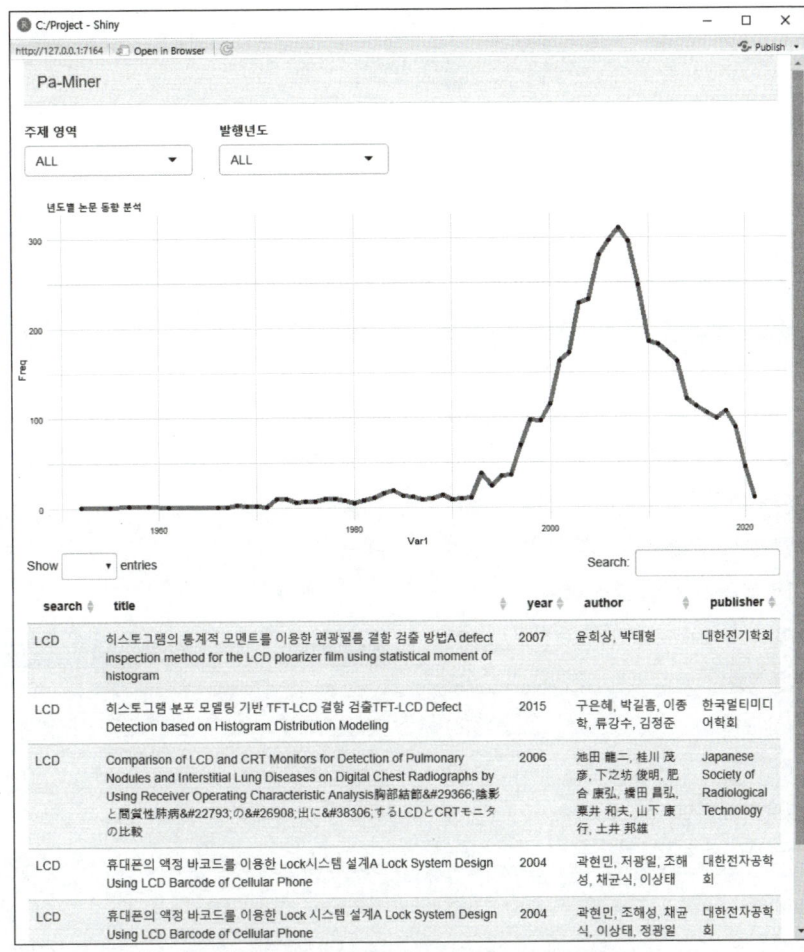

[그림 10-22] shiny를 이용한 논문 분석 시스템 화면

찾아보기

ㄱ

가리 카스파로프 ... 7, 42
가법모형 ... 143
감성 분석 ... 243
강화 학습 ... 43
개인용 컴퓨터 ... 4
거래량 ... 129
검정통계량 ... 106
계절성 요인 ... 139
고가 ... 129
공공 데이터 포털 ... 259
국가과학기술정보센터 ... 254
귀무가설 ... 106
극단이상치 ... 31
기계 학습 ... 5, 42

ㄷ

다중 선형 회귀 ... 149
단순 선형 회귀 ... 148
단어의 빈도 ... 301
대립가설 ... 106
데이터 과학 ... 5

독립 변수 ... 148
디지털 전환 ... 9
디지털화 ... 9
딘 에드몬즈 ... 42
딥 블루 ... 7, 42
딥러닝 ... 5

ㄹ~ㅁ

로널드 피셔 ... 40
로빈 러브레이스 ... 73
릴랜드 윌킨슨 ... 75
마빈 민스키 ... 42
메소드 ... 178
문서 단어 행렬 ... 294
문서의 빈도 ... 301

ㅂ

바깥울타리 ... 30
백엔드 ... 311
보통이상치 ... 31
분류 ... 187
불규칙 요인 ... 139

불용어 리스트	289
비지도 학습	43
빅데이터	5
빅데이터 분석가	5

ㅅ

사전	194
상관계수	150
상자 그림	29
소셜 네트워크 서비스	4
수정가	129
스토리보드	256
승법모형	143
시가	129
시각화	45
시도표	140
시스템 구성도	257

ㅇ

아서 사무엘	43
안울타리	30
안토니 골드블룸	17
알베르토 카이로	48
알파고	7, 42
앤스컴의 4중주	46
앨런 튜링	42
연관 규칙	44
왓슨	7
워드클라우드	198
원-핫 벡터	300
월드와이드웹	4
웹 스크래핑	173
웹 프로토콜	178
유의수준	106
은전한닢 프로젝트	233
이동 평균 모형	160
인공지능	42
인접값	31

ㅈ

자기회귀 모형	160
자연어	185
자연어 처리	185
작업 분할 구조도	255
잠재 디리클레 할당	304
잠재 의미 분석	304
저가	129
전사적자원관리	55
정규표현식	279
정상성	160
제1종 오류	106
제2종 오류	106
제럴드 테사우로	42
종가	129
종속 변수	148
주성분 분석	44
줄기 잎 그림	37
중앙값	35
지도 학습	43

ㅊ

차분 160
챗봇 187
최댓값 35
최빈값 35
최솟값 35
추세-순환 요인 139

ㅋ ~ ㅌ

캐글 17
커널 PCA 44
코스트 센터 3
콜린 길레스피 73
퀸틸리언 4
클러스터 분석 44
탈 갈릴리 188

A

A/B 테스트 105
Anderson-Darling 검정 117
API 174
ARIMA 160

B ~ I

Bag-of-words 195, 294
CRSP 129

탐색적 데이터 분석 35
통계적 가설 41, 105
통계적 가설 검정 39, 106
퍼셉트론 42

ㅍ ~ ㅎ

평균값 35
프랜시스 앤스컴 46
프랭크 로젠블랫 42
프론트엔드 310
플로렌스 나이팅게일 40
피처 엔지니어링 32
한국과학기술정보연구원 254
핵심성과지표 50
화면정의서 256
확률적 잠재 의미 인덱싱 304
회귀 모형 148

Datasaurus 48
F-검정 119
GADM 108
HEX 코드 88
Human Error 27
IQR 30
ISO 3166-1 109

J ~ O

JRE 188

JSON	179
KOSPI	127
KPSS 검정법	163
LDA 토픽 모델링	304
Levene 검정	119
Ljung-Box 검정	167
NA	20
OAuth 동의	212
openjdk	188

P ~ T

p-value	107
Shapiro-Wilk 검정	117
SNARC	42
TD-Gammon	42
TF-IDF	294
t-검정	107

U ~ Y

UTC	62
Wilcoxon 순위합 검정	124
XML	179
Yahoo Finance	128
YouTubeAPI	209

실무 예제로 끝내는 R 데이터 분석
데이터 분석가에게 꼭 필요한 5가지 실무 예제로 데이터 분석 프로세스 이해하기

초판 1쇄 발행 | 2021년 9월 7일

지은이 | 정준영
펴낸이 | 김범준
기획 · 책임편집 | 김수민
교정교열 | 윤모린
편집디자인 | 김옥자
표지디자인 | 이창욱

발행처 | 비제이퍼블릭
출판신고 | 2009년 05월 01일 제300-2009-38호
주 소 | 서울시 중구 청계천로 100 시그니처타워 서관 10층 1011호
주문 · 문의 | 02-739-0739   **팩스** | 02-6442-0739
홈페이지 | http://www.bjpublic.co.kr   **이메일** | bjpublic@bjpublic.co.kr

가격 | 22,000원
ISBN | 979-11-6592-088-3
한국어판 © 2021 비제이퍼블릭

이 책은 저작권법에 따라 보호받는 저작물이므로 무단 전재와 무단 복제를 금지하며,
내용의 전부 또는 일부를 이용하려면 반드시 저작권자와 비제이퍼블릭의 서면 동의를 받아야 합니다.

잘못된 책은 구입하신 서점에서 교환해드립니다.

- 소스코드 & 설치 가이드 다운로드: https://github.com/bjpublic/R_data
- 설치 가이드 다운로드: https://jaydata.tistory.com/102